開戦前夜の「グッバイ・ジャパン」

あなたはスパイだったのですか？

伊藤三郎・著

現代企画室

目次

（凡例）

・参考文献、事項説明などの註は、*を付して章ごとに通し番号をつけて、各章末にまとめた。

・人物名に付いている○番号は、巻末の付録3「人物紹介」に対応している。

・新聞記事、引用、インタビュー文中の〔 〕は、著者による補足である。

はじめに

街のいたるところに、サルスベリの赤い花がこぼれるように咲いていていました。

二〇〇七年夏、米国の首都ワシントンDC。大学と住宅街で知られるジョージタウンの小さなホテルから、国会議事堂すぐ横の「議会図書館」へ通いました。汗を拭き拭き、地下鉄の一週間切符（二二ドル）で五日間。収蔵印刷物約二千九百万点という世界最大の図書館の懐の深さと、一見《いちげん》の外国人閲覧者をすぐに終身会員にしてくれる優しさに、民主主義大国の器量を感じながら。

そのちょうど二十年前、「朝日新聞」の記者をしていた私が、「太平洋戦争」開戦（一九四一年一二月）直前まで米紙の東京特派員だったジョセフ・ニューマンに遭遇したのも、このワシントンでした。彼は東京で、ソ連の諜報団ゾルゲ・グループを情報源に第二次世界大戦の行方を左右するほどの歴史的スクープを連発。開戦直前に帰国して軍国主義下の日本を活写した『Goodbye JAPAN』*1を出版。その半世紀後の一九九三年、私とニューマンそれぞれが新たな解説などを書き添えた日本語復刻版『グッバイ・ジャパン』*2を朝日新聞社が刊行しました。

今回、ワシントンを再訪したのは、その『グッバイ・ジャパン』が議会図書館に収蔵されていることを確かめ、併せて、ニューマンが横浜港を出航する直前までどんな記事を送り続けたかを調べるためです。その初日、まずは復刻版『グッバイ・ジャパン』の収蔵を確認した後、「私はその共著者ですが、閲覧できますか」と尋ねるや「ウワオー、ホンモノの著者？　わざわざ東京から！」。窓口の大きな女性が嬌声を発し、熱い抱擁で歓迎してくれたのでした。

ですが、こうして自分の著した本がこの巨大な図書館にしっかりと収蔵され、いつでも閲覧に供されることを知ったことが、今回の「手直し版」執筆への跳躍台となったのは皮肉なことでした。

その「手直し」とは、『グッバイ・ジャパン』で優れた無垢《むく》の記者として描いたニューマンが、ひょっとして米国のスパイではなかったか、という「?」をつける改定作業のことです。かなり重大な手直しに違いないのですが、なぜ、そんなことに。詳しい理由と経緯は本文を読み通していただくしかないのですが、ここでは少々複雑な自分の心境を説明しておこうと思います。

その手直しの心は、「懺悔《ざんげ》」とか「お詫び」といった罪の意識ではありません。信頼関係を結んで一緒に仕事をした米国ジャーナリストの大先輩に対して、その死後に疑いを掛け、それを公にするという営為に、後ろめたさが微塵《みじん》もなし、といえばウソになります。が、それを振り切ることにしたのは、少し構えて言えば、歴史の真実に迫るため自分の個人的心情をこの際はキッパリ捨てようという積極的な気持ちです。

『グッバイ・ジャパン』は、ニューマンがリポートした「開戦直前の日本」と、彼のたどった数奇な物語ですが、自分が企画し、執筆にも加わった著作がそのまま歴史の証言として残ることに、どうしても引っ掛かりを覚え、時間が経過するほどにその思いが募ったあげくのことなのです。引っ掛かりとは、主人公ニューマンは果たして「無垢の記者」だったのか、という一点です。それを基点として、ニューマンが「生涯の恩人」と言った渋沢正雄・日本製鉄副社長、ゾルゲ・グループのメンバーたち、それに、グルー駐日米国大使らとの本当の関係など、付きまとう謎の数々をあらためて取材を続けました。それらをまとめた本著を前著『グッバイ・ジャパン』と併せて、いまだに謎に満ちた「日米開戦史」への新たな問題提起を、と踏み切ったのです。

ニューマンは米紙「ニューヨーク・ヘラルド・トリビューン」東京特派員でした。彼はゾルゲ・グループからの情報によって「ヒトラー、ソ連侵攻」（一九四一年六月）を三週間前の同紙面で予告するなど「東京発」の歴史的スクープを連発した後、スパイ容疑で逮捕寸前、一九四一年一〇月に横浜港を離れて「ハワイ休暇」に向かったと言います。そして「真珠湾攻撃」の二日前（一二月五日）に予定を変えて急ぎ帰国しました。その数カ月後の一九四二年三月、開戦に至る日本の姿を記録した『Goodbye JAPAN』（英語原版）をニューヨークで刊行しました。前著『グッバイ・ジャパン』はその日本語復刻版で、原版刊行から半世紀を経た一九九三年に、往年の私の仕事場だった「朝日新聞」が刊行したものです。

その構成は──

▼ニューマンが原版執筆から半世紀を経た時点で、復刻版に寄せたニューマン自身による追記・解説「50年目の日本に」（第Ⅰ部）

▼ニューマンが日米開戦前夜の日本を記録した『グッバイ・ジャパン』（第Ⅱ部）

▼私の「ニューマン・インタビュー」

▼私の解説「いまなぜ、サヨナラ日本」

──という四本立てでした。残念ながら数年前に絶版となりましたので、復刻のまた復刻を、という欲張ったねらいから、『Goodbye JAPAN』原版の翻訳部分（第Ⅱ部）のみ、抜粋によって大幅に短くして本著の「付録」としました。

出版の後、『グッバイ・ジャパン』の評価は、「読売」「日経」「産経」から「公明」「赤旗」まで、「朝日」を含めてほとんど全紙の書評欄で、過分なお褒めをいただきました。これらは、読者中の読者、この分野一級の専門家による評価であるだけに、著者にとっては大変重いものでした。そのことが、その後時間が過ぎるほどに、共著者の私にとってかえって重荷となってきました。そして、その時の評者のお一人だった歴史学者とのやりとりが本書執筆への引き金となったその経緯を、ここで明らかにしておきます。

まず、書評の一例から抜粋しますと――

著者は天皇制・軍部・財界の「汚れた三位一体」こそ、日本の権力の中枢であると考察する。しかしその上で、戦争を指導した軍部とそれを支持した財界とを悪玉にあげ、天皇については「憲法のなかでのみ最高司令官」「神聖な幻」と述べ、注意深く天皇の個人的責任を回避している。後の占領改革がこの三位一体をターゲットとしながらも、昭和天皇を免責したことを考えると、著者の記述の意味は深い。

政治学者・御厨貴氏は「読売新聞」（一九九四年一月三一日付）でこう書き、続けて――

驚くべきことに、著者は戦後一度も日本を訪れていない。半世紀前の著者の引き出し役となった伊藤三郎も、その点を疑問とする。確かに、国際的な情報と謀略の渦巻く東京にあって、ジャーナリストとスパイとの区別は容易にはつかなかったであろう。ゾルゲ・グループの中心人物と親しかった著者の場合は、なおさらのことである。あらためて〝情報〟の価値と意味とを考えさせられる一書であった。

『グッバイ・ジャパン』復刻当時、私はニューマンをあくまで「無垢の記者」として遇することで貫きました。けれども、「もしや、スパイだったのでは」という疑念をその一方で抱き続けていたことを、御厨氏にはご賢察いただいたようでした。

日本近代史の専門家、伊藤隆[27]・東大名誉教授にも「朝日」書評欄（同年二月六日付）で「今見直しても日本政治への迫真の観察と解釈が少なくない」と高い点をいただきました。ところが、その伊藤氏がその後『学士会会報』（同年一〇月号）に記された「昭和史のさまざまな見方」の中で述べられた以下のくだりを読んで、私は愕然としました。

昨年の暮に、ジョセフ・ニューマンが『グッバイ・ジャパン』という本を出版し、私が朝日新聞に書評を書きました。このジョセフ・ニューマンという人は、開戦直前まで日本に滞在したアメリカの新聞記者で、彼はゾルゲ諜報組織の一人であったブーケリッチ〔ヴケリッチ〕と親交がありました。従って純粋なジャーナリストといえるかどうか、はなはだ疑問のあるところで、何らかの形で諜報活動に関わっていたのではないかという疑問を持たれている人物です。

歴史学会の重鎮の言葉で、しかも、「朝日新聞」に書かれた書評には、「純粋なジャーナリスト」だったかどうかの疑惑には言及されていなかったので、それ以来ずっと気にかかっていました。そこで、本書執筆のため再取材中の二〇〇七年はじめ、伊藤氏に会って、そのことを確かめました。

――「学士会会報」に記録された先生の談話の中で、ニューマンについて「純粋なジャーナリストといえるかどうか、はなはだ疑問のあるところで……」とあったのですが、何か公にされていない裏付け史料でも……。

伊藤氏　いえ、特にありません。講演の中で一般論としてこう語った、ということです。

伊藤氏のこの説明を聞いた瞬間、正直言ってホッとすると同時に、少々拍子抜けもしました。というのは「ニューマンとは何者か」という設問こそ、私自身捨て切れぬテーマでしたから、もし伊藤氏からニューマン・スパイ説を裏付ける未公開の証拠物件でも突きつけられたら、拙著『グッバイ・ジャパン』の基本コンセプトが崩れることになり、私にとっては一大事だったからです。だから「一般論です」の言葉に一旦は胸をなで下ろしたのでした。しかし、続けて伊藤氏の口から漏れた次のひと言にあらためてショックを受け、その言葉がやがては私の本稿執筆への叱咤激励となり、引き金ともなったのです。

伊藤氏　でもね、スパイと記者を区別するのはいつの世も難しいのでは。歴史学者として忠告しますと、あなたはあるところで「死者に鞭打つのは忍びないが」と書きましたが、[*3]歴史を研究するものは「死者に鞭打つ」ことをためらってはいけません。

〝死者に鞭打つことをためらうなかれ〟との伊藤氏の言葉は、なるほど歴史の専門家ならではの忠告、私にとって頂門の一針となりました。ただ、それ以降も私がなかなか踏み切れなかったのは、ニューマンは私にとって「ただの死者」ではなく、記者の先輩・後輩としての信頼関係も生れていました。数年間にわたる『グッバイ・ジャパン』復刻への厳しい交渉、時に激しい口論を交えながらの超長時間インタビューを乗り切り、いよいよ出版にこぎつけた頃には良き友人ともなっていたのです。

もちろん御厨氏が示唆された通り、ニューマン取材中の私が終始一貫、一点の曇りも無い信頼にもとづいて、というわけではありません。それでも前著で彼を「無垢の記者」として貫いた裏には、もうひとつ切実な理由がありました。言い訳になりますが、『Goodbye JAPAN』復刻交渉の主導権はあくまで原著者ニューマンにあり、復刻版のコンセプトや内容に彼が不満を持てば話はつぶれる、という状況でした。インタビューの間も、例えば「開戦前の緊迫した段階によくぞハワイ休暇に」などと聞けば、彼はたちまち不機嫌になるし、「ニューマンは横浜港から **escaped**」と私の解説原稿を翻訳して示すと「君はまだ僕を信用しないのか！ **escaped** は〝逃げ出した〟という意味だ。ここは **left**

〝出航した〟とせよ」と、電話口で烈火のごとく怒ったその声を今も思い出すのです。

ここで、『グッバイ・ジャパン』復刻版刊行後の、ニューマンとの親交の一端を紹介しますと――『グッバイ・ジャパン』出版を記念して、ニューマンを半世紀ぶりの日本へ招く下相談のために、私がワシントンに彼の自宅を訪ねた一九九四年の初めのことです。ニューマンは私を伴って米「議会図書館」を訪ね、『グッバイ・ジャパン』を献本したのです。その図書館再訪によって『グッバイ・ジャパン』収蔵を確認したときの情景は冒頭に紹介したとおりです。

ところで、ある政治記者、「朝日新聞」の先輩の言葉にも大いに刺激されたことを書き添えます。数年前のある日、彼は私を捕まえ、こう言ったのです。「君はまだそんなことで悩んでいるのかい。記者はみなスパイだよ！」

そう言えば政治記者Aが政治家Bに聞いた話を、記事にはせずに政治家Cに情報として伝えたとしましょう。その行動はスパイ行為です。長年経済記者をやった私自身にも身に覚えがあります。たとえば経営者Aの話を経営者Bに伝える。ただし、その話をたまたま原稿にはしなかった、あるいはできなかった、という場合、これもスパイ行為でしょう。そのデンで考えれば、井戸端会議で噂話を聞いたり伝えたりの得意なおばさんたちだって、スパイ活動は日常茶飯事。記者はみなスパイ、と先輩が言い切ったのは、こういう事情をやや大胆に表現されたのでしょう。

ただし、単発的あるいは偶発的スパイ行為とスパイ活動を生業《なりわい》とするプロフェッショナルとは違います。先輩記者のコメントも、そういう一般論を前提にしつつも、記者という職業はスパイとの境目が難しく、その立場はスパイになりやすい、ましてや、開戦直前の敵国で取材する外国特派員の場合は……という意味だったと勝手に解釈しました。

そういう脈絡の中で、私がこの期に及んでニューマンの立場に疑惑の目を向けるのは、その個々の怪しげな行動もさることながら、やはり何か組織とのつながり、あるいは米国という国家の諜報機関に関係があったのでは、という疑念を払い切れないからなのです。

そんな悩みの中、先輩の「記者みなスパイ」という挑発的忠告にも背中を押されて、今回の執筆に至ったというわけです。

＊1　Joseph Newman, *Goodbye JAPAN*, L.B. Fischer, New York, 1942.

＊2　ジョセフ・ニューマン『グッバイ・ジャパン――五〇年目の真実』、篠原成子訳、伊藤三郎解説、朝日新聞社、一九九三年

＊3　伊藤三郎「開戦前夜の『グッバイ・ジャパン』」(七)、『朝日総研リポート　ＡＩＲ21』二〇〇八年七月号、朝日新聞社

ニューマンと『グッバイ・ジャパン』

ジョセフ・ニューマン　1912年米マサチューセッツ州生まれ。同州ウィリアムズ・カレッジ卒。37年来日、東京の英字紙で働いた後、40年から41年10月の離日まで米ニューヨーク・ヘラルド・トリビューン紙の東京特派員。ニューヨークの本社に戻った直後の1942年、日米開戦に至った日本の政治、社会の全体像、天皇制と軍国主義の実情などを詳しく伝えた『Goodbye JAPAN』を著し、大きな反響を呼んだ。

ニューマンはその後、モスクワ、ベルリン、ロンドン、中南米の特派員を歴任の後も同紙の論説委員、そして雑誌、放送局へと転じてほとんど生涯を通じて現役ジャーナリストとして活躍。海外特派員として数々の賞を授与される。そして1987年5月、日米首脳（中曽根・レーガン）会談取材でワシントンを訪ねた著者（当時「朝日新聞」記者）とたまたま出会ったことから、『Goodbye JAPAN』が半世紀ぶりに日本語版『グッバイ・ジャパン』（朝日新聞社、1993年）として復刻されるに至った。

1994年5月には「朝日新聞」の招きで半世紀ぶりに来日し、日米のジャーナリストと交流するとともに日米開戦前の天皇制と軍国主義などについて講演。その翌年、悪性リンパ腫のためワシントンDCの自宅で82年の生涯を閉じた。

『Goodbye JAPAN』原版を手にするニューマン
（1992年、ワシントンにて著者撮影）

プロローグ　『グッバイ・ジャパン』とニューマンの奇蹟

「太平洋戦争」開戦を前にした一九四一年一〇月一五日は、未だに深い謎を秘めた一日として記録されている。

その日、東京を舞台に暗躍していたソ連の諜報機関、ゾルゲ・グループ[○1]の日本人代表格で、ゾルゲの右腕だった元「朝日新聞」記者、尾崎秀実[○2]が逮捕された。同じ日の午後、米紙「ニューヨーク・ヘラルド・トリビューン」（以下「ヘラルド・トリビューン」）東京特派員ジョセフ・ニューマンにも逮捕状が出され、特高捜査官が銀座の同紙東京支局を急襲した。だが、ニューマンはその頃すでに、ハワイ休暇に向けて横浜港を同朝出航した引き揚げ船、日本郵船の「龍田丸」[*1]甲板上で美しい富士山の姿が見えぬかと振り返っていた。

ニューマンは、その前年からこの横浜出航の直前まで、ゾルゲ・グループから「ヒトラー、ソ連侵攻」という極秘情報などを得て歴史的スクープを連発。「ハワイ休暇」中に、自らに逮捕状が出たことをニューヨークの本社経由で知らされ、日本軍による「真珠湾攻撃」直前にホノルルを発った。その数カ月後には、日米開戦に至る日本の姿を「天皇・軍部・財閥の汚れた三位一体」として描いた『Goodbye JAPAN』を著して、反日感情高まる米国中に大きな反響を呼んだ。

それから四五年後の一九八七年。当時、「朝日新聞」の記者をしていた私は、東京から中曽根首相の訪米特別機に同乗し、レーガン大統領との日米首脳会談を取材した。その行きがけの駄賃のように、ニューマンと遭遇する。そこから、『グッバイ・ジャパン』とその著者ニューマンの不思議で長い追跡物語が始まったのだった。

ニューマンとの偶然の出会い

私がニューマンに会ったのは、首脳会談の後二週間ワシントンに居残り、米議会議員のインタビュー・シリーズの取材に四苦八苦していた時のこと。これらの会見を誠心誠意お膳立てしてくれたのが、米国務省の付属機関で外国人記者の取材を助けていたニューマンの実弟、エール・ニューマンだった。

無事に取材を終え、お礼に一献を傾けた席上、彼は私にこんな質問をした。「私の兄は日米開戦前夜まで米紙の東京特派員だった。その兄がワシントンで健在ですが、興味ありますか」。私は「もちろん」と答えた。

その数日後、ホワイトハウスに程近いレストランでジョセフ・ニューマンに初めて会った。電話で約束したとおり、ニューマンはこの日『Goodbye JAPAN』原本の全文コピーを携えて現れ、私に手渡しながらこう言った。

「もう古い話だ。私がこれを書いたのは、パールハーバー（真珠湾）直後の一九四二年一月から三月にかけてのこと。米国で絶版になってすでに半世紀近くが過ぎ、原本は私自身でさえ一冊しか持ち合わせていない。大いに関心がある、と君が言ったのでコピーしてきたが、日本の人々の目にさらすには時間が経ち過ぎたと思う」

「日本に持ち帰り、読ませていただきましょう。日本語で復刻出版すべきかどうかは、それから検討するとして、とにかく私のゼロ歳当時の祖国を描いた貴重な記録ですから」

私と話すほどに東京時代の厳しい日々が蘇ってきたか、ニューマンは私を質問攻めにした。

「ミツビシ・ヘビー・インダストリー（三菱重工）は健在か？」

愛用のタイプライターの前に座るニューマン（1993年、著者撮影）

「ザイバツ（財閥）はいまも存在するのか？」

「天皇制は？」

ニューマンが『Goodbye JAPAN』で描いた天皇・軍部・財閥の「汚れた三位一体」による複合権力の構造は現在改められ、日本は民主主義の国に変わったことを懸命に説明した。そんな中で、ニューマンとの初対面の直前、五月はじめに日本で起きた嫌なニュースにも触れないわけにはいかなくなった。私の勧める「朝日新聞」の阪神支局（西宮市）に突然、覆面の男が侵入し、散弾銃を発砲して執筆中の小尻知博記者（二九歳）を射殺した……。このテロ事件を耳にして、ニューマンの表情は一変する。

「それはなんてことだ。日本は民主主義の国に変わった、と君は言うが、記者が執筆中に問答無用で射殺されるなんて……。このアメリカでは大統領が暗殺されることはあったが記者が執筆中に撃たれるなど聞いたことが無い。君の国の民主主義はほんとに大丈夫なのか」

図らずもニューマンのジャーナリスト魂の火に油を注いでしまったのか、それならば、半世紀前の『Goodbye JAPAN』をいまから日本語で復刻することに意味があるかもしれない、と気持ちが動き始めたようだった。

異常な日本へのグッバイ

その『Goodbye JAPAN』は恐らく「太平洋戦争」勃発後最初に書かれた日本リポートだった。物語は次のような書き出しで始まる。

日本人の間にはこんな言い伝えがある。美しい島国を後にする時、有名な富士山をひと目見ることができなかった者は、二度と日本に帰って来ないだろう。私が戦争勃発直前に横浜から日本を離れた時、空には厚い雲がたれこめ、日本人が清らかさ、静けさ、平和の神聖な象徴と考えるその美しい山の姿は見えなかった。日本が民主主義国への攻撃を開始する前にできるだけ多くの日本人を引き揚げさせるため、日本政府が米国に送った三隻の引き揚げ船の一つで、私は日本を離れた。*2

ニューマンは後に私とのインタビューで、「『Goodbye JAPAN』のグッバイは、日米開戦前夜の異常な日本、軍部が率いたファナティシズム（狂信）へのグッバイだった」と語った。初めて出会ったニューマンが「三菱重工は健在か、財閥はいまも存在するのか」と厳しく私を問い詰めた理由は、その『Goodbye JAPAN』を読み進むほどに一層はっきりとする。たとえば、日本の長い歴史から権力構造の本質を次のように明快に――。

二十世紀にヨーロッパで独裁政権が流行ってきた時、日本は海外から他の製品と一緒にその政治体制を輸入する必要はなかった。日本には日本独自の独裁政権があった。それは独裁政権とは呼ばれておらず、立憲君主制と言われていた。確かに日本には憲法があり君主制だが、国民は憲法からも君主制からもほとんど恩恵を受けていない。憲法と君主制は天皇を核にしていて、天皇、憲法、君主制が世界で最強の独裁政権の一つをカムフラージュしている。*3

さらに、「江戸」から「明治」という新しい時代を生み出した「明治維新」について、主人公は商人と軍国主義者（薩摩、長州などの藩主たち）であり、この内戦に勝つのに必要だった資金、物資、鉄砲、軍隊はこれら二つのグループが連合して提供。それらがその後の日本の経済力、軍事力の基礎をなし、急速に発展したその力が海外征服へと向けられた。そして、「江戸」から「明治」に変わっても日本の「軍事政権」の本質は不変だった、という解説に続けて、こう記す。

天皇は日本の生けるエホバであり、一般大衆に関する限り天皇の言葉は法である。名ばかりの統治者として、天皇は軍国主義者と財閥が世界で最も圧政的な独裁の一つを進めていくことを可能にしている。天照大神《あまてらすおおみかみ》によって天からもたらされたという、神聖な力を象徴する三種の神器である鏡、曲玉、剣を所有する現人神《あらひとがみ》として、天皇はこれら二つの大きな勢力をもつグループが企てた日本の対外戦争のすべてに対して、神の祝福と魔法にかけられた民衆の黙従を保証しているのである。

即位する天皇とともにある三種の神器については、鏡が真実を、曲玉は慈悲を、そして剣は正義を象徴していると国民は教えられている。もっとうがった見方をすれば、鏡は太陽の光を反射して天皇を象徴し、曲玉は財界を、剣は軍部を表しているのかもしれない。*4

ここで、ニューマンとの出会いの場面に話を戻す。前記のように開戦前の日本を鋭く分析してリポートしたニューマンは、久しぶりに会った日本人記者の私と話すうちに遠い過去を思い浮かべ、「日本は本当に民主化されたのか」という疑問を次第に深めた様子だった。そして、もしも『Goodbye JAPAN』を日本語で復刻するならば、とニューマンはひとつ重大な宿題を私に突きつけた。

「自分の生涯の恩人、マサオ・シブサワという人が日米開戦直後に死亡、というニュースをニューヨークで読んだが、詳細は闇の中だ。君が帰国後、その人の死因を調べ、私に知らせてほしい。それが復刻版の話を進める条件だ」

マサオ・シブサワは渋沢正雄、「日本の近代資本主義の父」と言われる渋沢栄一の三男で、開戦前から鉄鋼増産に奔走した日本製鉄（新日本製鉄の前身）・八幡製鉄所長だったと判明した。しかし、その重要人物・渋沢の名は『Goodbye JAPAN』では一切触れられず、後の復刻版『グッバイ・ジャパン』にニューマンが新たに書き下ろしたエッセー「50年目の日本に」の冒頭で初めて明らかにされた――。

一九三七年秋の雨の日だった。私は〔ニューヨークの〕タイムズ・スクエア近くのホテルの入り口の日避けの下に立ち、「ニューヨーク・タイムズ」の友人が朝刊早番の締め切りぎりぎりの仕事を終えるのを待っていた。私も同紙で仕事にありつけるかどうか、相談することになっていた。

煙草を吸っていると、中年のがっしりした体の日本人が近づいて来て、「火を貸して下さい」と言った。彼に煙草の火を貸したことが、私の人生を変えた。*5

渋沢はそれから、ニューマン来日の船便から日本での住まい、東京の英字新聞「ジャパン・アドバタイザー」への就職、その後の取材生活から幅広い政財界人脈の紹介まで、在日中のニューマンを支え続けた。恐らく「不良外国人との付き合い」がその理由だったのだろう、渋沢は特高警察に呼び出されたことがあり、ニューマンもそのことに薄々感づいていた、と言う。

渋沢正雄の次女、エッセイストの鮫島純子さんが私のインタビューで明らかにしたところによると――東京・西巣鴨の渋沢正雄邸は広さ二七九〇坪。[14] 広い土地を皆のために役立てなくてはとの渋沢の想いで、一隅に外国の日本研究者のためのアパート、インターナショナル・ハウスを建てた。その第一号入居者がジョセフ・ニューマンだった。ニューマンは毎朝下駄の感触に親しみながら朝食を渋沢と付き合うために庭伝いに通い、渋沢は外国人記者が日本をどう見ているか、日本をどのように理解しているのかの把握と、英語力をブラッシュ・アップしたいという狙いだった。こうした渋沢の行動はスパイを匿《かくま》っていると特高警察に疑われ、新聞記事になったこともあった。

そういう経緯から、ニューマンは間違っても渋沢にこれ以上迷惑をかけてはならない、と配慮し、『Goodbye JAPAN』の中で渋沢との交流には一切触れなかったのだ。その渋沢が『Goodbye JAPAN』の米国での出版後、半年も経たぬ一九四二年九月に急死したというので、以来ずっと「あるいは謀殺では」とニューマンは疑っていたようだった。

そんなわけで、私の宿題となった渋沢の死因調査に歩き始めた。一九八〇年代も末のある日。首都圏を走るJR京浜東北線王子駅で降りて、線路をまたぐ陸橋をひょいと越えると飛鳥山公園に出る。桜の巨木の下をほんの数分歩けば、渋沢栄一記念財団・渋沢史料館（東京・西ヶ原）の前に。渋沢栄一の偉業を讃える関連資料の宝庫である。ここに渋沢家ゆかりの機関誌『竜門雑誌』*6（現在は『青淵』）が大量に収蔵されている。ここで渋沢正雄関連の資料を漁り、鮫島純子さんに何度も会って、渋沢の死因が「肝硬変」であったことを何とか突き止めた。これによって、『Goodbye JAPAN』復刻へのひとつの壁を越えることができたのだった。

『グッバイ・ジャパン』復刻を実現した一九九三年の暮れからしばらくは、私の記者生活の中でも最も興奮の日々となった。

発売は日米開戦記念日の一二月八日とし、それに先立ってまずニューマンのインタビュー記事を「朝日新聞」の一面で報道（一九九三年一一月二九日付夕刊）。「日米双方の誤算が太平洋戦争招いた――元米紙東京特派員ニューマン氏が秘話」と四段抜きの見出しが躍った。

半世紀ぶり「日米開戦秘史」
TOKYOをスクープした記者 語る
ブーケリッチはせかした
たばこが縁、渋沢正雄氏と交流
日本南進もブーケリッチ情報
御前会議前に検閲抜けて送稿

「朝日新聞」記事（1993年11月29日付夕刊）

同じ夕刊の四面に一頁立ての特集「半世紀ぶり『日米開戦秘史』」で、ニューマンの歴史的スクープ「ヒトラーのソ連侵攻」（一九四一年六月二二日）や日本軍の「（北守）南進」などを決めた御前会議（同七月二日）のトップ・シークレットは、ソ連の諜報組織ゾルゲ・グループの有力メンバー、ブランコ・ド・ヴケリッチ[3]からもたらされたこと、日米開戦時の駐米大使、野村吉三郎[12]海軍大将が赴任直前にニューマンの単独会見に答え、日米関係の先行きについて悲観的見通しを語ったが、送稿直前になって野村氏から「その部分はオフレコに」と待ったがかかり、涙を呑んで削った話など、『グッバイ・ジャパン』のさわりの部分を先取りして紹介した。また、発売直後には「テレビ朝日」系列でドキュメンタリー「日本開戦秘史『グッバイ・ジャパン』――TOKYOをスクープした男」が放送された。

さらに、翌年五月には朝日新聞社の招きでニューマンは半世紀ぶりに日本再訪を果たした。復刻版発売の直後から、私は「朝日新聞」が主催する国際シンポジウムの裏方役、フォーラム事務局長に就任し、ゴルバチョフ・元ソ連大統領や森嶋通夫・ロンドン大学名誉教授らを招請して講演会を開いたりしていた。そうした仕事の一環として、ニューマン日本再訪のお膳立てをできたことが、ニューマンと私にとって幸運だった。

講演会に出席したニューマン氏（右端）、
五百旗頭真氏（中央）、司会の筆者（左端）

「日米開戦秘話を語る」と銘打ったニューマンの講演会は一九九四年五月一〇日、浜離宮朝日小ホールで開かれた。コメンテイターとして講演に立ち会った日米関係論の専門家、五百旗頭真・神戸大教授（当時、現防衛大学校校長）は「ニューマン、それは〝死の跳躍〟を行う直前の日本を目撃した若きジャーナリストの名である」と紹介した。

会場にはニューマンの東京時代、英字新聞の同僚（後に同盟通信記者）で親友だった陸奥陽之助氏[09]（洋名イアン・ムツ）、極秘情報をニューマンに提供したゾルゲ・グループのヴケリッチの未亡人、山崎淑子さん[04]、ニューマンが生涯の恩人とした渋沢正雄の次女、鮫島純子さんの三人を招き、ニューマンとの劇的再会を果たした。

ニューマンの日本再訪中、日本記者クラブで記者会見（懇談会）も行われた。『グッバイ・ジャパン』に強い関心を寄せた藤原作弥・時事通信解説委員長（当時、後に日銀副総裁）に会見のお膳立てから司会役まで引き受けていただいた。

「休暇」であって「逃亡」ではない？

ニューマンが講演会で再会した鮫島、山崎、陸奥の三人はニューマンの東京時代を私に証言してくれた取材源である。

ニューマンが恩人と言ったマサオ・シブサワ（渋沢正雄）とはいったい何者か、を裏づけるための取材中に会うことができたのが鮫島さんだった。「父（渋沢）が外国人を助けるために東京・豊島区の自宅敷地内につくったインターナショナル・ハウス。覚えていますよ、その住民第一号が確かポール・ニューマンという人でした」。ワシントンのニューマンに電話をかけ、鮫島さんを見つけたこと、そして彼女の言葉を伝えると、興奮したニューマンの答えが返ってきた。「そうかお嬢さんが元気で良かった。ただし、（鮫島）スミコに伝えてほしい、私の名はポールではなくジョセフだと」

ニューマンの記者仲間であり、親友でもあったヴケリッチの未亡人、山崎さんも「もちろんよく覚えていますよ。私たちの家にもよく来られたし、夫が最も信頼した友人だったと思います」と語った。

ただし、「ニューマンさんがハワイへ向かわれた時、夫の説明からは確かもう帰っては来ない、という印象をもちましたけれど」と重大な証言も耳にした。

「これは、大変だ」と私は戸惑った。というのは、復刻版で解説した私の元原稿を英訳して事前にニューマンに見せた時、ニューマンの横浜出航を「escaped」と表現したことに、彼は烈火のごとく怒り、「〝left〟（出航した）にせよ」と強硬な訂正要請を受けた。絶対に「敵前逃亡に非ず」というわけである。

この経緯を山崎さんにありのまま伝え、「休暇ではなかったのでは？」という疑問にこだわると『Goodbye JAPAN』復刻計画全体が壊れる恐れがあると説明し、山崎さんの重大証言を伏せてもらうことにして、やっと山崎・ニューマンの再会が実現したのだった。この山崎証言については本書後段「**謎・その5**　ハワイ休暇の奇蹟」などで改めて詳しく検証したい。

ところで、ニューマンが東京発で送った代表的なスクープ、「ヒトラーのソ連侵攻」と「日本軍の南進などを決めた御前会議」の二本は、いずれも情報源は山崎さんの夫、ヴケリッチ、つまりゾルゲ・グループだった。その取材の経緯についてニューマンは『Goodbye JAPAN』には詳しくは書かなかった。それも渋沢についてと同じように、執筆した開戦直後という時点ではヴケリッチら東京時代のニューマンにとっての「特派員仲間」の消息は不確かだったし、自分の原稿が迷惑をかけぬように、との配慮からだった。

ヴケリッチから聞いた機密情報

ニューマンがゾルゲ・グループとの関係について初めて公表したのは彼が帰国してから四半世紀を経た一九六七年、ヘラルド・トリビューンの論説委員当時だった。『特ダネはこうして取った』という新聞記者・元特派員たちの特集で、ニューマンのエッセーのタイトルは「彼はヘラルド・トリビューンのスパイでもあった」。[*7] ヴケリッチから「ドイツが近くソ連を侵攻する」と、とてつもない機密情報を耳打ちされたのは、それが現実となる二カ月近く前の一九四一年五月初めだった。

当時の欧州は第二次世界大戦の発端となったヒトラー・ナチスの率いるドイツのポーランド併合（一九三九年九月）から約二年が過ぎていた。ヒトラーはポーランド併合の直前にスターリンとの間で「独ソ不可侵条約」を締結、その電撃外交を読みきれなかった日本の平沼内閣が「欧州情勢複雑怪奇」という有名な声明を残して総辞職するという騒動まであった。その後フランスはドイツ軍の手に落ち、ナチスの傀儡、ヴィシー政権の統治下にあり、続く攻撃目標はチャーチル首相の英国かと、ヒトラーの「次の一手」に世界が注目していた局面だった。

ヴケリッチがこの貴重な情報を自らは原稿にせず、ニューマンに教えたのは、自分が勤めるアバス通信（現AFP通信）はナチス傀儡のヴィシー政権が治めるフランスの報道機関であり、とても危険で送れないから、「民主主義陣営」下の米国の新聞記者に託した、ということだった。ところが、東京の外交筋や米国特派員の間では、ヒトラーのソ連侵攻はあり得ないという空気が強く、まだ駆け出し意識もあった若きニューマンにはこれを原稿にするには大変な勇気が必要だった。それでも「早く送れ、さもないと世紀のスクープをフイにするぞ」とヴケリッチから再三尻を叩かれた末に、「ヒトラー、ソ連侵攻へ――東京で観測」の見出しがヘラルド・トリビューンを飾ったのが五月三一日。それでも実際の侵攻の三週間前だった。

もうひとつ、御前会議決定の事前報道でも、ニューマンはその送稿で苦労した。当時、特派員の送稿に対して、日本政府の検閲が日に日に厳しくなっていたからだ。ソ連に対する「北」の守備態勢は維持したまま、「南」の英領、蘭領諸国に侵攻する「南進」戦略を御前会議の前にキャッチしたニューマンは、検閲の目をすり抜けるため、まず「南進」方針を七月一日の未明（日本時間）に、その翌日未明に「北守」の戦略を、と二日に分けて送稿するという、きめ細やかな方針で臨んだ。果たして一本目はすんなり送稿を許され、「南進」はスクープできたが、二日目はストップがかかった。御前会議の内容がようやく検閲官に知らされたためかもしれない、とニューマンは考えたそうだ。

いずれにしてもこの二つのスクープの機密情報は、「ヒトラー、ソ連侵攻」はドイツ大使館→ゾルゲ→ヴケリッチ→ニューマン、「御前会議（北守）南進決定」の方は近衛首相周辺→尾崎秀実→ゾルゲ→ヴケリッチ→ニューマンという経路でニューマンにもたらされたに違いない。

ニューマンはヴケリッチのことを当時から「ブキー」と呼び、その人柄について私とのインタビューでこう語った。

「ユーモアがあり、素晴らしい人間性を備えていた。だから、彼とは親友となり、その交遊を心底楽しむことができた。彼との付き合いは単なる職業上のそれを超えていた。たとえジャーナリズムという世界を離れても、ヴケリッチと私はこの上ない親友となっただろうし、彼はユーモアに富み、教養に溢れ、なんとも素晴らしい人間だった。私は彼を好み、彼もまた私を好いていた、と思う。真の男の友情、というものをお互いに抱いていたのだと思う」

そして、彼がよもやスパイだとは思わなかった。

「もちろん考えなかった。彼をスパイだなどと疑ったことも全くなかった」[*8]

ニューマンがスクープを重ねたころ、日本政府はスパイ活動への警戒感を募らせ、外国人記者たちの取材・送稿を含めた日常生活への監視体制を強めていた。その不快な状況についてニューマンはこう記している。

軍部と文民警察は、外国人記者の集団と接触するのに外国人の手先だけに頼っているわけではなかった。彼らは公に認知されている警察官と特高から成る正規のスタッフを抱えていた。警察官はほとんど毎日われわれの仕事場を訪ねてきた。〔略〕こうした警察官たちとてもうまくいき、特にわれわれのところにお酒があった時はそうだった。

しかし、特高は面倒だった。彼らはわれわれが仕事場をはなれている夜に机を調べ、昼間留守にしている間に家捜しした。電話はオフィスでも家でも盗聴されていた。ある日家に戻ると、台所の床がはがされ板が乱暴に取り替えられていた。[*9]

ニューマンは重大ニュースを執拗に送りつつ、自分に対する日本の官憲の目が危険さを増してきたことを十分に気付いていたようだった。その間に、近衛内閣による対英米戦回避のための対米交渉も思うに任せず、近衛内閣が総辞職して、いよいよ対英米戦に一直線の東条内閣へと政権が変わる直前、ニューマンは「ハワイ休暇」として日本を後にしたのだった。

その『グッバイ・ジャパン』復刻について、当初「いまさら意味があるか」と疑心暗鬼のニューマンだったが、日本再訪の際、復刻版をわざわざ一冊私にプレゼントしてくれた。その表紙裏に次のような私への謝辞が書かれていた。

伊藤三郎君へ

この『グッバイ・ジャパン』復刻版の企画を現実にした君へ——。

もしも僕の前に君が現れなければ、この過去の記録は永遠に人の目に触れることはなかっただろう——。

そして、これほど過去の歴史を厳しく問い直そうという企画を進める中で、君が示した勇気と友情を僕は決して忘れない。

ジョセフ・ニューマン*10

その翌一九九五年四月、ニューマンはワシントンで八二年の生涯を閉じた。私は「朝日新聞」に「貫いたジャーナリスト魂」と題して追悼文を書き、直ちに翻訳してニューマンの葬儀に送った。その末尾に、こう記した。

時間と距離と言葉の壁を越えて、貴重な歴史の証言を日本語で残すことを可能にしたあなたの友情に深く感謝します。ただ、日本は本当に変わったのかという、戦後五〇年目を生きる日本人への根源的な問いかけに、しかと返答できなかったことをお許しください。生涯現役ジャーナリストだった。合掌。*11

＊＊＊

『Goodbye JAPAN』日本語復刻版の刊行、その二年後に原著者ニューマンが死去。ここでニューマンと私の物語は第一幕を閉じた。

しかし、この第一幕を可能にしたニューマンと私との友情と信頼は、やはり単純なものではなかった。復刻版交渉から共に執筆、復刻の実現へと進める間、一つの深刻な疑問が私に付きまとった——ニューマンははたして無垢の記者であったのか。時を経るほどにその疑問が深まり、膨らむのをどうすることもできなかった。そして、その謎に挑む「第二幕」を綴ることにしたのである。

＊1　龍田丸は日本郵船の客船で日米開戦前最後の定期船として一九四一年八月にサンフランシスコから横浜に向け出航。その後は日本政府に米国からの日本人の「引揚船」として調達され、同年一〇月一五日に横浜発、ハワイ経由サンフランシスコに向い、同一一月二日同地発で横浜に帰港。開戦後は日英交換船に使われた。（参考資料：鶴見俊輔ほか『日米交換船』、新潮社、二〇〇六年）

＊2　『グッバイ・ジャパン』六七ページ

＊3　同書七五ページ

＊4　同書八一ページ

＊5　同書一五ページ

＊6　「渋沢栄一記念財団」は渋沢栄一の偉業を伝え、彼が唱道した「道徳経済合一説」の普及を目的に一八八六年（明治一九年）に創立された。（発足当初の「竜門社」から「渋沢青淵記念財団竜門社」などを経て現名に）。「渋沢史料館」は渋沢栄一の著作などを収蔵した同財団の関連資料館である。『竜門雑誌』は同財団が設立直後から月刊（原則）の機関誌として発行、一九四九年から誌名を『青淵』と変えて今日まで一〇〇年以上にわたって発行され続けている。「青淵」は渋沢栄一の雅号。

＊7　原タイトルは"**A Spy: for the Herald Tribune.**"著者ニューマンが私に手渡したコピーには彼の肉筆で以下のような説明が添えられていた。「このエッセーは『特ダネはこうして取った』というタイトルの書籍〔*How I Got That Story*, **Dutton, New York, 1967**〕から私が書いた記事〔**pp. 29 - 36**〕のみをコピーしたもの」。米外国特派員協会のメンバーたちのいわばスクープ自慢特集である。

＊8　『グッバイ・ジャパン』二九四ページ
＊9　『グッバイ・ジャパン』一八〇－一八一ページ
＊10　原文は巻末・付録5に掲載。
＊11　「朝日新聞」一九九五年四月二六日付朝刊

謎・その1　渋沢正雄との奇遇

（一）渋沢栄一のＤＮＡに手引きされて

『Goodbye JAPAN』原版の分厚いコピーを手土産に東京に戻ってから、まずは渋沢正雄とは何者で、当時何をしていたのか、その追跡取材を始めた。ニューマンが東京を離れた日米開戦前夜からその当時ですでに約半世紀が経っており、渋沢の生涯の輪郭さえつかむのは容易ではなかった。ましてや、ニューマンとの交流の痕跡を見つけるのは、闇夜にカラスを追うような厄介な仕事だった。「日本近代資本主義の父」の敬称を与えられた正雄の父、渋沢栄一。その足跡が余りに大きかったためか、正雄の人生が余りに短か過ぎたためか。それともなにか特別の理由でもあるのか。正雄の生涯・業績を今日に伝える著作や文章は、極めて少ない。

が、ついに見つけた。ニューマンと渋沢正雄の深い交流を示す物証に、辿りついたのである。前節で紹介した渋沢栄一記念財団・渋沢史料館。そこに大量に収蔵されている『竜門雑誌』の中から日米開戦前の約一〇年間、一九三〇年代を丹念に調べていくと、渋沢正雄自身の紀行文などが見つかった。渋沢正雄に関する得難い資料にようやく辿り着き、胸を撫で下ろした後にさらに大きな驚きが――。

渋沢直筆のメモを満載した小さな手帳を発見したのである。

そしてその手帳には「8 Newman」という小さなメモが。すぐ後に判明するのだが「午前八時ニューマンと朝食」の予定である――してやったり、ニューマンが私に打ち明けた開戦前夜の回想と渋沢正雄肉筆のメモが、ここではっきりと像を結んだのだ。

「8 Newman」

縦一一センチ、横七センチのちっぽけな、うっかりするとバラバラに壊れそうな「日本製鉄」（現「新日本製鉄」）の社員手帳。その手帳に、まぎれもなく渋沢の肉筆によるメモがところ狭しと記されている。手帳の表紙には「昭和十六年（上）」と記され、それは太平洋戦争に突入した一九四一年の前半、一―六月の記録である。本来は通年用の手帳だが、なぜか渋沢は前の半年間だけの手帳として使ったため、注目の「真珠湾攻撃」の日、一二月八日を含む日米開戦前後の半年が白紙のままだ。紙質が悪い上、鉛筆書きの小さな文字が半世紀を経てかすれにかすれ、ルーペなしでは判読できないほど。しかも、手にすることができたのはこの一冊だけなのである。

幸運なことに、この手帳の持ち主、渋沢正雄の次女、鮫島純子さんが渋沢史料館に寄贈された直後のこと。私の取材に対する鮫島さんのご好意で、その手帳の内容点検と関連取材のために、父君の貴重な遺品を私に預けていただいたのである。

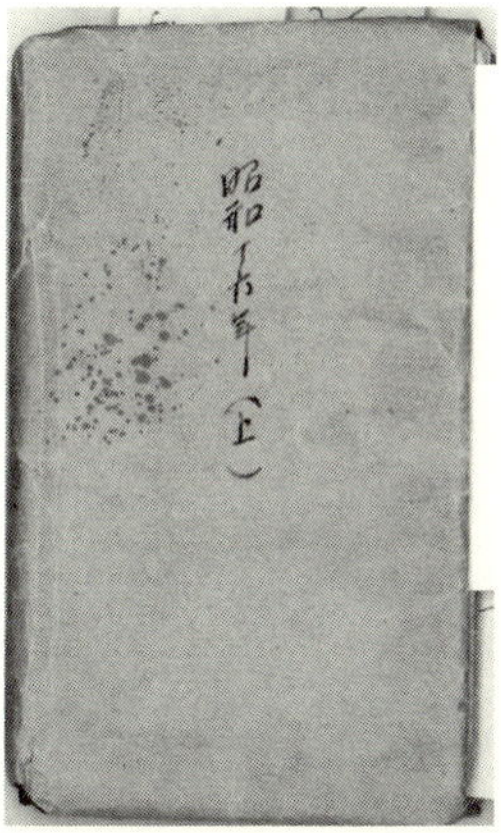

渋沢正雄の手帳。茶色の手製カバーに手書きで「昭和十六年（上）」とタイトルがついている。

それ以来約二〇年間、鮫島さんとはインタビューを繰り返してきたが、二〇〇九年九月のある日、この手帳についてこう語られた。

「父の形見としてこの手帳を私がもらったことに、一つの使命さえ感じますね。何十冊の中のこの一冊だけが私の手元に残り、それをこうして伊藤さんの手元に預かっていただいているのも不思議。『太平洋戦争』開戦後間もなく父は急逝したのですが、あのご時世ですから、この他の数十冊は恐らく父自身か、あるいは母が処分したのでしょう。お役に立つなら、どうぞ納得がいくまでご解読を……」

この手帳の頁を丹念に繰って行くと「8 Newman」が繰り返し登場する。一月一四日（火）、四月一三日（日）、同一七日（木）、五月二七日（火）、六月二九日（日）。記録はここで終わっている。

鉄鋼業に身を投じた渋沢栄一の三男

ここで、「手帳の秘密」詳細は後に触れることにして、ニューマンが東京にやってきた一九三七年当時、渋沢はどんな立場にあり、その半生とはどのようなものだったか、をまず追うと――。

ニューマンが来日してまず記者として働いたのが東京発行の英字紙「ジャパン・アドバタイザー」。その英字紙が「年次特集一九三八－三九年」で「急成長の日本鉄鋼業を背負う渋沢正雄」の特集を組んだことがあった。ニューマンはこの新聞社で生涯の親友となる陸奥陽之助と出会ったのだが、この渋沢特集の筆者がニューマンか、陸奥か、あるいは別人だったかは、残念ながら明記されていない。

「鉄鋼業界の緊急合理化によってその生産・供給体制に新時代を拓く」という見出しで飾ったこの特集は三ページにまたがる大々的なものだった。渋沢の大きな顔写真に付けたキャプションでこう紹介している。「渋沢正雄氏は日本製鉄の常務として急成長する日本の鉄鋼業界で圧倒的に重要な地位を占める。彼は父の故・渋沢栄一子爵に随行して訪米した時、鉄鋼業が国家にとって如何に重要かを悟り、金融から鉄鋼の世界に転進した」*1

ここで触れられた渋沢栄一は「日本近代資本主義の父」と言われ、銀行からガス、電気、鉄道、織維と日本経済の基幹を成す産業を次から次へと興す。その一方で、日米親善が世界の平和にとって何より重要という固い信念をもって訪米を繰り返した。「ジャパン・アドバタイザー」の特集が触れた栄一の三男、正雄が随行したのは栄一の三度目の訪米（一九一五年＝大正四年）。正雄その時二六歳。自分の人生の転機となったことを本人が『竜門雑誌』に「父（渋沢栄一の追憶」というエッセイで披露している。「栄一の息子たちの中で父（正雄）が祖父（栄一）のことを間違いなく最も尊敬し、その遺志を継ぐ生き方をした」（鮫島純子さん）という、その尊敬の念溢れるくだりを少し長い

46 THE JAPAN ADVERTISER ANNUAL REVIEW, 1938-1939

Emergency Streamlining of Iron and Steel Industry Opens Era of New Output and Distribution Methods

Manufacturing and Sales Systems Brought Upon Verge of Nationalization by Rush Enforcement of Control Policies—Plants Increasingly Look to Cheaper Ore Supply in Drive Toward Goal of Self-Sufficiency

渋沢正雄と鉄鋼産業の特集を組んだ英字紙「ジャパン・アドバタイザー」の紙面

けれど以下に紹介すると――。

折にふれ事に当って憶うは亡き父である。

父に関する思出の中から自分に関係ある事柄で、特に印象の深い二・三について述べてみたいと思う。〔略〕

『己ニハ厳ニシテ人ニハ寛』。これは青淵先生〔青淵は渋沢栄一の雅号〕終生かわらざる生活態度であった。私はこの点に関し一生忘るる事の出来ない深い、そして感謝に充ちた記憶を述べよう。

私が学業を卒えて、銀行の見習奉公を済ませてから始めた仕事は、貿易会社の経営であった。折から欧州大戦の好景気を迎えていた時代であったから、最初は非常な好調に恵まれた。然しそれは長くは続かなかった。間もなく大戦の反動期が襲って来て、社会生活に経験の浅かった私は急激な経済情勢の変化に立直る暇もなく、再び立つ能わざる悲境に陥ってしまった。私はこの事業の失敗に対する詫を言うべく――その頃失敗による懊悩が原因して永の病床にあった為め、暫く父とも会っていなかったので――久しぶりに父の面前に出た。莫大な損害を父に負わせた責任感と自分の面目なさとを思う心で、私は全身をこわばらせながら、また俗に云う穴あらば入りたい気持ちであった。そして、どんな叱責でも甘んじて受ける覚悟であった。

ところが、その時の父の態度は、私の想像とは全く反対であった。父はものやわらかい言葉で私を慰めてくれるのであった。そして最後に「事業に失敗したお前にも責任がなくはないが、経験のない若者に、こんな社会状態の急激な時期に一人でやらせたわしも悪かったよ」という言葉であった。これに対して私は恐縮、感激して涙なきを得なかった次第である。
こうした父をみる時、私の目には親なればこそと云うよりも、それ以上に仁者の姿として映じるのであった。父は凡ての物事に対して同情から発足した。[*2]

「江戸」の末期から「昭和」までを生き、日本の経済発展に尽くし抜いた超大物財界人、渋沢栄一の御曹司《おんぞうし》もこのような辛酸の時期を経て初めて、優れた経営者への道が開かれる。特に製鉄業への生涯通じての献身は「ジャパン・アドバタイザー」が紹介した通り父の訪米へのお供がきっかけだったと正雄自身が語っている。

渋沢栄一は六〇歳代から二〇年間に訪米を繰り返すこと四回。その行動を支えたのは「日本とアメリカの親善こそ、その両国はもちろん、世界平和のために一番必要なこと」という信念だった。そっくりそのまま現代の日本の財界に受け継がれている精神ではないか。そんな父に正雄が同行したのは一九一五年、栄一七五歳で三度目の訪米だった。栄一と会見したウィルソン大統領が、その労をねぎらって米国の諺を披露した――「旅人の足跡は国境を踏みならす」。これに対し「私は自分の足跡で国境を踏み消したく思います」と、栄一が答えたという。[*3]

ここで、その栄一の外遊に触れた渋沢正雄の文章に戻ると――

最後に、私の現在の仕事と最も関係の深い製鉄業と父について述べたい。父は人にむかって製鉄業の重要性をこんな風に語った。

「製鉄業が国家的見地から最も重要であると感じたのは非常に古いことで、話は遠く千八百六十七・八年の昔に遡らねばならぬ。それは幕末に自分が徳川民部公子[18]に従ってフランスに留学していた当時、ベルギーのクエージに製鉄所を見学した時のことだ。民部公子一行を迎えたレオポルド王は、公子が自分の国の製鉄所を見たことを大そう喜んで、『一国が富む為には、どうしても鉄を多量に生産することが必要である。而してその鉄を沢山使う国は必ず強い。自分の国は国力に比して製鉄業が盛んである。日本もこれからは、どんどん鉄を使うようになさい、その時は是非自分の国から鉄をお買いになったら宜しかろう』と、国王自ら鉄材の宣伝を受けたのだ」

栄一は帰国後、銀行業から鉄道、繊維など幅広い産業の建設に邁進するが、製鉄業にまで手が回らない。そんな栄一が前述の訪米中、米国の経営者から鉄鋼業の大切さをあらためて知らされ、それも政府に頼らず民間でやることを強く勧められる。そこで、帰国後長年の懸案だった民間の鉄鋼会社を興したが、日本経済の環境は民間鉄鋼業に厳しく、栄一の鉄鋼会社はあえなく官営・八幡製鉄の軍門に下ってその管理下に。そんな経緯から、栄一は折に触れて「わしは製鉄業では敗軍の将」と語ったという。そのことに触れて正雄はこう書いた。

その言外には自分の後進者はこの遺志を達成して、日本の製鉄業を盛んにして貰いたいという意味があるのだと、自分は心に思った。特に私のために言われたのではなかったかもしれないが、自分は固くそう思ったのである。そうして能うべくんば、父のこの志を継いで、これを実現したいと考えて、見えざる父の激励の声を感じながら努力している次第である。

渋沢正雄は一九三四年、官営八幡製鉄と民間製鉄会社の官民合同によって生れた日本製鉄の取締役に就任。これを機に、父栄一が遺り残した鉄鋼業の育成・鉄鋼増産に文字通り人生を捧げることになる。一九三六年に常務、日米開戦直後の四二年春には副社長に昇進。日本軍の戦線が満州・中国・東南アジアへと広がるに連れて、鉄鋼増産への責任を果たすため欧米出張を繰り返す。*4

ニューヨークでニューマンと遭遇したのもそんな道すがらであったようだが、渋沢が「煙草の火を」と声を掛けてきた、とニューマンが書いた劇的場面は、渋沢の側の欧米出張報告には一切出てこない。これは、恐らく渋沢がニューマンの日本への招請を「私的出来事」として公務と峻別したこと、それに、当時日本では米英排斥の空気が徐々に昂《こう》じてきていたことへの警戒心も作用したか。それとも別に何か深い理由でも、といった謎の数々は後に詳しく検証することにして、話をニューマン来日の日々に。

日本への渡航から職住まで世話をする

そこで、渋沢がニューマンと初対面のあと、どんなに親切な対応をしたか、ニューマンの話を聞いてみよう。

――渋沢がニューヨーク・タイムズスクエアの路上であなたに「煙草の火を」と声を掛けてから、どういうことに。

「まず私から渋沢氏の仕事についてたずねた。渋沢氏は日本の鉄鋼会社（日本製鉄）で働いており、その翌朝、ウォール街のUSスチール社を訪ねて日米両国間の鉄鋼取引の交渉を進める予定だという。渋沢氏は米国、とりわけアメリカの若者に大変興味がある、と言った。そして自分はいま東京に、アメリカ人学生のための宿舎をつくっている、もし貴方が日本に来る意思があるなら、その宿舎に入らないか、と。私はこう答えた。日本行きに興味はあるが、行くならジャーナリストとして行きたい。その当時、私はすでにニューヨークの小さな通信社で、ひとびとや町のニュースを扱う地方紙向けのニュースを追っていた。そこで働きながら、もっといい仕事はないかと探しているところだった」

――大学時代に日本を学んだというのは、特にどんな分野に関心を。

「歴史を学ぶ一般的な学生と変わりはなかった。私は渋沢氏に言った。日本に興味があるし、日本行きには大きな魅力がある。大学を卒業してまだ数年、そんな時だった。渋沢氏が言った。日本に帰ったらベン・フライシャー氏（東京の英字紙「ジャパン・アドバタイザー」の社主）に会って君のことを伝え、その結果をふくめて君に連絡しよう。フライシャーのことは大学時代の教授から聞いていたが、渋沢氏もフライシャーを知っていたのだ。暫くして手紙が届いた」

――渋沢氏から手紙が。

「そう、手紙にはこう認められていた。君さえよければ、いますぐ日本にいらっしゃい。私は君について、『国際文化振興会』理事長の樺山愛輔氏[15]（元伯爵、貴族院議員）に話したところ、樺山氏は君が『振興会』の奨学生として日本に来ることを承認し、そして日本について学ぶために二、三カ月間日本で過ごせばいい、と言った。さらにフライシャー氏も『ジャパン・アドバタイザー』で空きができるのを待ってそこで働くことでどうか』と言ってくれた、と。そして、渋沢氏は日本行きの船便まで整えてくれた。それは日本から米国に絹を輸出するための、最新型のシルク・ライナーだった。

私はその船で旅立った。ニューヨークから横浜へ、パナマ運河を渡ってたっぷり一カ月、客は私の他に一組の夫婦だけ。私の人生最良の旅、こんなに素晴らしい一カ月の旅は二度と経験したことがない。それほど素敵な旅だった。そんなわけで、すべては渋沢氏との出会い、この出会いこそ日本との特別の縁を作り、私の人生の劇的なスタートとなったのです」[*5]

「渡りに船」という言葉は、ここから生れたのではないかと思えるほどだ。これでニューマンの東京生活への道は敷かれた。渋沢正雄は父栄一に同行した最初の訪米で「鉄の重要さ」を学び、その後日本鉄鋼業の重鎮となって鉄鋼増産のための最後の訪米でニューマンと遭遇し、この上ない親切の手を差し伸べる。渋沢栄一のＤＮＡ（遺伝子）が正雄とニューマンを引き合わせたか、そんな不思議な縁をも想起させる二人の出会いである。

渋沢が作った留学生向けの寮

人生最良の船旅で横浜港に着き、初めて日本の土を踏んだニューマンは、ほどなく渋沢が東京・豊島区西巣鴨の自宅内に作った「インターナショナル・ハウス」での生活を始める。この寮の佇《たたず》まいと雰囲気について鮫島純子さんは次のように話す。

「父が建てたインターナショナル・ハウスは、日本に留学する真面目な外国人学生のための家賃不要の寮でした。二階に個室六室、階下には広い共同のリビング・ダイニング・ルームのある純西洋館で、この中での会話はすべて英語、というルールでした。わが家の庭とこの寮の間には、プールとテニスコートが設けてあり、『克己寮』〔渋沢邸敷地内の地方学生寮〕の学生も私たちも、このコートにいる限り英語で会話しなければいけないというのが、父の定めた唯一の規則だったのです」[*6]

「8 Newman」――朝八時ニューマンと朝食、と渋沢の手帳に記された日、ニューマンは自室を八時前に出て渋沢が待つ食卓へ向かう。

国際寮に入居したニューマン氏は、毎朝下駄の感触に親しみながら朝食を父と付き合うために庭伝いに通うようになりました。外国人新聞記者が日本をどう見ているか、日本をどのように理解しているのかの把握と、英語力をブラッシュアップしたい副産物が狙いでしたが、栄一が終生、心に掛けて尽くした世界の平和という見地からも貢献しようと思ってのことでしたでしょう。*7

古びた手帳に鉛筆書きの小さなメモがぎっしり詰まり、解読はなかなか厄介だが、渋沢のメモを丹念にたどって行くと、この「8 Newman」こそ渋沢・ニューマン交流の基本になったことが窺《うかが》える。ニューマンが最初の職場となった英字紙「ジャパン・アドバタイザー」編集局での仕事や職場の様子、取材の苦労、日本の社会・政治への感想などを熱心に話し、渋沢は英会話の訓練に努める傍ら、重要人物への会見をお膳立てすることもあった。渋沢メモを追いかけると、時に朝食ではなく、同じ渋沢宅でのディナーや外の料亭で、という日程も織り込まれ、ニューマンはこういう機会にさまざまな財界人に会って話ができることをことのほか喜んだ。

「渋沢氏の家でディナーに招かれ、日本の財界のひとびとを紹介されて、いま貴方〔著者〕と話しているようなテーマについて延々と議論したのを覚えている。日本の財界人たちもアメリカのジャーナリストの意見に強い関心を抱き、お互い極めて率直な意見を時には深夜まで交したものだった。素敵な芸者を揚げての豪華な料亭での食事、という場合もあった」*8

しかし、渋沢のお膳立てによるニューマンのこんな恵まれた充電期間も、国際情勢の険悪化によって次第に許されなくなる。

（二）渋沢正雄の「小さな手帳」が証言

手帳に書かれた「警察署」の謎

ここで、冒頭に触れたちっぽけな「渋沢の手帳」に話を戻す。軍備充実のための鉄鋼増産と日米友好――微妙に交錯するこの二つの悲願に賭けた渋沢正雄の矛盾を凝縮したこの手帳。ニューマンと渋沢の交流の証し、私にとってバイブルのようなこの遺品は、折を見て開き、小さな文字を解読すればするほど新たな謎が浮かぶという厄介な代物でもある。『グッバイ・ジャパン』復刻出版後何年も経て、ニューマンとのインタビューを繰り返した当時から気掛かりだった諸々の謎に迫るため、またこの手帳を開くと、やはり恐れていた通り次から次へと新たな難問が――そのたびにまた鮫島純子邸に押しかけては問答を繰り返す。

――この手帳、長年預かりっぱなしで恐縮ですが、父君・渋沢正雄さんの大切な遺品です。いまだに、この中に新たな発見をして驚くことがあるのです……。実は最近になってまたこの手帳を点検したところ、一九四一年一月三一日の欄に「警察署」のメモ。時刻も書き込まれず、何の説明もなしに、同日午後の欄にはこの三文字だけが。

「あらー、ほんとねー、よくお見つけになったわねー」

そこで鮫島さんは、「もうそろそろ話していいでしょうね」との前置きを付けて、さらにびっくりさせられる新たな証言を始めた。

「父は、その警察署の一件について、詳しくは書きたくなかったのでしょう」

――渋沢さんがある日、特高に出頭を求められたと、確か鮫島さんはその当時に耳にされたことがあったと……。

「ええ、そのことが新聞に出たことをはっきり覚えていますよ。嫁に行ったばかりで、父のことが新聞に出たことを母が心配して知らせてきました。その時、記事を目にした私の記憶では、父の顔写真とインターナショナル・ハウスの写真が添えられていたのを覚えているのですから、記事になったことは間違いありません。ただ、何新聞だったかが……」

渋沢に極秘情報をもたらしたルート

そして、続く鮫島さんの証言で私はさらに驚いた。

そのインターナショナル・ハウスの住民第一号、ニューマンがハワイ休暇へと横浜港を出港したのが同年一〇月一五日。第三次近衛内閣の近衛首相が「開戦だけは何とか避けよう」と取り組んだ日米交渉の行き詰まりから総辞職やむなし、を決断したその日（翌一六日総辞職、後継首相に東条英機[19]）のことだ。ゾルゲ・スパイグループの重鎮で元「朝日新聞」記者、尾崎秀実が逮捕されたのも同じ日だった（その三日後にゾルゲ、ヴケリッチらグループの主なメンバーが一網打尽に逮捕された）。そんなタイミングでニューマンが「ハワイ休暇に出掛けた」というのが、私にはどうしても納得がいかず、本人とのインタビューで「本当に休暇だったのか」をしつこいほど確かめた。そんな私の質問に、ニューマンは時に怒りをあらわにしながら、「絶対に休暇だった」と答え続けた問題の一件である。

――あるいは、ニューマンに迫りつつあった「身の危険」、日本の特高警察による逮捕、の極秘情報を渋沢さんが事前にキャッチし、ニューマンに伝えた。その可能性は？

「もうそろそろいいかしらねー。（鮫島さんは躊躇しつつもきっぱりと）可能性はあったと思います。実は私どもの親戚筋に陸軍の幹部がおりまして、そこからかなり重要な機密が父に、そして父はニューマンに耳打ち……という可能性が。父は私ども家族にもその親戚から情報を取っていることを知られたくないようでした。そんなことがもし外に漏れでもしたら他人さまに大変な迷惑をかけますからね」

――ニューマンに関する重大情報、たとえば「近く逮捕」の動きをニューマンに知らせ、「早く日本脱出を」と促した可能性も、ということですか。

「それはわかりません。ただ、可能性としては、あったでしょうね」

そう言えば、『グッバイ・ジャパン』の中に紹介した私とのインタビューで、ニューマンとこんなやりとりがあった。

——貴方は開戦前に野村駐米大使以外にも重要な人物に単独インタビューをしたのでは。

「もちろんだ。恐らく渋沢氏が陰で根回しをしてくれたおかげだと思うが、極めて地位の高い陸軍の幹部にインタビューした。これは野村大使がこれから進める日米交渉に対しての軍部の立場を探るための重要な会見だった」

この会見相手は明らかに岩畔《いわくろ》豪雄《ひでお》[11]・陸軍大佐のこと。後に詳しく触れるが、日米交渉の最前線に立つ野村大使の助っ人役（あるいは、監視役）として陸軍がワシントンに急遽派遣した謎の多い人物である。

——その会見は原稿にしたのか。

「もちろんニューヨークに送り、新聞紙上に公表された」

——検閲に引っ掛からずによく送れたと思うが。

「検閲は全然問題なし。というのは、軍部はその時点では野村大使を後押ししようとしていたから。私は、軍部が野村大使にどれほどの交渉権限を与えようとしていたかを〔赴任直前の〕インタビューで探ろうとした。というのは、日米妥結の条件をルーズベルト大統領との間で固める権限をどれほど与えられているかについて、野村大使の答えは全く煮え切らぬものだったからだ」

「この問題は、野村大使、軍部、そして近衛首相の関係を象徴するもので、極めて重要な点だった。そして、野村大使はワシントンに行くことを望んでいなかった。なぜなら、彼は日米交渉の先行きに懐疑的だったから。話がここにくると、私の頭はタイムカプセルで太平洋戦争前まで戻り、興奮を抑えられなくなる」*9

この岩畔会見をめぐる謎については後に詳しく検証するとして、渋沢には「極めて地位の高い陸軍の幹部」との会見をセットできるだけの陸軍へのルートがあった。そのルートから、ニューマンに関する極秘情報を入手できる可能性があったことを純子さんがはじめて明かしたのだ。

「複雑怪奇」に緊張を増す国際情勢

ニューマンが来日した一九三七年当時、世界は英米両国に代表される先進「民主主義国」列強に対し、欧州でヒトラー・ナチスの独裁政権率いるドイツ、ムッソリーニ率いるイタリア、それに、アジアの日本を加えた「後発独裁三国」が台頭。日本は独伊両国の拡張政策に先立つ一九三一年、満州に派遣された日本の「関東軍」がハルピンなど主要都市を次々に占領、三二年に長春を首都に定めて満州国建国を宣言していた。関東軍はその後さらに中国侵略へと膨張政策を進める。こうした日独伊三国と、共産主義帝国の建設を目指すスターリン・ソ連の去就もからみ、時々刻々その緊張感を増していた。

そんな中、「欧州情勢複雑怪奇」という歴史的名言（迷言？）を残して平沼騏一郎首相が突然総辞職したのが三九年八月のこと。日本は満州国でのノモンハン事件[*10]で関東軍がソ連・外蒙軍に壊滅的打撃を受け、「ソ連侮りがたし」の空気を強めていた。その直後、日本と「日独防共協定」[*11]で結ばれていたはずのドイツが、こともあろうにそのソ連と「不可侵条約」を締結。即座に大島浩・駐独大使がドイツ政府に日本との条約違反を抗議するも空しく、平沼政権が吹っ飛んだという次第だ。

そんなわけで、欧米列強に日本が絡む当時の国際情勢はあたかも外交オセロ・ゲームであった。世界地図を西からたどって、英、独、ソ、日、米の五カ国が懸命に白黒のコマの挟み合いを競う時、英米陣営を「白」、日独枢軸を「黒」とすれば、決定的に重要なのがそのど真ん中に位置するソ連。もしソ連のコマが「白」と固まれば、英米陣営側は日独両国をソ連と挟撃することが可能になり、日独両国はそれぞれが二正面の戦いを余儀なくされる。逆にソ連を自陣営の「黒」あるいはせめて「灰色」に止めて置くことができれば、日独両国ともに米英との戦いに専念できる……という虚虚実実のゲームである。ついでに言えば、ソ連はスターリン率いる共産党独裁国家であり、後発列強の一員として、日独伊「枢軸」グループに加わることも論理的にはあながち荒唐無稽とは言えなかった。

そんな状況の中で、変幻自在、極秘の電撃攻撃をお手のモノとするヒトラーは、「独ソ不可侵条約」でソ連を「灰色」に押し込めたその舌の根も乾かぬ一週間後の一九三九年九月一日に、一転隣国ポーランドに侵攻。この時、まだヒトラーと提携していたスターリン・ソ連もポーランド割譲のおこぼれを抜かりなく手にしている。これをもって「第二次世界大戦」の火ぶたが切られたのである。

さて日本はと言えば、その翌年の四〇年七月にできた「第二次近衛内閣」で松岡洋右が新外相として登場。松岡は国際連盟の日本代表だった当時（一九三三年）、日本に突きつけられた「満州からの撤退を」の勧告に抗議して議場から憤然、席を蹴って帰国してしまった。松岡のこの激越な行動に続いて、日本は規定の路線通り国際連盟脱退に至る。そんな経緯もあって、良くも悪しくも国際的に注目されるようになった松岡は、入閣二カ月後の九月には懸案だった「日独伊三国同盟」の締結に踏み切る。近衛首相が「大政翼賛会」を発足させる中、次第に外交の重心を枢軸国側に移すことで日本のナショナリズム高揚に重要な役割を果たしつつあった。そして松岡は翌四一年三月、「三国同盟」締結後の懸案だったドイツ訪問、ヒトラーとの会談、その帰途ソ連・モスクワに立ち寄り、スターリンとの間に「日ソ中立条約」締結という派手な外交を展開する。

日ソ中立条約締結日の手帳の記述

この「日ソ中立条約」が結ばれた四一年四月半ばの渋沢手帳の一枚の頁に目が引き付けられた。注目されるメモが集中しているのを、つい最近になってまた発見したのである。例のニューマンとの朝飯もこの頃にはめっきり回数が減り、この手帳の一九四一年前半の半年間に計六回だから、平均してせいぜい月に一度のペースになっていた。その理由をニューマン自身が『グッバイ・ジャパン』復刻版出版に当たり「いまだから書けるという解説をぜひ書こう」ということで一九九三年に新たに書き下ろした「50年目の日本に」の中でこう説明している——。

日米関係が次第に緊迫してくるにつれ、私は渋沢さんに会う機会を少なくした。以前のように渋沢さんの家で朝食を取りながら、時局について話し合うためにたびたび渋沢さんと会ったら、渋沢さんの方が危うくなるのではと私は心配した。私は警察に厳しく監視されており、渋沢さんがアメリカ人、明らかに私との関係について警察の尋問を受けたということを後になって知らされた。*12

最後の下り「警察の尋問――後になって知らされた」は、私がニューマンと繰り返した長時間インタビュー（一九九二～九三年）の中で初めて知らせたことを指す。

ところが、その四月一三日には「8 Newman」のすぐわきに「(日ソ中立条約)」という走り書き、さらにその上に問題の人名――「X」。これは何と、鮫島純子さんが父・渋沢の陸軍関係の貴重な情報源として、二〇〇七年末になって、ようやくオフレコで明かしてくれた渋沢家の親戚にあたる人名ではないか。さらに、この四日後の一七日にこの週二度目の「8 Newman」が……。ニューマンとの朝食懇談の頻度もその他のメモも、渋沢・手帳のこの週は異例ずくめなのだ。

渋沢の手帳にはすでに書いたように、懇談の相手を示す人名、日本製鉄社内及び鉄鋼業界の会合の日程と思しきメモが所狭しと記されており、国際情勢に関するメモなどは通常まず見当たらない。「日ソ中立条約」が見慣れぬ（ ）で囲まれているのも異例の証だ。

この「8 Newman」「(日ソ中立条約)」「X」（陸軍幹部）という一日に集中した異例のメモ群は何を表しているのだろうか。さらに、厳密を期すために書き添えておくと、この一三日という日は松岡・

スターリンの間で「日ソ中立条約」が調印されたその日であり、日本の新聞に出たのはその翌一四日の朝刊。つまり、「一三日付」の渋沢のメモは新聞報道の後追いではなく、同時あるいは先取り進行の軌跡と見えることだ。

松岡訪欧を報じた記事の比較

そこで、手帳が示唆する渋沢・ニューマン・「X」のコミュニケーションとその中身を推察する前に、「松岡訪欧外交」をニューマンと当時の「朝日新聞」は、それぞれどう報道したかをまずは紹介し、その上で謎解きに進もう。

まずニューマンは、松岡訪欧を米「ヘラルド・トリビューン」紙上で以下のように事前解説の形で伝えていた。この記事は二〇〇七年夏、私が米ワシントンの議会図書館・新聞閲覧室に一週間腰を据え、かなり判読し辛いマイクロフィルムをしらみつぶしに点検、やっと探し出した日米開戦直前(一九四一年三月〜一〇月一五日)の「東京発・ニューマン」の記事、一二五本の中のひとつである。

「戦争か、平和か、を松岡外相に賭ける日本」*13(「ヘラルド・トリビューン」一九四一年三月)*14

〔東京　三月一五日発　ジョセフ・ニューマン〕松岡洋右外相の欧州への旅立ちはここ数週間、東京の外交・政治・言論界、大使館での記者会見、クラブやバーでの情報交換に至るまで、あらゆる論議の場に暗い影を投げかけた。公式・非公式の情報に基づいて総合的に判断すると、その松岡外相訪欧の狙いとは以下のようなものである。

今回の松岡訪欧は、陸軍、海軍、内閣、それに秘密の私的な委員会などの了解を得て、ドイツの確実かつ早期の勝利への展望、ソ連との理解・協調への可能性を探るために独・伊・ソ連三国の首都を訪問する、ということである。

この松岡が持ち帰る情報に基づき、日本政府は今後の進路を決めることになろう。もしも松岡がドイツの勝利を確信できない、という場合、日本はその行動を抑制する、つまり慎重に進路を探ることになろう。そして、ソ連との間に「中立条約」など何らかの条約が結べるならば、日本はその運命、完全な勝利か敗北かを、そのソ連との約束に賭ける、ということもあり得るのだ。

EIGHTEEN PAGES

Japan Stakes Peace or War On Matsuoka

Holds Up Decision Until Foreign Minister, Off to See Hitler, Reports

Army Observers' Views Distrusted

Berlin Fears Tokio May Quit Axis and Fail to Immobilize U. S. Fleet

By Joseph Newman

By Telephone to the Herald Tribune
Copyright, 1941, New York Tribune Inc.

TOKIO, March 15.—The departure of Foreign Minister Yosuke Matsuoka for Europe has overshadowed in the last few weeks all other topics for serious discussion and speculation in Tokio's diplomatic, government and newspaper circles, and at embassy press conferences, clubs and bars. On the basis of official and unofficial information, the story of Matsuoka's trip runs something like this:

... that the Germans will win the war, Japan may be expected to restrain herself. And if an agreement with Russia is possible, Japan may stake her empire on a complete victory or defeat.

Britain and U. S. Key

Matsuoka thus has been intrusted with one of the gravest responsibilities ever given to a Japanese minister, for on the basis of his report Japan may decide the question of war or peace in the Pacific, as the Japanese are convinced that the democracies will not take the initiative. The fundamental purpose of Matsuoka's trip for Japan quite simply boils down to this, and in reaching the decision the Japanese government would rather depend on a civilian than on the possibly biased views of the numerous Japanese Army officers who are in Berlin or its Army Ambassador, Lieut. Gen. Hiroshi Oshima.

While Matsuoka is in Berlin, the Germans undoubtedly will stage some grandiose military performance with which to impress him, and possibly may show some of their reported "secret weapons" to convince him of an eventual German victory. Whether or not Fuehrer Adolf Hitler will succeed in drawing Japan closer into the Axis will depend to some extent on the effectiveness with which the British withstand the Nazi spring offensive and reply with attacks of their own on Germany, especially Berlin, as well as on the success of American and British diplomacy in influencing the Soviet Union.

To Discuss Japan's Sphere

Besides gathering information about Germany and the Soviets, Matsuoka will discuss with Hitler

ニューマンが送った、松岡訪欧を報じる「ヘラルド・トリビューン」の記事

〈英米が握るカギ〉

このように松岡外相はかつてこの国のどんな閣僚にも課されたことのないほど重大なことを任されることになった。と言うのは、日本政府は太平洋をめぐる戦争か平和かという問題について、英米両国側が先に動き出すことはあるまい、と確信していたので、こんどの松岡訪欧の報告如何によってその重大な問題の答えを自ら出すことになるのでは、と見られる。松岡訪欧の基本的な目的はつまるところそう

いうことであり、そして日本はその最終決断に向けてはベルリンに駐在する多くの陸軍武官や陸軍中将・大島浩駐独大使らの恐らくは「三国同盟」寄りに偏った意見よりも、むしろ文民、一般国民の世論を重視することになるだろう。

松岡外相がベルリン滞在中、ドイツは間違いなく大仰な軍事演習を行い、恐らくは伝えられるところの〝秘密兵器〟を彼に見せて、結局はドイツが勝利するのだ、と彼に確信させるよう努めるだろう。そして、ヒトラー総統がこの先、日本をより枢軸国側に引き留めることができるか否かは、英国がドイツの春季攻撃にどこまで抵抗し、ドイツ本国、とりわけベルリンに反撃の一矢を報いることができるか、また、米英両国が外交的にいかにソ連カードを切る〔対独抵抗勢力にするため自陣に引き入れる〕ことができるかにかかっている。〔略〕

〈米艦隊を太平洋に釘付けに〉

さて、ドイツ側から見ると、松岡の訪欧は違った意味を持っていた。ヒトラーは松岡に対し、ドイツに来て自分と親しく会談を、と特別に働きかけてきたことは衆知のこと。このことは松岡の訪欧を望んでいたのはヒトラーであって日本の国民は必ずしも松岡訪欧を期待していたわけではないということだ。なぜなら日独伊三国同盟に対する英米側の反発が余りに強く、その結果、日本が米国に接近するかも知れぬ、もしそんなことになればドイツ外交の受ける傷は計り知れないからだ。このドイツの恐れは野村・海軍大将の駐米大使就任で一層強くなった。ドイツは野村大使赴任に最後まで反対し、それが困難となった後には日本陸軍の特別密使として岩畔豪雄陸軍大佐をワシントンに派遣し、野村大使の補佐役とするという態勢作りに加担したのだった。

ヒトラーにとって対松岡会談の最低限の目的は、松岡の立場を強くすることによって日本が対米宥和の政策に急転換するのを少しでも防ぐことだった。それができれば現在のヒトラーにとって最小限の成功である。なぜなら、日本が枢軸側に止まることによって米海軍の大勢力が太平洋に釘付けされることが、欧州戦線に米国が参戦する場合に決定的にドイツに有利に働くからである。〔略〕

松岡訪欧の評価は日本では大きく割れている。日本の穏健派グループは依然米国との和解は可能だと信じ、松岡が時に外交的に危険なコミットをすることで彼の訪欧に強く反対した。政府は松岡訪欧に思わぬ反対運動が勃発するのを恐れて松岡が東京駅で列車に乗るまで公表を遅らせた。奇妙なことに松岡訪欧は日本国内よりも海外の方が先に知るという珍事を起こした。その理由は日本の議会での論議や一般市民の反応が現れるのを政府が避けたためなのだ。

かつて松岡外相が「日本の満州からの撤退」勧告に抗議、憤然と「国際連盟」の議場から退出したことがあった。この松岡の行動が、その後日本の「国際連盟」脱退、そして「支那事変」問題での窮地へとつながったのだが、松岡はその時携えていたのと同じ杖をこんどの訪欧でも手にして出掛けた。すべての日本国民がこの杖を幸運の兆しと考えているわけではなさそうではあるが……。

〔以下略、強調は引用者〕

次に松岡外相の動きを時々刻々報じた「朝日新聞」はどう報道したのだろうか。*15

「ヒ総統、松岡外相初会談」「対米問題を徹底協議」「戦線拡大防止に提携」(「朝日新聞」一九四一年

三月二九日付、夕刊一面四段)

[ベルリン特電二十七日発] 二十七日午前リッベントロップ独外相との第一回会議をもって、全世界注視の中に外交活動を開始した松岡外相は、デルンベルグ儀典局長の案内で同日午後四時総統官邸にヒットラー総統を訪問、官邸内庭に整立するSS(親衛隊)儀杖兵の礼を受け、総統事務室において初対面の挨拶を交した後、歴史的な会談はわが大島大使、リッベントロップ独外相、帰国中のオット大使、マイスナー無任所相同席の下に開始されたが、ドイツ政府のコンミュニケによれば右会談は二時間半にわたって続けられ現下の世界情勢のうち、日独両国が懸案とする具体的な政治外交上の諸問題について、極めて友好的な空気のうちに意見の交換、協議が続けられた(中略)

ベルリン政界の見るところでは、同日の松岡、リッベントロップ会見およびヒットラー、松岡会見の中心題目は『如何にして三国同盟の目的たる戦争拡大防止をするか』の一点に集中され、従って対米問題が徹底的に協議されたとしている、けだし三国同盟は新秩序建設の平和面とともに、米国参戦の場合には、世界戦争を誘発する危険面をも同時に包含しているが故に、目下の情勢において戦線拡大を防止せんがために日独間に完全な協議、提携を必要とするとの見解で、今回の日独会談は重視されている

「ヒ総統と松岡外相」「大群衆に応う」「愛国行進曲、街に氾濫」(「朝日新聞」一九四一年三月二九日付、夕刊一面二段)

［ベルリン特電二十七日発］松岡外相とヒットラー総統が歴史的な会談を開始するや、ベルリン市民は総統官邸前のウイルヘルム広場に集まり、広場をぎっしり埋めつくした、付近に備えつけた大拡声機は軍艦マーチや、愛国行進曲を奏でる、群衆は熱狂して『われらの総統よ、顔をみせよ』を連呼する、約三時間絶叫をつづけてどよめいていた群衆が待ちくたびれた頃、午後六時二十五分官邸バルコニーの扉があいて、ヒットラー総統が松岡外相、大島大使らと肩を並べて群衆の前に現れた、手を振って大群衆の歓呼に応ずるヒットラー総統と、松岡外相の朗かな顔色をみた人々は、会談が友好的に円満に進行したことを想像したのか、大歓呼の嵐はまた一しきり大荒れに荒れた

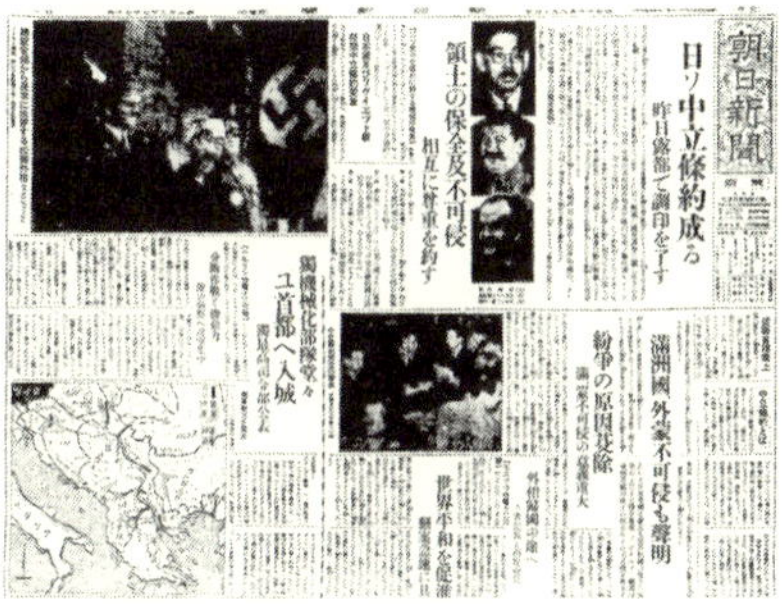
朝日新聞
日ソ中立條約成る
昨日露都で調印を了す
領土の保全及不可侵
相互に尊重を約す
滿洲國、外蒙不可侵も聲明
紛爭の原因芟除
獨機械化部隊堂々
ユ首都へ入城

日ソ中立条約の調印を報じた1941年4月14日付「朝日新聞」

「日ソ中立条約成る・昨日露都で調印を了す」（「朝日新聞」一九四一年四月一四日付、一面トップ）

松岡外相は独伊訪問の途ソ連首都モスクワに立寄り、モロトフ人民委員会議議長と会談を遂げ帰途さらにモスクワに赴き七日以来モロトフ氏と会談十二日はさらにスターリン書記長と重要懇談を行った結果、ここに日ソ両国の国交調整に関し双方の合意成立し十三日午後三時（モスクワ時間）帝国代表松岡外相及び建川大使ソ連代表モロトフ人民委員会議々長兼外務人民委員は、日ソ間中立条約に調印した、よって情報局では十三日午後十一時その要旨を発表した、同条約は全文四ケ条よりなり第一条において両締

約国は平和および友好関係を維持し相互にその領土の保全および不可侵を尊重すべきことを約し第二条は締約国の一方が第三国よりの軍事行動の対象となる場合は他締約国は該紛争の全期間中、中立を守る第三条は本条約はその批准を了した日より実施し且有効期間は五ケ年と定める、第四条は批准の手続きを定めたものである

なほ右調印と同時に日ソ両国政府は両国間の平和及び友好関係を保障するため帝国政府は蒙古人民共和国の、またソ連政府は満州帝国の領土保全および不可侵を尊重する旨の極めて重要なる声明を行った〔この記事の横には「総統官邸から民衆に挨拶する松岡外相」を写した三月二七日撮影の写真を掲載。松岡の左にヒトラー、右にはナチのマーク「鉤十字（ハーケンクロイツ）」が〕

続けて松岡外相が帰国した翌四月二三日付の夕刊一面に「松岡外相颯爽と帰還」という四段見出しで報じた数日後には——。

「でかしたぞ松岡さん」「日比谷沸く国民歓迎会」（「朝日新聞」一九四一年四月二七日付、社会面四段）

松岡さん御苦労さま、枢軸強化と日ソ中立条約をおみやげに去る二十二日帰朝した松岡外相歓迎大会は二十六日午後二時二十分から日比谷公会堂で開かれた、〔中略〕いよいよ松岡さんの帰朝挨拶——原稿なしの率直にして大胆な独ソ訪問談に入り、午後三時半閉会した〔「歓迎アーチと会場にぎっしりつまった聴衆」の写真付き、別ページに「五十分間の熱弁」と題して講演内容詳細を、という至れり尽くせりの報道ぶり〕

松岡訪欧を報道する当時の「朝日新聞」記事の、目を覆いたくなるような情緒的表現、日独枢軸に賭けようとする松岡外交への声援、ナショナリズム高揚への悪乗り……。当時の「朝日新聞」がいかに軍部、とりわけ陸軍から睨まれ、弾圧を受けていたとはいえ、〝でかした松岡〟の報道は、元朝日記者としてはため息を禁じえない。

ここまで「枢軸寄り」に傾いたのはなぜなのか。陸軍内部も含めて国民の間には英米両国を中心とした「民主主義陣営」との衝突は避けよう、という穏健派も確実に存在したはずなのに、なぜ紙面にそうした世論をも反映させるバランス感覚がまったく失われてしまったのだろうか。

ニューマン解説の優れたところは、（イ）今回の松岡外相訪欧がヒトラーのペースで実現し、必ずしも日本国民の多数意見に支えられたものでないことを看破している、（ロ）ニューマンはこの原稿を書く数カ月前、ワシントン赴任直前の野村吉三郎大使を東京でインタビューし、開戦を避けるための日米協議の先行きが不透明で、この先野村自身の上司である松岡外相の言動に大きく左右されることを察知、（ハ）米グルー駐日大使との緊密なやりとり、日本の外務省、軍幹部、財界人と幅広い階層への食い込み、ゾルゲ・グループのヴケリッチを通じて得られる日独両国にまたがるトップ・シークレット情報などから、日米外交の現実、開戦を避けるためのぎりぎりの交渉が難航していることなどを密かに取材していたこと――などである。

戦争になる「瀬戸際」と判断

ニューマンがこの松岡訪欧の記事を送ったのは松岡出発の三日後、一九四一年の三月一五日、松岡・ヒトラー会談がベルリンで行われたのはその約二週間後だから、かなり早いタイミングの情勢分析だった。検閲の関係でその方が原稿を送り易いなど、いろいろの事情があったのだろう。そして、ヒトラーに続けてスターリンと会談し「日ソ中立条約」締結の後、「朝日新聞」が伝えたように松岡が得意顔で帰国したころ、逆にニューマンは日米交渉行き詰まりへの危機感を抱いたことを後に振り返って、次のように書いている。

私に情報をくれたある人物が言ったように、松岡の役割はボタンを押すことだけで、そうすれば日本軍は英領、蘭領、仏領〔いずれも東南アジア〕への攻撃を開始するというわけだった。ヒトラーと松岡がベルリンで話し合いを済ませた時、世界は緊張で息をひそめていた。そして誰もが重大な関心を寄せていたのは、松岡がボタンを押すかどうか、ということだった。

当時東京にいたわれわれの多くは、これは戦争になる瀬戸際だと心配した。これからどうなり、私はいったいどうしたらよいか、私の師である渋沢さんに相談することにした。*16

ここまできて、ニューマンの文章と彼の「師である渋沢さん」の残した手帳のメモ、四月一三、一七両日朝の「8 Newman」とがピタリと像を結んだ。しかも、そこには異例の「(日ソ中立条約）」という添え書きと陸軍幹部「X」との懇談予定を示すメモまでそろえば、渋沢・ニューマン・「X」の間でどんなことが話されたのか、以下のような推測は許されるだろう。渋沢・ニューマンの関係に注がれていた周囲の厳しい目から、ニューマンと「X」が直接顔を合わす場面はなかったとしても、である。

この頃、「日米開戦」だけは何とか避けようと、そのための最後の望みを昭和天皇・ルーズベルト米大統領の頂上会談実現や武力衝突回避への妥協を探り、近衛首相、野村駐米大使らの懸命の努力が続けられていた。その数カ月前の一九四〇年暮れにかけて「野村駐米大使実現のために動いた」とニューマンが証言する渋沢、樺山らいわゆる穏健派グループの人々が、陸軍・強硬派の強い支持を背にした松岡外相の外交パフォーマンスを、息をこらして見ていた。

結局、松岡外相は、ヒトラーとの会談で「枢軸同盟強化」を、続けてスターリンと「日ソ中立条約」という成果を挙げて帰国したのである。近衛首相による三顧の礼の要請を受けて駐米大使にしぶしぶ就任した野村は、かつて松岡外相にその任を打診された際に、「（日独伊）三国同盟を強化する一方に日米関係を調整というのは到底問題にならない」と断ったとされる。[*17] その経緯を思い起こせば、松岡が先頭切って作り出した日米関係悪化を招く新たな国際情勢を、渋沢、樺山ら穏健派グループの人々がニューマンと憂いを共にしたことは容易に想像できるのだ。

対米融和に賭けた穏健派戦略が重大な危機に

そこで二回にわたった「8 Newman」での渋沢・ニューマン懇談の内容は——。

こんどの松岡の訪欧、ヒトラーとの会談、「日ソ中立条約」によって、近衛内閣が最後の望みをかけて進めている日米交渉の先行きが決定的に暗くなり、日米開戦の危険性が高まったことで一致する。ニューマンは自ら最近送った原稿における国際情勢分析を基に、松岡の行動と日米関係悪化への憂慮を表明。一方、渋沢は「X」などから得た陸軍・強硬派と松岡との「日ソ中立条約」に託す狙いや日米開戦に備える姿勢などをニューマンに伝える。この条約が「北方」つまりソ連との軍事衝突を一応凍結することによって、後顧の憂いなく「南進」を、という陸軍の意図を読み取ったニューマンが、後に当時を振り返って書いた原稿での「〔南進について、あとは〕松岡がボタンを押すかどうか」という表現につながったのだろう。

渋沢手帳の「四・一三メモ」はこのように、近衛・野村の対米融和交渉に賭ける渋沢・樺山ら穏健派人脈とニューマンの「反松岡・親野村」連帯グループの考えていた情勢認識が、結果的に甘かったということを示している。つまり、日米交渉の先行きにまだ強い希望を抱いていた穏健派の戦略は、松岡の訪欧によって一挙に方向を見失ってしまったことを示すのではないか。

その点についてニューマン自身はこう述懐している。

四月、松岡が帰路モスクワに立ち寄るためベルリンを発った後に、私は内閣の決定と松岡の訪欧の全容を知った。初め私はそれを真面目に受け取らなかった。だが、〔本当だという〕裏付け材料が増えはじめ、各方面の情報源からそれが入ってきた。最後には真面目に受け取るしかなかった。この時が、世界でもっとも退屈で事件のないところに思えた東京にいて私がはじめて、そして唯一本当に慌てた時だった。〔中略〕まことに奇妙なことに、太平洋で本当に戦争になるとはじめて私が不安に感じたことが、海外ではほとんど気付かれずに時は過ぎてしまったのである。*18

そのころ接触機会も少なくなっていた渋沢との朝飯が急ぎ設営され、それも週に二度となったのも渋沢・ニューマン双方が相当にあわてていたことを窺わせる。ただ、この訪欧による松岡外交の成果についてニューマンはその後すぐに冷静さを取り戻し、モスクワ訪問は大成功だったが、ベルリン訪問は失敗、と決め付け、ヒトラーとの会談で松岡が如何にこけにされたかをこう暴露している。

松岡のベルリンとモスクワ訪問についての話は、彼に同行した者や報告を受けた他の役人から聞いた。松岡のために催された素晴らしい宴会で出された御馳走を食べ終わるやいなや、松岡は別の部屋に案内され、欧州戦争が勃発する前にヒトラーを訪ねた他の外交官たちのためにしばしばこのナチスの独裁者が演じたいわばヒトラー流のドラマを見せられた。つまりお客にきちんと答えるのではなく、ヒトラーは狂乱状態になって英米両国に対する敵意を露わにし、小柄な松岡の目の前でテーブルをドンドン叩き、米英は粉砕されねばならず、日本は世界の様相を変えるであろうこの素晴らしい仕事をドイツと一緒にせねばならないと叫んだのだ。松岡に同行したメンバーで東京に戻ってからこの時の状況を説明した永井八津次大佐が言うには、ヒトラーは「話しているうちに興奮してしまい、最後にはあんまり夢中になってしまって誰に話しているのか分からないようだった」〔略〕

偉大な独裁者と、その信奉者で小柄な男との会談結果は、松岡にとって不満足だったと伝えられた。松岡はいろいろな考えがぐるぐる頭のなかをかけめぐり、それでいてなに一つはっきりしないままベルリンを後にした。ドイツは英国を侵略するのか、スエズ運河を掌握するのか、あるいはソ連と戦うのか、松岡には確信がもてなかった。松岡にとってヒトラーは全く訳がわからなかったし、ヒトラーの大言壮語は松岡を感銘させるよりぎょっとさせた。*19

松岡の「枢軸」寄りに傾斜した派手な外交をニューマンは冷静に観察し続ける。そして渋沢正雄に代表される日本の「穏健派」との情報交換を通じて「日米交渉」が難航を重ねていることを時々刻々正確にとらえ、自らの身の危険への警戒感も次第に強めていく。

＊1　*THE JAPAN ADVERTIZER ANNUAL REVIEW, 1938-1939.* 英語原文は巻末・付録5に掲載。

＊2　渋沢正雄「父（渋沢栄一）の追憶」、『竜門雑誌』第六〇〇号記念特集（一九三八年九月）、竜門社。以下に続く二つの引用も同様。引用にあたっては、新字、新仮名に書き換えた。

＊3　渋沢秀雄『渋沢栄一』、渋沢青淵記念財団竜門社、一九五六年、六六一六七ページ

＊4　渋沢正雄「欧米を歴訪して」（上）（下）、『竜門雑誌』第五七九号（一九三六年一二月）、第五八〇号（一九三七年一月）、竜門社。記録によると渋沢の欧米出張は一九三六年四月～一一月が最後となっている。

＊5　『グッバイ・ジャパン』、二八六―二八七ページ

＊6　『グッバイ・ジャパン』、三三一―三三二ページ

＊7　鮫島純子『父　渋沢正雄のこと』、私家版、二〇〇六年

＊8　『グッバイ・ジャパン』、二八八ページ

＊9　『グッバイ・ジャパン』、三一三―三一四ページ

＊10　ノモンハン事件：一九三九年五月、満州国で満蒙国境ノモンハンを舞台に関東軍とソ連外蒙軍が衝突、同八月二〇日関東軍が壊滅的敗北を喫し、九月初めに大本営は最終的にノモンハン作戦の中止命令を出すに至った。

＊11　日独防共協定：一九三六年一一月に共産主義国ソ連に対抗するために日独両国間で結ばれた秘密協定。

＊12　『グッバイ・ジャパン』二六ページ

＊13　ニューマンの原稿（一九四一年三月一五日　東京発「New York Herald Tribune」）の主見出し英語原文〝Japan Stakes Peace or War On Matsuoka〟

＊14　ニューマンが原稿を送ったのは三月一五日だが、記事掲載の日付け一五日か一六日のいずれかは不明。筆者がマイクロフィルムから記事を拡大複写する際にページ最上部の日付けの部分を落とすミスを犯した。

＊15　新字、新仮名などに書き換えた。ただし、読点「、」は使うが、句点「。」は使わない、という奇妙な編集はそのままにした。

＊16　『グッバイ・ジャパン』、二六ページ
＊17　島襄『開戦前夜』、集英社、一九七三年、六ページ
＊18　『グッバイ・ジャパン』、二五二ページ
＊19　『グッバイ・ジャパン』、二五三―二五五ページ

謎・その2　ゾルゲ・グループとの遭遇

（一）〝彼はアメリカのスパイでもあった〟

これは米紙「ニューヨーク・ヘラルド・トリビューン」の東京支局長、ジョセフ・ニューマンが送った歴史的なスクープの見出しである。新聞の日付は一九四一年の五月三一日。二〇世紀の歴史を変えた「独ソ開戦」（六月二二日）の約三週間前。その書き出しは——。

「ヒトラー、ソ連侵攻へ　東京は観測」*1
——ソ連は二カ月で屈服、ドイツ側は確信

〔東京　五月三一日発　ジョセフ・ニューマン〕東京の信頼すべき消息筋によると、ここ数週間にわたってドイツのヒトラー総統は「対ソ攻撃」に打って出るか否か、躊躇し続けており、独ソ両国間の緊張感が極限に近づきつつある。

このもって回った言葉使い。筆者ニューマンには悪いが、このリードは歯切れが良いとは言えず、とても「見出し」が取りづらい。スクープにはさまざまのリスクを伴うのが常だろう。世界が息を詰めて見ていたヒトラー対スターリンの「次の一手」を大胆にも予告すべきか否か、ニューマン記者の苦悩と脂汗が行間ににじむような筆致ではないか。

そこで、まずはこの記事の続きを記した上で、このスクープをいかにしてものにしたか、その情報源だったゾルゲ・スパイ・グループとその重要メンバー、ブランコ・ド・ヴケリッチとの関係へと話を進めたい。

この消息筋では、ドイツのソ連侵攻があるとすれば、ソ連・ウクライナ地方での小麦の種蒔きが終わった後に始まり、その小麦の収穫が終わるまでに攻撃は終了するはずだ、と見ている。そして、この対ソ侵攻作戦がもしもこの六月末までに実行に移されない場合は、今年は見送りだという。ドイツ側の関係筋では、〔もし年内に戦端が開かれれば〕ソ連は二カ月以内に降伏するだろう、と見ている。〔略〕

1941. May 31

21.

Tokio Expects Hitler to Move Against Russia

Reports Germany Believes Soviet Union Could Be Defeated in Two Months

By Joseph Newman

By Telephone to the Herald Tribune
Copyright, 1941, New York Tribune Inc.

TOKIO, May 31 (Saturday).—Reports received by reliable quarters at Tokio assert that the tension between Russia and Germany, understood here to have been near the breaking point during the last few weeks, continues unabated, with Fuehrer Adolf Hitler hesitating to move against the Soviet Union.

These sources understand that any possible attack to be made against Russia by Germany must begin after the wheat has been sown in the Ukraine and must be completed before the crop has been harvested. It is believed, they added, that if the attack does not occur by the latter part of June it will be postponed this year. German circles are said here to have declared that the Soviet Union can be defeated in two months.

It is rumored here that the flight to Scotland of Deputy Fuehrer Rudolf Hess is related to an attempt by Hitler to reach some kind of an understanding with Great Britain so that he might undertake a campaign in the East. In the light of

According to information brought here by persons in touch with diplomatic circles in Germany, Russia and the Scandinavian countries, Germany and the Soviets each have concentrated about 2,000,000 troops along their frontier and Russia has massed about 4,500 planes in the Ukraine. Russia is said by these informants to have mobilized 10,000,000 troops.

They have been informed, they say, that Germany has completed recently the construction of military roads and positions along the new frontier facing the Soviet Union. They also understand that Germany has stationed several divisions of troops in Finland, where the Nazis are said to be building a large military hospital. Nationalists in Finland are said to be advocating a joint campaign with Germany to recover territory lost in the Russo-Finnish war, but this is resisted by a majority of Finnish conservatives.

Reasons for a German attack against the Soviet Union were listed by these informants as follows: 1. To remove the threat of the only huge land army on the European Continent before being in a position to engage in a new war in the west, as a result of expected American participation, and to make possible the demobilization of several million idle German soldiers who are needed badly in industry. 2. To secure Ukraine's wheat without paying the prices demanded, and 3. to secure the labor power of the Ukraine for any renewed effort necessary in the west.

According to information received here there is no indication that the Soviet Union has begun to give in to German pressure.

The Japanese press has asserted that Josef V. Stalin agreed to the Russo-Japanese neutrality pact because of the danger of a crisis with Germany, and indicated that Japanese Foreign Minister Yosuke Mat-

ニューマンのスクープ記事。「ニューヨーク・ヘラルド・トリビューン」1941年5月31日付

東京のドイツ、ソ連、スカンジナビア半島諸国の外交筋からの情報を付き合わせると、独ソ両国はすでにそれぞれの国境線地域に計二〇〇万人規模の軍隊を集結させている、という。そしてソ連側はウクライナ地域に四五〇〇機の戦闘機を集結させ、一〇〇〇万人の兵員に動員をかけたという。

同じ関係筋によると、ドイツがソ連侵攻に踏み切る理由は――①予想される米国の参戦によっ

て欧州西部戦線が新局面を迎える前に、欧州大陸で唯一の巨大な陸軍兵力を持つソ連の脅威をまず叩いておき、その結果生まれる数百万人のドイツ軍の余剰兵力を国内産業の労働力に振り向ける、②ウクライナの豊富な食糧を手中に収める、③そのウクライナの労働力を西部戦線の補強に活用する——の三点である。〔略〕

日本の新聞報道によると、ソ連のスターリンはドイツとの全面対決の危険に備えて先の「日ソ中立条約」に調印したという。そして、日本の松岡外相はヒトラーとスターリンを和解させようと試みたようだ、と伝えている。

ニューマンは太平洋戦争開戦直後の一九四二年春、ニューヨークで開戦前夜の日本報告、『Goodbye JAPAN』を書き、日本の天皇制・軍国主義・財閥による「汚れた三位一体」を告発して、「リメンバー・パールハーバー（真珠湾攻撃を忘れるな）」の言葉に象徴される反日感情の火に油を注いだ。ただしこの著作では、自らの歴史的スクープの取材源については一切触れていない。それは前節で紹介した自らの生涯の恩人、渋沢正雄（一九四二年没、当時「日本製鉄」副社長）の名前に触れなかったのと同様、「東京にいる自分の知人たちに万が一にも累を及ぼしてはならない、との配慮からだった」と、ニューマンは私に語ったことがあった。

スクープの秘話を明かす

そのニューマンが、「ヒトラー、ソ連侵攻へ」というスクープをどのようにものにし、記事にするまでにいかに悩み苦しんだかなど、『Goodbye JAPAN』では書けなかった東京秘話を初めて公にしたのは、彼が東京を去ってから四半世紀を経た一九六七年、「ヘラルド・トリビューン」の論説委員時代のこと。ようやく「今だから書こう」という気になったのだという。したがって、さらにそのまた四半世紀後に朝日新聞社が刊行した日本語復刻版『グッバイ・ジャパン』のために彼が書き下ろした「50年目の日本に」というエッセイの原版ともいうべきものである。一九九二、三年ごろ、ニューマンは私との長時間インタビューの合間にこのエッセイのコピーを私に手渡した。

「彼はヘラルド・トリビューンのスパイでもあった」*2——ドキッとするタイトルのそのエッセイは『特ダネはこうして取った』という本に掲載されたもので、その一部を紹介する。

私が今から書こうとしているのは、この本のタイトル「特ダネはこうして取った」というよりも、「特ダネを危うく逃すところだった」という物語である。そして、私がこの経験から学んだことは、世界史に残る重大事を予言するなどという高度にプロフェッショナルな仕事は、必ずしも名の通ったプロ外交官や大先輩の大物記者たちの専売特許に非ず、若い駆け出し記者にだってうまくいくこともある、スリルに満ちた作業だ、ということである。

こう書き出したニューマンは、ヒトラー・ドイツがすでにフランスを占領した後、次は英仏海峡の対岸、英国を、と睨《にら》む一方、東方ではソ連のスターリンと協定を重ねて対ソ国境線を東へとジリジリと拡大したあと、しばし小休止の欧州戦線を説明。そのころ「ヘラルド・トリビューン」紙東京特派員を引き受けて間もなくの自分に、「ヒトラー、ソ連侵攻へ」というとてつもない極秘情報が入ってきた、と続ける。

このスクープのネタ元はフランスの通信社「アバス」〔現AFP〕の東京特派員、ユーゴスラビア生まれのブランコ・ド・ヴケリッチという男だった。私はブキー（当時われわれアメリカ人特派員は彼のことをこう呼んでいた）に尋ねたものだ――「いったい君は、ナチスのソ連侵攻がここ一、二カ月以内に、という確信があるのなら、なぜ君自身が原稿にして送らないのか」と。彼の答えはこうだった。「わがアバス通信はヴィシー政権下のフランス政府と同じくナチスの管理下に置かれ、もはや自由な報道機関ではない」。そしてブキーは、彼の母国〔ユーゴスラビア〕がナチスに蹂躙《じゅうりん》されたことからヒトラーを恨み骨髄と思い、他の国々が一刻も早くナチスの〔領土拡大への〕野望を察知し、それを防ぐために準備すべし、と切望していた。そして、それを可能にする唯一の道は東京に拠点を持つ米国の四つの報道機関、AP、UP両通信社か、ニューヨーク・タイムズ、ヘラルド・トリビューンの四社のうちの一つあるいは複数を通じてこの情報を世界に知らせることだとブキーは考えた。

このエッセイで、ニューマンはブキーがこの極秘情報を他のアメリカ特派員たちにも伝えたが、自分よりはるかに年上で経験豊かな他の特派員たちは、誰もこの情報にまともに取り合わなかった、特派員仲間で飛び抜けて若僧の駆け出し記者だった自分は、その情報を自分の判断で原稿にするかどうかで悩み抜いていたと続けた。そんな五月初めのある日、ニューマンはモスクワから東京に転任したばかりの米大使館員チャールズ・ボーレンとアメリカン・クラブで昼食を共にした。

全員が否定した「独ソ開戦」

ベルリンでの特派員生活を切り上げ、東京に転任してきた「NYタイムズ」のオットー・トリシュス、「NYタイムズ」とロンドンの「ザ・タイムズ」両紙のモスクワ特派員を兼務して名声を得て帰国途上のウォルター・デュランティーの両記者もこのランチに加わった。ヒトラー・ドイツとスターリン・ソ連のこれほどの専門家たちが同じテーブルを囲むなどということはとても考えられない幸運だった、とニューマンは振り返った後に、こう続けた。

この席で私は、ヒトラーがこの六月末まで、つまりソ連国内の収穫期前に、ソ連に侵攻する、との（ブキーがもたらした）極秘情報を思い切って披露し、「私はそれをほぼ確信している」と、おずおずしながら告白した。「そりゃお話にならん」と一笑に付されるのを恐れながら――。「私はこの情報を原稿にしてニューヨークに送ろうと思うが、皆さんはどう思うか」

まず、ソ連に詳しい外交官、ボーレンが答えた。それは概ね以下のような内容だったと記憶している——。

「ヒトラーがスターリンを攻撃するとは信じられない。なぜって？　ヒトラーにはそんなことをする必要がない。彼に欲しいものがあれば、スターリンにその要求を突きつければ何でも手に入る。スターリンは弱腰でヒトラーの要求を断る力がない。ナチスがソ連を侵略すればスターリン体制は赤子の手をねじるがごとく崩壊するし、スターリンはそのことをよく承知している」

次に答えたのは前モスクワ特派員、デュランティーだった。彼の表現を私は鮮明に覚えている——「ドイツとソ連が戦争するなんて、真夏に雪の塊を天ぷらにするような話、あり得ないことだよ」。「雪の天ぷら」の喩えを彼自身よほど気に入ったのだろう、数日後、当時、朝日新聞社が発行していた月刊英字誌に彼が寄稿した原稿でも同じ表現を繰り返した。

当時、デュランティーとトリシュスはそれぞれソ連とドイツの専門家として自信を持つライバルであり、両者の意見が一致することは滅多にない、と言われていた。しかし、この「独ソ開戦」説に限っては、トリシュス、デュランティー両記者に、この道のプロ外交官まで加えた三者の意見が「あり得ない」で一致した。

デュランティー記者の「歴史的誤報」

ここで貴重な資料を見てみよう。ニューマンの生涯の親友、元同盟通信記者の陸奥陽之助（洋名イアン・ムツ）が「参考になれば」と私に手渡した開戦前の「アサヒグラフ」海外版『The PICTORIAL

ORIENT』[*3]、ニューマン・エッセイに登場したデュランティー記者の記事を特集した一九四一年六月号である。焼け跡からやっと見つけ出したような、保存状態の劣悪な代物だが、タブロイド版五ページにわたるデュランティー記者の大特集は、良くも悪しくも歴史的な記事に違いない。その表紙に紹介された特集のタイトルは——「スターリンの次の一手」。

STALIN'S NEXT MOVES

『The PICTORIAL ORIENT』1941年6月号に特集されたデュランティー記者の記事の冒頭

さすが写真を売り物とする月刊誌で、写真九枚とそのキャプションは歴史的価値を持つと思われるので、デュランティー記者の「歴史的誤報」とともに、ここにその一端を記録しておきたい。

まずは長い本文の末尾に近いところにニューマンのエッセイに紹介された例のくだりを見つけた。「今、ソ連がドイツと敵対する、いや、ドイツと離反するということさえ、雪の塊を天ぷらにするようなもので、考えられないことだ」と。本文末尾には、ご丁寧にデュランティー記者の肉筆サインの写真まで添えられている。

そして、「一九四一年当時の世界情勢」としてそのまま歴史教科書にも使えそうな見事な九枚の写真。それに添えられたキャプションは——。

①前モスクワ特派員のウォルター・デュランティー氏。先月米国への帰国途上、東京に立ち寄った際、当誌に寄稿した。
②「日ソ中立条約」というお土産をポケットに入れた松岡外相をモスクワ駅で見送るスターリン。
③昨年ベルリンを訪問したモロトフ・ソ連外相。「赤の国」からの賓客はジェスチャー交じりでドイツ・ナチス幹部と話し込む。その側でヒトラー総統がソ連外相の話に耳を傾ける（続けて、ここにもデュランティー記者の「雪の天ぷら」と同趣旨の解説文がある）。どこかの国からの報道には申し訳ないが、デュランティー氏は独ソ両国が近いうちに武力衝突する可能性はまずない、と見ている。
④太平洋上で対潜水艦作戦の訓練をする米軍の軍用機と軍艦。米海軍の主力艦隊は太平洋での戦闘に備えて依然ハワイに釘付けされている。もし（対日）開戦となれば主力艦隊はそのまま動けず、もし日米間に平和が確保される場合は、艦隊は大西洋に移されることになる。
⑤ソ連国境に近い満州北方の広大な原野を走る日本軍の戦車群。
⑥モスクワの「赤の広場」でソ連の破壊力を誇示するソ連軍の戦車隊。
⑦ウラジオストック――日本に最も近いソ連軍の海軍基地。厳重な警戒体制下に置かれているため、この写真は一〇年前に撮影されたもの。
⑧ソ連の軍需工場の前に立つレーニン像。国家予算の七〇％が「国防」に向けられている。
⑨ソ連の集団農場での春の収穫風景。ソ連全体の農業生産高は昨年、史上最高を記録した。

英語で書かれ、親友の陸奥がその企画実現を支えたというこの「スターリンの次の一手」特集をニューマンがどんなふうに読んだか定かではないが、ライバル紙「NYタイムズ」の大記者らの「独ソ開戦あり得ず」の見解が頭を離れず、自分の抱えた極秘情報を原稿にして送るか否かで、ニューマンは悩み抜いただろう。

「ニューマンさん、OKです」

ここでまたニューマンのエッセイに戻って、それでも何とか送稿を決断するに至った経過を読んでみよう。

こんなわけで「独ソ開戦へ」の情報を原稿にしようとする私にとって「四面楚歌」の状況だった。それでもこの原稿を送るためには、この情報はあくまで正しく、米国務省と「NYタイムズ」の見方は間違っている、と確信できる何かあらたな根拠を獲得しなければならなかった。

それから数週間、私は躊躇《ちゅうちょ》し続け、この重大な情報を暖め続けた。五月の末になって私はナチスの占領・圧制から逃れるためにフィンランドを横断し、上海を経て東京にたどり着いた欧州人に話を聞くことができた。彼は、ソ連に通ずる道路の突貫工事やソ連攻撃に備える最近のナチスの行動を詳しく私に説明してくれた。と同時に、日本政府の中枢に通じ、私が最も信頼する日本人の取材源にも「独ソ開戦」の可能性について確かめた。彼はヒトラーの意図に対してかなり神経質な反応を示し、対ソ侵略の可能性をも否定しなかった。さて、その問題の「Xデー」の六月が目前に迫るにつれて、ネタ元のヴケリッチの私への訴えはますます切迫感を強め、私はついにこう警告された――。「これ以上グズグズしていると、君は記者生活最大のスクープをみすみす逃すことになるぞ」と。

ニューマンはヴケリッチに尻を叩かれるにつれて、彼の情報を信頼し始めていた。そしてついに原稿にして送ろうという決心に至る。

この時点で「独ソ開戦」情報は、すでに理屈や議論の段階を超えた、と私は感じた。そして終に、私はタイプライターに向かい、原稿を叩き始めた。ただ、例の昼飯談義で耳にした米外交官やベテラン特派員たちの強い否定的見解に影響されていたから、いざ原稿にするとなると、その言葉使いは慎重に慎重を期した。さらに言えば、この原稿が送稿前に日本政府の検閲を受けるとなると、言葉使いを婉曲《えんきょく》にすることが決定的に重要だった。

そして、次のステップが最も厄介な仕事であった。果たして日本政府の検閲官は私のこの特電をすんなり送らせてくれるであろうか。私は他社の特派員のように電報で送るのではなく、ニューヨークへの国際電話で原稿を送っていた。〔略〕しかし、ニューヨークに電話が繋がる前に、私は検閲官に向かって原稿の一部始終を読み上げねばならなかった。そして、しばらく置いて彼が私に返信の電話を入れ、「この部分は削った」「まったく手を入れる必要なし」あるいは「全文ボツに」

などというご託宣を受ける、という手順が待っていた。

私が原稿を送るための電話を掛けたのは東京時刻で早朝、受け手のニューヨーク時刻はその前日の夕刻、朝刊締め切りギリギリだった。日本の検閲官に自分の原稿を読み上げて聞かせた運命の日、五月末日の朝、何の恐れも感じなかった。何週間にもわたって私はこの極秘情報を胸に悶々《もんもん》とし続けたが、原稿を検閲官に読み上げる瞬間はいよいよその情報が公になる、そしてこの私の記事の持つ意味を考えると心が再び激しく揺れるのを覚えた。


ニューマンは検閲官からの返信電話を待たされた異常に長い時間、日本政府高官の誰かが原稿の「差し止め」を命じたのかなど、あれこれと思い悩んだが、やがて検閲官からの電話がかかる――。

「ニューマンさん、OKです。いまニューヨークと電話を繫ぎます」。

ニューマンはこうしてやっとの思いで問題の原稿をニューヨークに送ったのだが、その後もイライラは止まらない。


それから過ぎ行く六月の日々が日増しに重々しく感じられ、やり切れぬ思いだった。六月後半に入ってもヒトラーの動きは何もなかった。私は大スクープどころか大きなガセネタを送ってしまったのだろうか、心配で打ちのめされそうだった。

そしてついに「六月二二日」がやってきた。この日は快晴、完璧なテニス日和だった。AP通信のマックス・ヒル支局長の住むマンションのテニスコートで、彼といつもの記者仲間を相手にダブルスに興じていた。〔略〕彼のメイドさんがコートに走ってきて、けたたましい叫び声を上げた――「ヒルさん、ヒルさん、ドウメイ（同盟通信）から至急の電話です！」。緊急電話は、われわれ米国の報道機関四社がみんな支局を置いている「同盟通信」ビルからだった。マックスは電話を取りに走り、やがてこう叫びながら戻ってきた――。「ヒトラー・ドイツがソ連侵攻！　ヒトラーがソ連に侵攻した！」

われわれはしばらく呆然とそこに立ち尽くした。まもなく全員がクルマに走りこみ、都心の同盟ビルへと急いだ。「同盟通信」の外報部デスク席に突進すると、そこには「ナチスのソ連侵攻」を発表したドイツ政府の公式声明の原稿が……。

ニューマン・エッセイに登場したこの「同盟ビル」は銀座七丁目に今も健在。一九三四年に建てられた八階建ての歴史的建物で、通称「電通通り」の由来ともなった旧電通本社ビルは今も銀座観光の名所のひとつである。当時、このビルには同盟通信（現共同通信、時事通信の前身）を中心に、ニューマンの「ヘラルド・トリビューン」紙はじめ、欧米の主要な新聞社、通信社の多くが支局を構え、外国人ジャーナリストたちの活動拠点となっていた。

ここで話はまたタイムカプセルに乗って日米開戦前夜に戻る――「独ソ開戦」という超ド級の情報を得て、ニューマンははやる心を抑えきれずに自分の支局へと急いだ。五月末に送った自分の原稿が果たして陽の目を見たのかどうか、机に山積みされた「ヘラルド・トリビューン」紙の点検にかかった。当時、新聞は船で運ばれていたので、東京に着くのに約三週間もかかったのだ。

新聞の袋を開け、まず「五月三一日付」を引っ張り出した。私のスクープが紙面を飾っているはずの「ヘラルド・トリビューン」である。まず一面に目を走らせたが、ない。そして、二頁から五、六、七頁の主要ニュース面を次々と点検したが、ここにも出ていない。私はほとんど我を失いかけ、ただ頁をめくり続けた。そして最後の頁に近い二二頁まで来て、小さな見出しに私の目は釘付けになった。

「ヒトラー、ソ連侵攻へ　東京は観測」

あった！　まさしく私の原稿である。

ともかくもこの極秘情報が日の目を見たことに快哉を叫ぶべきか、紙面の端くれでの余りに粗末な扱いに涙すべきか、私はしばし途方に暮れたものだ。しかし、自分の手柄をあれこれ考えるべき悠長な時ではなかった。世界は「独ソ開戦」という衝撃のニュースに大きく揺れ動いているのだ。

ロベール・ギランの助手ヴケリッチ

ところで、ニューマンに極秘情報をタレ込み続けたヴケリッチにはもう一人の通報先があった。当然と言えば当然なのだが、それが当時の状況ではなかなか一筋縄ではいかなかった。[8] その通報相手、ヴケリッチの表向きの上司であった「アバス通信」東京支局長ロベール・ギランの言葉に目を向けよう。これは後の『週刊朝日』（一九七四年一〇月二五日号）のゾルゲ・尾崎事件特集にある「私が知っていたゾルゲの秘密」という魅力的なタイトルの記事で、ゾルゲ、ヴケリッチ、そして自分の三角関係についてギランはこう明らかにした。

ライオンのような顔に青い双眸《そうぼう》〔両眼〕が印象的なリヒアルト・ゾルゲとは、霞が関の外務省の記者会見で顔を合わせていたが、私の方から彼に話しかけたことはなかった。私はフランス人で反ファシズムの立場なのに、彼はドイツ人で、したがって、少なくとも当時の私の考えでは、ナチだった。だから、私としては、彼との関係は一切避けていた。

だが、運命というのか、ジャーナリストのめぐりあわせというのか、不思議なことがしばしば起こるものだ。

事の次第はごく簡単だ。つまり、スパイのゾルゲには助手がいて、ジャーナリストのギランにも助手がいたが、実はこの助手が同一人物だったというわけだ。ブランコ・ド・ブーケリッチ〔ヴケリッチ〕である。〔略〕

ゾルゲと彼が共産主義者のスパイで、モスクワのために共同で仕事をしていようなどとは、もちろん、私の露知らぬところだった。とはいうものの、ブーケリッチを通じて、ゾルゲと私の間には一種の〝パイプライン〟ができあがっていた。〔略〕

一九四一年春、ヒトラーとスターリンとの間の仲違いが日増しに広がってかまびすしくなりつつあったころ、私は毎週、駐日フランス大使のアルセーヌ・アンリ氏のもとに情報を届けていた。六月二十二日未明、ヒトラーがソ連攻撃の火ぶたを切った第二次大戦の決定的時点においても、それは同じことだった。これから起ころうとしている事態を私が知らされたのは、ほぼ三十時間前のことだった。ブーキ〔原文のママ〕は喜びはしゃいで、言ったものだ。

「ヒトラーの奴、モスクワを攻めたために滅んだナポレオンの過ちの二の舞だ」

ヴケリッチはすでにこの段階で独ソ戦の先行き、ヒトラーの敗北を正確に見通していたかのような叫びではないか。もっとも、母国ユーゴスラビアを蹂躙したナチスへの私憤も手伝った希望的観測の面もあったか……。このヴケリッチを含むゾルゲ・グループに対する見解を述べたギランの原稿に戻ろう。

ゾルゲ、ブーケリッチ、尾崎（秀実）といった勇気ある人々は、やがて彼らを逮捕し、死刑にすることになる日本に閉じこめられていたために、その闘いの中で、ある種の情報は単にモスクワに届けるだけではなく、ヒトラーの他の敵国にも届ける必要を感じていた。彼らにしてみれば、アバス通信とフランス大使館経由で、そうした情報が目当ての所に届くものと計算していたのだろう。つまり、ゾルゲの秘密には、意図的な漏洩《ろうえい》の〝抜け道〟（英語でいうリーク）があり、その〝抜け道〟がほかならぬ私なのだった……。

そうした〝抜け道〟は他にもあったかもしれない。

ギラン言うところの〝抜け道〟の本命がニューマンであったことを、このギラン証言の七年前にニューマン自身がエッセイで公にしたのは前述の通りだが、さすがにギランの耳には届いていなかったようだ。それでも「〝抜け道〟は自分以外のどこかにも」という勘はさすがである。

ヴケリッチが秘密情報を流した理由

ところで、そのニューマンにも、時を追ってゾルゲ・グループのメンバーたちの裁判経過や有罪判決のニュースが伝わってくる。ニューマンはゾルゲ事件の研究で知られるカリフォルニア大学のチャーマーズ・ジョンソン教授のインタビューを受けたこともあったそうだが、そのニューマンはゾルゲ・グループとヴケリッチについて『グッバイ・ジャパン』「50年目の日本に」でこう書いた。*4

私は尾崎に会ったこともないしゾルゲとの付き合いもなかった。外人記者のための定例の記者会見でゾルゲと会うことはあったが、親しくはしていなかった。私はゾルゲが自分で名乗っていた通り「フランクフルター・ツァイトゥンク」のドイツ人記者、そして東京駐在のドイツ大使オイゲン・オットー大将の報道参事官だと思っていた。そんなわけで彼を敵国の国民と見なしていた。ゾルゲの立場は、どちらの肩書きも共産主義のスパイとして、ソ連のために秘密の情報を手に入れるには絶好の地位だった。

ゾルゲに対する見方やその距離の置き方はギランと似通ったものだが、そのギランとヴケリッチについてニューマンは、こう続ける。

ヴケリッチはどうしてあんなにたくさんの秘密の情報を新聞界に、特に私に流したのだと私はよく聞かれた。ブキーはもちろん情報を上司であるアバス通信社のロベール・ギランにも伝えた。しかし、アバスはナチスの支配下にあったので、報道にはことのほか注意しなくてはならなかった。ギランがブキーからの情報を伝えていたフランス大使のアルセーヌ・アンリも、同じ立場だった。

ギランが一九四一年七月二日の御前会議の極秘の決定事項の内容[*5]——私がブキーから貰ったあの情報だが——を大使に話すと、大使は容易に信じようとせず、ジョンソン教授の引用によればこう答えた。「ギラン、もし君が御前会議の機密を知っていて日本がそのことを知ったら、明日、君は縛り首だということが分かっているのか」

幸いギランは起訴されなかった。ギランがゾルゲからの情報をそれと知らないで受け取っていたのであり、諜報活動とは何の関係もなく、あるいはそんなものの存在すら知らなかったんだと日本の検察は明らかに納得した。私が「ヘラルド・トリビューン」やそれと提携していた通信社を通して、米国やその他の国々にゾルゲの情報を広く流したことを考えると、もしも私が逮捕されていたら、私の運命はどうなっていたか分からない。

ブキーが特にニューマンに情報を流した理由については、もちろんゾルゲの承認があってのことだが、ブキーはニューマンに次のように説明したという。——ドイツのナチス、そしてそれと同盟を結んでいる日本の軍国主義者を倒すために自分にできることは何でもやるつもりである。ドイツと日本の侵略者を打ち負かすため、その秘密の侵略計画を英米など連合国側に通報することで侵略者の打倒に役立ててほしい。この目的のために、あなた（ニューマン）が主要なチャンネルになってほしい、と。

というのは、私が勤めていた新聞（「ヘラルド・トリビューン」紙）やその系列下の通信社は、ブキーが働いていたアバスとは違い、ゾルゲの情報を外の世界に自由に流せたからだった。そしてもう一つの理由は、最高機密を新聞に報道して日本の官憲から起訴されたり迫害されたりする危険を冒すのもいとわないほど無鉄砲なアメリカ人記者は、私をおいて他に見つからなかった、ということだった。

ゾルゲが語ったヴケリッチとニューマン

ここで、ギランのいうヴケリッチのもう一人の上司、ゾルゲ諜報団のリーダーとしてゾルゲの貴重な証言を紹介しておかなければならない。日本がまだマッカーサーを長とする連合国軍総司令部（GHQ）の支配下に置かれていた一九四七年に、そのGHQの民間諜報局（CIS）がまとめた「ゾルゲ事件」報告書――「ゾルゲ諜報団の活動の全容」*6の中で、ゾルゲは警察の調べに対し、まずヴケリッチについて以下のように話した。

「ブーケリッチは我々の諜報グループに加わるという明確な目的を持って、日本にやって来ました。同時に彼は、私自身と同様に身を隠すために新聞社の通信員となっていました。私は情報集めが本来の仕事だったので、記者生活には熱が入りませんでしたが、ブーケリッチはますます記者仕事に熱中し、耳にしたことは何でもお構いなしに、私に何度も語って聞かせたものでした。それが重要かどうかの判断は、私に任せていました」

ゾルゲは続けてヴケリッチとニューマンの関係について、こんなふうに述べた。

「ブーケリッチは同じ建物に入っていた、ニューマン[10]から聞いたことは、一切合切私に話しました。ニューマンはその元の話の殆どをドゥーマンから仕入れていました。ドゥーマンがインドシナやシンガポールについて言いたがっていたことを、私に伝えたのはブーケリッチだと思いますが、私はドゥーマンの話は重要だと思っていなかったので、それがどんなことであったかは覚えてはいません。まず第一にドゥーマンは大使館員でしかなかったし、ワシントンがどう考えているかを知る立場にはありませんでした。第二にドゥーマンは事実関係には気を使わず、もっぱら宣伝工作ばかりしていたものです。第三に英米政府は仏領インドシナ、タイ、それにオランダ領東インドに関しては、すでに考えがまとまっていたということから、私はドゥーマンの言葉は当てにしませんでした」

「ゾルゲ事件」報告書はゾルゲ証言のあとにこう続ける。

一九四一年一〇月一七日、鸚鵡《おうむ》並みの伝え方をするブーケリッチは、オデッサ陥落の知らせをゾルゲに伝えた。ゾルゲは消息不明となった尾崎と宮城〔与徳〕[6]がどうなったのか、情報を探れと命じた。ブーケリッチはその翌日逮捕された。*7

ニューマンとその周辺を長年取材してきたが、ゾルゲのニューマンに関する証言は初めて目にした。ニューマンの米国大使館筋の情報源、ドゥーマンを「もっぱら宣伝工作ばかり」と切り捨て、したがってヴケリッチ経由のニューマン情報にもそれほど信を置いていなかったばかりか、米国諜報筋との関わりを警戒していたことさえ示唆する貴重な証言である。

決して命令をしなかったゾルゲ

また、そのニューマンに極秘情報を流し続けたヴケリッチに対してもグループのリーダーとして冷徹な観察をしていたことをうかがわせるが、逆にヴケリッチは警察の調べの中で、ゾルゲに対して痛々しいほど誠実一路のコメントを残していた。以下は『現代史資料3』(みすず書房刊)に記録された「ブーケリッチの手記」*8の一節である。

「ゾルゲ」は、決して命令せず、唯、差当っての急務、即ち何を為すべきかに就て証明し或は又、我々の中一、二の者に対し、現に問題になって居る任務を果すためには斯くする事が最善だと暗示し、或は、斯く斯くの遣り方をしては如何かと質問するのみでありました。事実「クラウゼン」[5]と私は可なり我儘仲間で、相当勝手な振舞を致しましたが、それにも拘らず、「ゾルゲ」は、此の九年間に於て、唯一、二回立腹した時を除いては、原則として、形式張った態度は一度も示さず、且立腹した時に於てさへ、彼は、我々の政治的良心、就中《なかんずく》彼に対する我々の友情に訴へるのみで、其の他の動機に訴へませんでした。彼は、決して、人を威嚇《いかく》し、又、苟《いや》しくも威嚇と解せられ、或は形式的規律に訴へるものと解せられるが如き事をしませんでした。此の事は、我々「グループ」の性格が、明らかに、軍隊的のものでない事を、他の何事にもまして、雄弁に物語るものであります。〔以下略〕

ヴケリッチの息子が翻訳した父の記事

一九九三年当時横浜市で、ヴケリッチの日本人妻、淑子さんにインタビューした際ヴケリッチとの間の子息、山崎洋氏に紹介された。名刺交換に伴うやりとりから洋氏と筆者は同じ慶応大学・同学部の同期生だったことを知り、マンモス大学卒の近くて遠かったクラスメートはお互い苦笑を禁じえなかった。

私ごとはさておき、洋氏は母・山崎淑子さんの著した『ブランコ・ヴケリッチ　獄中からの手紙』[*9]の後記にこう書いていた――

ブランコ・ヴケリッチの情報活動は、レストランのボーイに扮して食事に来る外交官や高級将校の会話を盗み聞きするとか、深夜にどこかの事務所に忍びこんで機密資料を入手するとかいった007的な世界とは無縁である。それは新聞記者として得た情報を的確に分析することによって行なわれた。ジャーナリストとしての活動は単なる隠れ蓑ではなく、むしろ活動の核心だった。ポリティカ紙〔旧ユーゴスラビア・ベオグラードの日刊新聞〕の記事はブランコ・ヴケリッチのすぐれた分析力やユーモア溢れる人柄をよく反映しており、全体として、当時の日本に関する深い洞察と共感にもとづく貴重な記録となっている。近い将来、全篇をまとめて翻訳したいと思っている。

そして、二〇〇七年一一月「その希望がようやく実現し」（洋氏）、『獄中からの手紙』の姉妹編『ブランコ・ヴケリッチ　日本からの手紙』が刊行された。ヴケリッチのボスであったゾルゲが警察での証言で、ヴケリッチは本来の仕事であった情報集めよりも「記者仕事に熱中し」と語っているが、ヴケリッチ特派員が東京から送り続けた記事の翻訳集は、私にとっても待望の一冊であったことは言うまでもない。

まずその著作の「はじめに　ブランコ・ヴケリッチとその時代」から[*10]――。

本書は、父ブランコ・ヴケリッチが一九三三年春から一九四〇年末までのおよそ八年間に、東京特派員として祖国ユーゴスラヴィアの日刊紙ポリティカに書き送った五十六篇の記事の翻訳である。

との書き出しに続けて——。

戦前のポリティカ紙に掲載された父の記事は、しばしば「日本からの手紙」という見出しを持ち、それが本書の題名ともなった。つまり、単純なニュースではなく、極東の「遠い未知の国」から、その国をめぐる出来事を解説して読者に書き送る日本便りといった意味であろう。したがって、大きな記事が多い。短いものでもタブロイド版五段組の三段を占め、普通は一面全部を埋めている。なかには次頁の一段目にかかる長いものもある。

山崎洋編訳『ブランコ・ヴケリッチ　日本からの手紙』

そして、ニューマン著『グッバイ・ジャパン』からの引用によって、父ヴケリッチとニューマンとの友情、歴史的スクープの裏話などを紹介している。

ニューヨーク・ヘラルド・トリビューン特派員のジョゼフ・ニューマンも、父をブキーと愛称で呼び、親しくしていた記者の一人である。「同盟ビルの外人記者の仲間入りをして間もなく、ブーケリッチがなかでも一番の人気者だということが分かった。冗談とユーモアにあふれ、毎日伝送されてくるニュースがもたらす陰鬱をまるで一条の光のように、彼は行く先々でふりはらってくれた」と、ニューマンは述懐している（ジョセフ・ニューマン『グッバイ・ジャパン』、朝日新聞社、二四頁）。「間もなく私は、ブキーが明るくてユーモアがあるだけではないことを発見した。ブキーはとてもよく情報に通じているようだった。いかにもプロらしく見える金属の縁の眼鏡の奥でブキーの目はきらきら輝き、いつも日本や世界の出来事について豊富な考えや解説を披露してくれた」（同）。ニューマンは、父が祖国ユーゴスラビアの解放の希望をアメリカに託し、そのためにアメリカ人記者に特別の関心を寄せたのだと考えていたようだ。「もし私が他の記者仲間達よりブキーと親しかったとするなら、それは私がブキーの言うことを仲間たちより真面目に受け取り、日本の当局が国家機密を侵していると解釈するかもしれないニュースを送信する危険を、他の連中より大胆に冒す用意があったからかもしれない」（同）。そのおかげで、いくつかの特ダネ記事をものにすることができた。

ヴケリッチ、ニューマンのexchange notes（情報交換）にならって、半世紀以上も後に山崎、伊藤間のexchange quotations（相互引用）となった縁の不思議さに特別の感慨を覚える。そして洋氏は、この「はじめに」で「作家のことは作品に語らせるのが一番という。その意味で、いかに大きな困難と制約の中で書かれたにせよ、本書に採録した五十六篇の署名入り記事は、ジャーナリストとしての父の姿を最も忠実に描き出しているといえるだろう」と書いたが、恐らくニューマンが送った数々の日本レポートにも影響を与えたと推測されるヴケリッチの大量の記事の中から一本だけ選び、そのさわりの部分を以下に紹介する。*11

「極東紛争　満州は日本の生命線」（「ポリティカ」紙、一九三三年四月二三日（土）付、一面）

東京、四月一日

日本の松岡洋右国際連盟全権代表は最近、米国記者団に対し、「我が国にとって満州の経済的重要性はきわめて大きい。満州は我が国の生命線だ」と語った。松岡氏はキャリアの外交官ではない。外部の人間としてジュネーブに来た。南満州鉄道の人間だ。一九三〇年度における同社の収益は一〇億八七〇〇万金円（金本位制による円）だが、これは大日本帝国予算の三分の二にあたる。松岡氏は現在の紛争以前から満鉄の経営者で、南満州の港湾と鉱山をすべて傘下に収めていたのだ。日本の経済的、政治的影響がアジア大陸の深部にも及ぶようになったのは松岡氏に負うところが大きい。満州問題の討議で日本を代表するには最適の人物だ。

当時の日本の対外関係を振り返ると、満州国建国宣言（一九三二年三月一日）から約一年後、国際連盟は「日本軍の満州国からの撤退」勧告を採択。これに抗議して松岡・日本代表が議場から退場（一九三三年二月末）、続く三月末には日本が国際連盟からついに脱退。送稿の日付から明らかなように、ヴケリッチのこの原稿は、そんな騒動の直後に執筆されたタイミングの良い解説記事である。

日本に滞在し宣伝によって生み出された世論の空気を肌で感じた者なら、日本がなんとしても「生命線」を死守しようとするだろうことを疑うことはない。満州問題は、日本にとって死活問題だ。発達した鉄道網（中国の鉄道の半分は満州にある）と自然の国境線のおかげで、満州は、ロシアや中国と戦争になれば、すぐれた戦略基地となる。三〇〇〇万の人口、良港、輸送力を擁する満州は、日本が貿易や金融面で進出するには第一級の市場だ。だが、満州が日本にとって必要なのは、なによりも食糧と原料の供給源としてであって、それなくしては日本の産業は成り立たないだろう。つまり、満州はなによりもまず生産的なのだ。それは同国の貿易収支を見れば明らかだ。満州は一九三〇年度下半期、一億四三〇〇万円の原料・半製品を輸出し、日本から一億二八〇〇万円の商品を輸入した。すなわち一五〇〇万円の輸出超過である。その領土の大部分で戦闘が行われていたにもかかわらず、だ。

ヴケリッチは続けて、満州には石炭、石油、鉄鉱石、大豆、綿花という重要産品がいかに豊富にあるかを綿密な数字を挙げて説明し、満州が日本の経済、産業、国民生活にとって不可欠の存在であることを明らかにした上でこう締め括る。

日本は、一九三一年に満州で軍事作戦を起こす以前、南満州の各種企業に二五億金円を投資していた。日露戦争中には、一二万人の人命の損失は別にして、満州の征服のために二〇億金円を費やしたのだ。その後一九三一年まで、南満州鉄道の沿線守備隊に年二〇〇〇万円を使っている。満州における日本の権益は大きい。満州は、戦略基地としても、産業に不可欠な原料の供給源としても、日本の独立と安全にとって等しく重要なのだ。戦争の危険を冒しても、世界中から道義的に圧迫されても、また多大の財政的犠牲を強いられても、日本は満州における自国の権益を守ろうとするだろう。したがって、松岡氏が日本の防衛線は満州の国境線にあり、日本はいかなる代価を払おうとも他国による満州支配を容認できないと言うのは、本心だと思ったほうがよい。

ゾルゲ・グループの共有の情報

日本と満州の経済関係、外交戦略とのかかわりについての明快な分析について洋氏は、前記「はじめに」の中で、「内容には父個人の見解だけでなく、ゾルゲ・グループ内部で共有されていた情報や情勢判断が反映していると考えてよいだろう」と解説している。一連の日本リポートについては、ゾルゲ・グループの重鎮、尾崎秀実の情報によるところが大きかったことだろう。尾崎は政治家・松岡洋右が拠り所とした満鉄に身を寄せていたのだから。その延長線上で考えられるのは、ヴケリッチがヴィシー政権下のアバス通信に原稿を送りにくくなって以降、ヴケリッチからニューマンにリークされたのは「ヒトラー、ソ連侵攻へ」といった単発の極秘情報に止まらず、ゾルゲ・グループ共有の貴重な情報が流され続けたことは容易に想像できる。そして、ニューマンにとって「独ソ開戦」以上に重要なスクープとなったのが「日本の南進」情報である。この第二次世界大戦の重要な節目となった対英米開戦の決意。これを極秘裏に決めた「御前会議」（一九四一年七月二日）の方針が、なぜ、いかにしてゾルゲ・グループからニューマンへと伝えられたのか、へと話を進める。

なお、洋氏は前記「はじめに」の末尾に「残念なことに私の母、山崎淑子は本書の完成を待たず、昨年〔二〇〇六年〕五月三日に永眠した。享年九十歳。……」と記した。私が淑子さんに最後に電話したのがその直前の四月半ば。「間もなく洋がベオグラードから帰国します。いっしょにお会いできれば……」――私が耳にした淑子さんの最後の言葉だった。

（二）大きかった尾崎秀実の機密情報

「東京発」でスクープを連発した米紙特派員、ジョセフ・ニューマンの情報源は大きく分けて、次の三系統が存在した。

①リヒャルト・ゾルゲをリーダーとし、東京を舞台に暗躍したソ連の諜報団、ゾルゲ・グループ。
②グルー大使を中心とした在東京の「米国大使館」人脈。
③ニューマンが「一生の恩人」と言った元日本製鉄副社長の渋沢正雄をはじめとする日本の政財界人と陸海軍人脈。

ニューマンのこの多岐にわたるニュース・ソースの中で、やはり圧倒的に重要な位置を占めたのが①のゾルゲ諜報団の人脈であった。このグループの情報はすべてヴケリッチを通じてもたらされるのだが、中でもとりわけ価値が高かったのは、グループの重鎮だった尾崎秀実発の機密情報だった。その尾崎情報の価値を誰よりも認めていたのが他ならぬゾルゲだったこと、日本の政治情勢に関するその尾崎メモがいかに綿密かつ正確であったか、などをまず探る。

そして、スパイ・グループの命ともいうべき重要情報の数々を、それにしてもなぜ一アメリカ人記者にリークし続けたのか、に筆を進めたい。

ニューマンは日米開戦前夜の一九四一年一〇月に日本を離れ、開戦数カ月後の四二年春には早くもニューヨークで『Goodbye JAPAN』*12を出版するという早業を見せた。その書籍カバーの裏表紙の部に以下のような宣伝文が——。


「ニューマンは察知し、そして伝えた!」

日本はこれからどう動くのか、ソ連はどうか、はたまたドイツは——? こんな重大問題について新聞記者なら誰だって大胆に推測したくなる。しかし、こうした歴史の転換点を数カ月も前に予測する、正確に、しかも何度も繰り返して。そんな男がいれば、これぞ本当の記者というべきだろう。こういう視点に立って見ると、ジョセフ・ニューマンの業績はただ舌を巻くしかない。ここに彼が東京から「ニューヨーク・ヘラルド・トリビューン」に送った三本のスクープをご覧あれ。

▼一九四一年五月三一日「ヒトラー、ソ連侵攻へ　東京は観測」
「このヒトラーのソ連攻撃は、六月後半までに実行されなければ今年は見送りということだ」

果たして、ヒトラーは予定通り六月二二日に攻撃の火ぶたを切った!

▼一九四一年七月一日
「日本は依然南方海域を狙っている模様」

一二月七日〔日本時間八日、〝真珠湾攻撃〟〕それは現実のものとなった!

▼一九四一年九月七日
「米国と和平交渉の一方で、日本は戦争準備を着々と」

我々にとって、この記事は〔〝真珠湾攻撃〟の〕三カ月前の警告だったのだ！

この本の出版元が書いた言わば自画自賛のコピーなので、少々割り引く必要はあろうけれども、ドイツがソ連を、日本が米国を、洋の東西でいずれも「宣戦布告」なき戦闘開始という第二次大戦への劇的展開の瞬間を、いずれもニューマンがおっかなびっくりの筆致ながら世界に予告したという事実は、確かに特筆ものだろう。

「御前会議」南進作戦のスクープ記事

この『Goodbye JAPAN』が出版された時点では、ニューマン記者がなぜこれほどのスクープを連発できたのかは、世界の誰も知らなかった。貴重な極秘情報がゾルゲ諜報団からリークされた（意図的に漏らされた）ことは、ニューマン本人さえも承知していなかったのだから。

それはともかく、これら三本のスクープはいずれもニューマンが主としてヴケリッチ情報によって書いたもの。そのうち、「ヒトラー、ソ連侵攻へ」の情報源がドイツ大使館に「参事官」並みの待遇で出入りしていたゾルゲであった、との推測は前述の通り。これに続く「七月一日」「九月七日」の原稿は、いずれもその後の日本の針路を予告した見事なスクープで、これら日本政府の最高機密はいずれも尾崎→ゾルゲ→ヴケリッチ→ニューマンのルートで伝えられたと推測される。

ニューマン記者にとって「ヒトラー侵攻」は世紀のスクープには違いなかったが、すでに書いた通り、誤報のリスクに悩み抜き脂汗を拭き拭き送った原稿にしては紙面の扱いは「二一頁にベタ記事（一段見出し）」という惨憺《さんたん》たるものであったことは前節で述べた通り。それと比べて日本政府の最高機密を含む尾崎情報は、「ヘラルド・トリビューン」の駆け出し支局長だったニューマンにとって、のどから手が出そうな美味しい情報ばかりであったに違いない。もちろんそれが早くて正しいことが前提だが、その辺の事情は『現代史資料』*13中の公式文書に残されたゾルゲ、尾崎の証言などから検証することとして、まずはニューマンのスクープ第二弾を見てみよう。日本の「次の一手」が注視を浴びる中で開かれた日本の「御前会議」（一九四一年七月二日）の内容を事前にすっぱ抜いたニューマンの記事（一部略）は以下の通りである。

「日本は依然南方海域を狙っている模様*14」
――ウラジオストックへの進出の誘いに乗らずと極秘で決定か
〔東京　七月一日発　ジョセフ・ニューマン〕消息通によると、独ソ戦争の勃発によって日本の関心は一時的にウラジオストックに向いていると見られがちだが、主要な関心は依然として「南方」地域にある。具体的に言えば、仏領インドシナ〔現ヴェトナム〕、タイ、フィリピン、蘭領東インド〔同インドネシア〕を含む、いわゆる「大東亜共栄圏」計画の実現に向けて新たな行動を起こそうとしている。

大本営政府連絡会議*15での昨日の非公開の決定によると、（その方針は）直ちに何か具体的行動に出るということはなく、国際情勢の推移を見極めたうえで慎重に対処する、ということのようだ。日本の新聞報道によると、昨日の決定の一部は本日開かれる特別の閣僚会議で了承のあとその一部が発表されるかもしれない。

政府を力づけるために、強硬派右翼のグループは今週中に近衛首相に対して先に決めた「南進作戦」方針を断固支持すると伝えるという。このグループは元の内務大臣で国家社会主義運動のリーダーの一人である末次信正[20]・海軍大将が率いる強硬派の集団である。拡張主義者の代表である彼は、日本の生命線はシベリアではなく南方にある、と信じているそうだ。

当地では、蘭領東インド政府が今年末をもって日本に対するゴムの輸出を打ち切り、同国産ゴムの全てを米国に輸出する方針を決定した、というシンガポール発のニュースに神経を尖らせている。

「二正面作戦」の半分だけ送稿

「ヒトラー、ソ連侵攻へ」もそうだったが、この歴史的スクープも原稿の歯切れはすこぶる悪い。それは日本の運命を左右する最高方針に関わる情報であり、当事者がこれを正式決定する「御前会議」開催の一日以上前に書いたものだから仕方なかったろう。その上ニューマンは、日増しに厳しくなる日本政府の検閲にこの原稿が引っ掛からぬように、表現を少し遠回しにするだけではなく決定内容を二つに分割して送ろうとした。つまり、今後の日本の戦略として、ソ連に対する「北方」の守りを固めつつ、「南方」の英領、蘭領諸国に侵攻するという「北守・南進」政策のうち、まずは後半の「南進作戦」を先に送り、翌日に「北守」の原稿を、と考えたのだが、その顛末をニューマンは『グッバイ・ジャパン』「50年目の日本に」の中で以下のように振り返っている。*16

私は六月三〇日の夜に原稿を書き、翌朝六時頃検閲官にそれを読み上げるため早く起きた。とても驚き、そしてホッとしたのだが、検閲官は原稿に何ら手を加えずに送ってよいと許可した。彼が認可したのは明らかに軍部が下し、翌七月二日に「御前会議」で裁可されることになっていた最高機密の決定を全く知らなかったからだった。

その結果が「南進政策」の事前報道となって「ヘラルド・トリビューン」紙を飾ったのだが、ニューマンが肝を冷やしたのはその翌日のことだった。

翌日私が、ドイツ軍がモスクワに到達後、日本は北に侵攻の予定という二つ目の原稿を送ろうとした時、検閲官は原稿を全部没にした。これについては一切送れないと検閲官は言った。彼は明らかにこの情報の機密性を知らされていた。

ニューマンが「二正面作戦」ととらえたこの「御前会議」の決定内容は、その半分しか報道されなかったために、米国の読者には意味不鮮明だったろう。ただ、分かりにくいのはニューマンの原稿もさることながら、そもそも「御前会議」の決定内容そのものが難解であり、しかも終始、秘密主義の煙幕の向こうで事が運ばれたという事情もあって、普通の日本国民はほとんど何も知らされていなかった。この「御前会議」決定がその後の真珠湾攻撃・日米開戦へと繋がったこともあって、この戦略を単純な「南進政策」ととらえる見方も根強く、この決定をゾルゲがどのようにモスクワに伝えたかを含めて、いまだに議論の分かれるところではある。開戦へのステップの中でもとりわけ重要な瞬間だったと思われるので、その決定のさわりの部分、つまり「北守・南進」に関わる項目をここにあらためて記録しておく。

「情勢の推移に伴ふ帝国国策要綱」

第一　方針

一　帝国は世界情勢変転の如何に拘らす大東亜共栄圏を建設し以て世界平和の確立に寄与せんとする方針を堅持す

二　帝国は依然支那事変処理に邁進し且自存自衛の基礎を確立する為南方進出の歩を進め又情勢の推移に応し北方問題を解決す

三　帝国は右目的達成の為如何なる障碍をも之を排除す

第二　要領

〔略〕

三　独ソ戦に対しては三国枢軸の精神を基調とするも暫く之に介入することなく密かに対ソ武力的準備を整へ自主的に対処すこの間固より周密なる用意を以て外交交渉を行ふ

独ソ戦争の推移帝国の為有利に進展せは武力を行使して北方問題を解決し北辺の安定を確保す

日米開戦に至る過程で「南進か、北進か」をめぐる極めて重要なところなので、対ソ戦略の項目（第二の三）だけは分かり易く〝翻訳〟しておくと、「独ソ戦は当面は武力侵攻の準備はするが、実際に行動するかどうかは、ドイツがモスクワを落すかどうかなど、戦局を見極めてから決める」というもの。要するに「ソ連がドイツに負けそうなら北進だ」という洞ヶ峠戦略だったのだ。そういう難解な戦略を本稿では「北守南進」と表現することにしたわけである。

日本の戦略をどう表現するかはともかく、上記「七月二日御前会議」の段階はまだ戦争回避を目指す日米交渉が続行中だったが、交渉が難航する中で、次の御前会議（同九月六日）には「帝国は自存自衛を全うする為対米、（英、蘭）戦争を辞せざる決意の下に概ね十月下旬を目途とし戦争準備を完整す」、さらにその次の御前会議（同一一月五日）に至ると「……この際対米英蘭戦争を決意し左記措置をとる（一）武力発動の時期を十二月初頭と定め陸海軍は作戦準備を完整す」と、いよいよ開戦決意へ。そして、日本軍の中国からの撤退など米国の強硬姿勢を柱とする「ハル（米国務長官）・ノート」が突きつけられるに及んで（同一一月二六日）日本側は交渉に見切りをつけ、「真珠湾攻撃」決行へと突き進んだのだった。*17

貴重だった尾崎情報

ニューマンに話を戻すと、検閲によってボツとなった「御前会議」の重要決定の後半部分、対ソ「北守」の政策に関して、ニューマンは決して諦めることなく、その数日後にその表現やニュアンスに修正を加えつつ、また二日間にわたって原稿を送る。その記事を紹介する前に、ヴケリッチ経由のゾルゲ・グループ情報との関わりについて触れておきたい。そのかけがえのない機密情報の発信源は日本の権力の頂点、近衛首相のブレーンの一員でもあった尾崎秀実である。その尾崎情報がいかに貴重だったか、ゾルゲは警察での取調べを受ける中でこう記した。*18

尾崎がもっていた最も重要な情報の源は近衛公爵を取巻く一群の人々であった。それは一種のブレーン・トラストで、その中には風見、西園寺、犬養、後藤13および尾崎自身がいた。ほかにももっといたかも知れないが、私が時折聞いて憶えているのはこうした名前であった。尾崎と私とはこの連中を指して近衛グループと称していた。そして、モスクワへの報告の中では、私はこの連中を「近衛側近」と呼んでいた。

時の指導者・近衛文麿公のために国策を研究する「昭和研究会」や近衛公の個人的アドバイザー・グループ「朝飯会」の有力メンバーだった尾崎の情報が正確にして早かったことは、ゾルゲでなくとも容易に想像がつく。そして、尾崎の情報やその判断が如何にかけがえのないものだったか、ゾルゲは「手記」の中でこう続ける。

尾崎は時々直接近衛公に会っていた。尤も単独に会っていたのかどうか、その辺のことは私には判らない。会見の結果もたらされた情報は、具体的な政治報告として纏《まとま》ったものではなく、一般的な政治上の意見や考え、時としてはただ近衛公の気持を伝えただけのものであった。そういうわけで情報は具体的ではなかったが、日本政府の政策の奥深く覗きこむことができた点では、どんなに詳細な資料の山にもまさること数倍で、極めて貴重なものであった。特に、一九四一年尾崎が近衛公と会ったときの報告は非常に重要なものとして私の記憶に残っている。それは、近衛公が日華問題の解決を計り、外交面の衝突を避けようとして如何に苦心していたかを如実に示すものであった。第三次近衛内閣の対ソ政策および対英米政策を知らせてくれる点で、どんな大量の政治的文書の羅列も及ぶところではなかった。しかし、こうした尾崎・近衛会見はそう滅多には行われなかった。

尾崎秀美（左・近衛内閣嘱託を務めていたころ）とリヒャルト・ゾルゲ（右・1936年撮影）　提供：朝日新聞社

またゾルゲは、尾崎という人物の人格識見を他のグループ・メンバーたちとは別格に高く評価し、文字通り自らの右腕として頼り続けたことは、以下のくだりがよく物語っている。

尾崎はりっぱな教育を受けた人物であった。知識は該博《がいはく》、判断は確かで、彼自身稀に見る情報の供給源であった。そのため、彼と話をしたり、議論をしたりすると非常に得るところがあった。私は、或る問題ないし将来の情勢に関する彼の個人的意見を、極めて貴重な情報としてモスクワへ送ったこともしばしばあった。問題が非常に難しかったり、あまりにも日本特有のものだったりして、自分の判断に完全な自信がもてないような場合は、私は彼の判断にたよった。私の仕事の根本にふれる最後的な重大決定を下すにあたって彼に相談したことも二度や三度はあった。そういうわけで、尾崎は私の仕事になくてはならない人物であり、また情報の直接な供給源と考えらるべき人物であった。私は彼に負うところが非常に大きかった。

尾崎の取り調べでの証言

以上のような警察の取り調べに対するゾルゲの「手記」やこれから紹介する尾崎の証言は、一体どのような状況下で行われたのだろうか。ゾルゲ事件研究のバイブル的著作『ゾルゲ　東京を狙え』の「序　伝説の人ゾルゲ」は「スパイ団のメンバーの訊問調書には、強圧の跡は全く認められない。その返答は自由に発言することを望まず、あるいは発言することのできない人の、短い渋々ながらの言葉ではない。彼らが詳細にわたってとうとうと弁じ立てたと思われるばかりで……」と述べ、続けて「本書を著作するに当ってプランゲ博士がインタビューした日本の警察および検察関係者の真実性については、疑う余地は全くない。ゾルゲに対して偏見をいだくどころか、彼らはゾルゲを彼らが日本に尽くしたと同じように、ロシアに尽くす愛国者とみて、彼に好意を寄せ、尊敬したのであった」[*19]

この記述に従えば、尾崎を調べた警察官と尾崎との間にもある種の信頼関係が生まれている。尾崎は取調べを受ける中で日本政治の最高機密情報を如何に正確に把握し、国内外の政治外交情勢にしっかりとした信念を持っていたかを示す、以下のような記録が『現代史資料1　ゾルゲ事件1』の「機密部員の地位と其の活動」[*20]の尋問記録（以下、「尋問記録」と略）や連合国軍総司令部（ＧＨＱ）の「ゾルゲ諜報団の活動の全容」（同、「全容」）に残されている。

たとえば、尾崎の年来の持論であった「東亜新秩序社会」についての警察の尋問記録は――。

問　被疑者が実現を意図する所謂《いわゆる》「東亜新秩序社会」に就て述べよ

答　世界資本主義社会は必然に世界共産主義社会に転換すべきものであることに付ては只今申述べた通りでありますが、斯る転換は歴史的に見ても一時に達成さるべきものではなく現実にも一九一七年以来ソ聯邦が只一つの共産主義国家として存在して居るのみであり、此の外には地域的にやゝ自立性を持って居る、中国ソヴェート政権が存在して居るだけであります。然し私は欧洲情勢や支那を繞る帝国主義諸国家の角逐等国際情勢から一九三五年頃（昭和十年頃）から第二次世界戦争は将に近しとの見透しをつけて居り其の後支那事変の勃発に依って之を断定致しました。そうして第一次世界大戦がソ聯を生んだ如く第二次世界大戦は其の戦争に敗れ或は疲弊した側から始めて多くの社会主義国家を生み軈《やが》て世界革命を成就するに至るものと思って居りました。

尾崎は以上の前置きの後に、ソ連、日本、中国三民族の緊密な提携によって東亜諸民族の共同体確立を、と語った後にこう述べている。

以上申述べましたところが即ち私の意図する所謂「東亜新秩序社会」の大要でありますが之が世界革命の一環をなすべきものであることは申す迄もありません。*21

これは警察での尋問記録というよりは、大学教授が学生相手に「とうとうと弁じ立て」ているような風情であり、取り調べ官が被疑者に対してそれ相応の敬意を払っていたことを伺わせる。そんな尋問に答える中で、日本の進路の重要な分岐点であった「御前会議」(一九四一年七月二日)の決定とその前後の日本の動きについても、尾崎は以下のようにしっかりとその情勢をつかんでいた。尋問調書に添えられた別表「機密部員の地位と其の活動」*22の中から七月二日の「御前会議」(一九四一年)前後、ニューマンのスクープに関わるごく一部分を以下に抜粋する。

〈時期〉 昭和十六年六月末

〈諜報要旨〉「独ソ開戦後の諸情勢」を調査し日本政府は十九日独ソ戦に対する中立態度を決定せる事を探知報告す。
〈探知収集先並其の方法〉 西園寺公一

〈時期〉 同
〈諜報要旨〉 六月二十三日軍部は対英米関係の悪化と独ソ戦に対応する意味を以て「南北に亙《わた》る広汎なる作戦計画」を決定せりとの事実を探知報告す。
〈探知収集先並其の方法〉 田中慎次郎[○24]

〈時期〉 同年七月初
〈諜報要旨〉「七月二日の御前会議」は独ソ戦開始後の急変に備ふべく前記軍決定の南北統一作戦を根幹として決定せられたるものなり、決定事項は対米交渉は継続するが大動員を行ひ南部仏印及満洲国に増兵を行ふと云ふ事等を探知し報告す。
〈探知収集先並其の方法〉 西園寺其の他

〈時期〉 同月半末
〈諜報要旨〉「動員」は七月初めより日本全国に亙りて開始されたるを以て之に関する情報は町の噂迄蒐集せり、其の中には風見章の五百万動員説ありたり、動員数は七月末に至り大体百万内外が真相近き事を知り得たり、七月末織田信太郎より北に二十五万、南に三十五万、日本在留四十万云々を聞知せり。

以上を報告す。

〈探知収集先並其の方法〉 風見章、織田信太郎其の他

以上節目の重要機密情報四件、〈報告先〉はもちろんいずれも「ゾルゲ」。そして、先に紹介したようにゾルゲは「特に、一九四一年尾崎が近衛公と会ったときの報告は非常に重要なものとして私の記憶に残っている」と語ったが、その頃の状況について『ゾルゲ諜報団の活動の全容』は、以下のような尾崎証言を記録している。

私は七月の総動員中の軍隊の動きに、十分な注意を払いました。こういった動きからソ連との戦争の可能性に関する有力な兆候が見えるからです。兵士が双方、北方にも、南方にも、送られているのを確かめるのは難しくありませんが、それがどんな割合になっているかは分りませんでした。大阪では陸軍がアイスボックスや蚊帳を買っている、と噂されていました。納得できそうな話でした。そこで私は、結構な数の部隊が南方に向かっていると話しました。麻布の大和田で鰻を食べながら、風見は五〇〇万もの人間が動員で影響を受けていると話しました。〔略〕彼の読みでは二五万が北方に送られ、三五万が南方、四〇万が本土に残留ということでした。私がこういった数字に驚かされたのは、北方に送られる方がもっと多い、と思っていたからです。

ソ連のスパイとして当然のことながら、日本が自らの意思でソ連と事を構えるつもりがあるか否かについて、尾崎が細心の注意を払っていたことを伺わせ、それにからむ兵士動員の規模と動きについてのくだりは前記「機密部員の地位と其の活動」別表の内容と符号する。

ニューマンが送ったスクープの続報

同調書によると、こうした情報はすべて尾崎からゾルゲに伝えられた。そのうちのどれだけがゾルゲ→ヴケリッチ→ニューマンと流れたか、定かではないが、前記スクープ第二弾の前半「南進作戦」、そして、検閲官に阻まれ数日遅れの続報となった「北守」の部分についても、ニューマン原稿の有力なネタ元となったことは間違いない。その後半の部分は次のように一九四一年七月五日、七日それぞれ東京発の二回にわたる原稿となったが、以下にその見出し、前書き、本文の一部を再録する。

「ソ連はついに交戦状態、日本は行動を、新聞が煽る」[*23]
――いまこそシベリアよりも「南進」の好機　この一年に四度もチャンスを逃した　ヒトラー・ナチの勇敢さの勝利と英国の待ちの政策の結果を見よ
〔東京　七月五日発　ジョセフ・ニューマン〕今週の水曜日（七月二日）、裕仁天皇（昭和天皇）の前に日本政府・陸海軍の幹部達が集まって開かれた「御前会議」で、国内・対外政策の最重要の決定が為された。この会議は日本でここ数カ月間に起こった最も重要な出来事の一つだ。その内容はまだ厳秘扱いだが、東京ではこの決定をめぐって緊張感が高まっている。消息筋によると、この新戦略は間もなく実行に移されるだろう。〔略〕

二日の「御前会議」の後、松岡外相は「わが国はいまや極東地域における〝未曾有の非常事態〟に直面している」との声明を発表したが、この異例の声明に関して「国民新聞」〔現「東京新聞」〕は、わが国を取巻くこの緊急事態は独ソ開戦の結果として欧州戦争がいまや極東地域にまで拡大してきたことを意味する、と解説している。〔略〕

「都新聞」〔現「東京新聞」〕はドイツがソ連侵攻でその勇気と大胆さを世界に見せ付けたと主張。そしてこのドイツが示した果敢な行動は、建設中の「大東亜共栄圏」という自給自足可能な地域を持ち、ドイツより有利な立場にありながらそれを行動に移せない日本に恥をかかせた、と付け加えた。

日本の新聞論調が国粋的に傾き、政府に強硬策を煽《あお》る雰囲気をニューマンは伝え、さらに右翼的主張で人気の高かった徳富蘇峰の「日本は英国の過ちを繰り返すな」という独断的主張を紹介してこの記事を以下のように締め括った。

著名な記者であり、歴史家でもある徳富蘇峰は「東京日日新聞」〔現「毎日新聞」〕紙上で、英国最大の弱みは危急存亡の決定的瞬間に優柔不断で決断できないこと、と喝破してこう説いている

――一時凌ぎ、躊躇、過剰な用心深さなどが常に英国の外交政策の特徴を成し、こうした「しばし静観」の性癖が英国民に染み付いてしまったために、行動を起こすべき時にそれが出来ず、その結果英国はいまや〝滅びの道〟へ進まんとしている。〔以下略〕

ニューマンは一日あけてまた「御前会議」の続報を送る。この二本の原稿では、先に検閲で日の目を見なかった「北方作戦」については触れることは避け、あくまで「南進政策」に話を絞ったのは、また検閲官を刺激することを避けようとしたためか、「南進」を求める日本国内の空気をそのまま伝えたのかは定かではない。その「御前会議」をフォローした原稿二弾目もさわりの部分のみを紹介しておく。

「日本、日華事変四年目の憂色」*24
――記念日に当たって膠着状態の打開に新たな対米強攻策を探る

〔東京　七月七日発　ジョセフ・ニューマン〕日本は本日、支那事変（日中戦争）開始後四年目を迎えた。日本は今日、周辺の国々から孤立し、連合国側からの経済封鎖を受け、中国以外に解決の緒を求めながら、この戦争の早期終結の展望もなく、憂色を深めている。彼らはこれまでの極東戦略を修正し、英米ブロックに対して新たな戦略で立ち向かう必要を感じているようだ。

この国の最高方針を決める「御前会議」が先週開かれ、新たに重要な進路が決められた。その会議で、これまでに経験したことのない危機に直面しているこの国にとって、重大な方針が決定した。

それは、日本がこれまで目指してきた極東地域に支配圏を形成するという計画を断念する兆候は見られない。それどころか、高まる英米ブロックの敵意をものともせず、新たな支配圏を形成することによって膠着状態の日中戦争に解決の道を開こうという路線のようである。

東京の外交筋によると、日本はすでに経済的にピークに達するか、あるいはいまがピークであり、ということは、陸海軍の潜在能力もそれにつれて今がピークであり、これに対して米国の軍備拡張、兵力動員態勢の強化のテンポを考え合わせると、時間が経てば経つほど日本は米国に対して不利になる。そのため日本は新たな打開策を早期に実行に移す決意のようだと同筋では見ている。〔以下略〕

ところで、徳富蘇峰にこき下ろされた英国は、オランダ、フランスへとほとんどヨーロッパ全域を蹂躙するナチス・ドイツ軍から本土空襲などを受け、苦境に立たされていた。

興味深いのは、当時海軍のボスの立場に留まっていたウィンストン・チャーチルが、ナチス・ドイツの横暴に弱腰を見せる自国のチェンバレン首相にイライラを募らせ、徳富蘇峰と相通ずる危機感を抱いていたと見られることだ。そんな中、チャーチルは一九四〇年五月、ついに救国のために海相から首相の座に着く。そのチャーチルは日本の動きについてルーズベルト米大統領に次のような親書を送る。時点は前記日本の重要な「御前会議」（同年七月二日）から約五カ月遡り、松岡外相がベルリン、モスクワを訪問する直前のことである。

「チャーチル英首相のルーズベルト米大統領宛て親書*25」

〈一九四一年二月一五日〉

諸方面の情報によれば、次の数週間または数カ月のうちに、日本がわれわれに戦争をしかけるか、あるいはわれわれが日本に戦争をしかけざるを得ない何事かを意図しているようであります。これはタイとインドシナにおける日本の侵略行為を蔽《おお》うための神経戦かもしれませんが、しかし、もし日本海軍の大きな重量がわれわれに投げかけられた場合、わが海軍では力が及ばない状況になるかもしれません。〔略〕

現在の情況では、日本は英米両国との戦いを招くことを、あるいは戦いを挑むことを辞さないであろうと思われます。

〈同年同月二〇日〉

日本についてのニュースが入りました。近く松岡外相がベルリン、ローマ、モスクワを訪問する

NEW YORK HERALD TRIBUNE,

Propaganda Leaflets of German and Portuguese Origin

WANTED

This gangster, who you see in his element in the picture, incites you by his example to participate in a form of warfare in which women, children and ordinary civilians shall take leading parts.

This absolutely criminal form of warfare which is forbidden by the

HAGUE CONVENTION

will be punished

according to military law

Save at least your families from the horrors of war!

FOR INCITEMENT TO

MURDER

Winston Churchill is assailed in this leaflet recently dropped at Coventry, England, by a Nazi flyer. It is now one of the "treasures" which will be sold for the benefit of homeless British families in a sale opening Oct. 28 at the Piccadilly Arcade, 5 East Fifty-seventh Street, under the sponsorship of the British War Relief Society. The facsimile was received in the United States through Lady Halifax, wife of the British Ambassador

A EVOLUÇÃO DA GUERRA

Morgenthau Lands Safely in Damaged Plane

Coast Guard Craft Taking

「ニューヨーク・ヘラルド・トリビューン」(1941年10月4日付)に掲載された、ナチス・ドイツが英国民向けに空からばら撒いた宣伝ビラのチャーチル英首相の写真。写真説明の見出しは「"お尋ね者" 殺人扇動者」。本文は「英イングランド中南部の町、コベントリーにナチスの飛行機から最近ばら撒かれた宣伝ビラで激しく攻撃されるチャーチル英首相。この紙切れがいまや、戦争被災者救援のための慈善団体が10月28日にこの町のピカデリー・アーケードで開く『ナチの爆撃で家を失った人々を救うチャリティー・セール』のお宝商品のひとつである。この写真は英国からファックスでハリファックス駐米英国大使夫人に送られたものである」

模様です。これはイギリスに対する外交的ジェスチュアかもしれません。〔先日お知らせしました日本軍による〕差し迫った攻撃が延期されたとすれば、これは主としてアメリカに対する恐怖からです。この恐怖感に乗ずることができれば結構ですが、われわれが求めている武器貸与法案[*26]が米議会を通過するまでの、閣下のご苦心がよくわかります。

チャーチル首相は当然のことながら日本の動きを相当神経質ににらみ、日本の国論が強硬論へ傾斜し始めていることを察知していたことを親書第一弾の対米警告が表している。また、親書第二弾の松岡訪欧についてはニューマンが「ブキー〔ヴケリッチ〕から入手した最初のセンセーショナルな記事の一つが、一九四一年三月にヒトラーとの話し合いのために松岡外相がベルリンに出かけて行くというものだった」[*27]と記し、冒頭に取り上げた三本のスクープに先立つ記念すべき特ダネだった。

「松岡、訪欧へ」のスクープ

ニューマンが語ったその「最初のセンセーショナルな記事」を、私がワシントンの議会図書館で見つけて興奮したのを思い出す。話は前後するが、松岡外相の訪独ソ外交についてニューマンが優れた展望記事を送ったことを前に紹介した。これは松岡が日本を出発した直後の「東京三月一五日発」の記事だったが、ニューマンはその一週間前に「松岡、訪欧へ」をすっぱ抜いたのである。私が二〇〇七年七月に米「議会図書館」で六〇年以上も昔の「ヘラルド・トリビューン」を写したマイクロフィルムを拡大鏡で覗き、ページをめくりながら「Tokio Joseph Newman」のクレジット付き原稿を拡大してコピーを繰り返すという苦闘の中から見つけたもの。三月七日付けの一面トップを飾ったその記事は――

「ヒトラー、対米戦で日本の踏ん張りを模索」*28

〔東京 三月七日（金） ジョセフ・ニューマン〕東京の外交消息筋によると、ドイツのヒトラー総統はオイゲン・オットー駐日ドイツ大使（陸軍大将）と松岡洋右外相を含む日本政府高官らを、ドイツが対米戦争を始めた場合、日本はどういう態度に出るか、太平洋での対米戦略はどうかを協議する重要な会議に参加させるため（ベルリンに）召集する指令を発した。〔略〕

この会議では、ドイツ側は懸案とされてきた英国本土に対する「春季攻撃」計画を説明し、三国同盟のパートナー（日伊両国）に「ドイツの対英勝利、間違いなし」を確信させることが期待されている。同筋によると、ドイツはまた英国の敗色が濃厚になるに連れて米国参戦の危険性が高まる、との見通しを説明することになるだろう。ヒトラーはこの見通しに立って、米国に対する日本の態度を明確にするよう迫る、と見られる。そこで、日本では「大本営政府連絡会議」――この会議は定期的に開催され、昨日も開かれたばかりだが――での論議が想起される。〔以下略〕

ニューマンはこの「松岡訪欧」の特ダネをまず送っておき、松岡が実際に出発するのを見届けてから前述した「松岡外交」についての詳しい解説記事を送った、というわけである。

チャーチルとゾルゲの情報入手速度

さてここでクイズではないが、チャーチルがルーズベルト大統領に、ニューマンが「ヘラルド・トリビューン」読者に、それぞれ伝えた「ヒトラー、松岡会談へ」の機密情報はチャーチルという一国の指導者とニューマン特派員のどちらが先に手にしたのだろうか。

これは英国の誇る国際スパイ網とニューマンの情報源だったゾルゲ・グループのどちらが先に、という問いに置き換えていいのかもしれない。

単純にその日付だけを比べればチャーチルのルーズベルト宛親書は「二月二〇日」発、ニューマンの記事は「三月七日」発なのでチャーチルに軍配が上がりそうだが、話はそれほど単純ではない。チャーチルの場合はこの五日前の「二月一五日」発で〝どうも日本の動きが怪しい〟という趣旨の親書をルーズベルトに送ったばかりで、「二〇日」発の続報は慌てて前の情報を若干修正しつつ書いたというニュアンスだ。この点からチャーチルが「松岡訪独」の情報を入手したのは二月一五～二〇日の間、との推測が成り立つ。

一方、ニューマンの方は後の「ヒトラー、ソ連侵攻」の場合にヴケリッチから第一報が入ってから原稿に踏み切るまでに約一カ月悩んだように、この〝記者仲間〟ヴケリッチから耳打ちされた「松岡訪独」の情報も右から左へ原稿に、というわけにはいかなかったはずである。チャーチルがこの情報を手にした日（最も早くとも二月一五日）に先んじてニューマンが入手していた可能性もあるのだ。

つまり、この問いを解くカギは、ニューマンがヴケリッチから情報を得てから原稿にして送るまでの「懐妊期間」であり、それをニューマンに質そうとした時、彼はこの世にいなかった。

ところで、先にも触れたが、ヴケリッチの情報収集と執筆活動について子息の山崎洋氏は「それは新聞記者として得た情報を的確に分析することによって行なわれた。ジャーナリストとしての活動は単なる隠れ蓑ではなく、むしろ活動の核心だった」と書き、[*29]さらにヴケリッチが書いた長文の日本レポートについて洋氏はこう解説した――「内容には父個人の見解だけでなく、ゾルゲ・グループ内部で共有されていた情報や情勢判断が反映していると考えてよいだろう」[*30]

前に触れた警察に於ける尾崎の証言とこの洋氏の見解を重ねて考えると、日本政府の機密情報に関するニューマン・スクープのネタ元の多くがゾルゲ・グループ、それも尾崎情報であったことが推測される。前記「ヒトラー・松岡」会談もその好例と思われるが、ニューマンがこの貴重な情報をグルー米国大使にタレ込んだ時の風景を『グッバイ・ジャパン』「50年目の日本に」から引用して紹介し、そのグルー大使及び米国大使館人脈とニューマンの関係に残された謎へと話を進めたい。

私が松岡のベルリン訪問をグルー大使に知らせに行った時（大使には初耳だったと思う）、大使は本気にしなかった。私がブキーから入手し、ブキーは恐らく尾崎から入手したと思われるまだ秘密のこの話の詳細を話している時、私は大使の執事がすぐ近くの出入り口に立っているのに気がついた。執事は特高の回し者かもしれないと思って私は声を小さくした。大使は片方の耳がよく聞こえなかったので、私に向かって大きな声で言った。
「もっと大きな声で話してくれたまえ、君。大きな声で。誰も聞いてやしないよ」
私は困ってしまい、急いで大使の所から引き揚げた。大使にはもちろん外交特権があったので、逮捕される心配はなかった。だがジャーナリストの私にはそんな特権はないから、日本の法律では国家機密を暴露したとか、機密を保持していたということでさえ逮捕されかねなかった。*31

もうお分かりだろう。ニューマンの連続スクープの重要な部分はほとんどがゾルゲ・グループの共有財産であった最高の機密情報がもたらしたものであった。幸運な記者、と言ってしまえばそれまでのことだが、あまりにも運が強過ぎる特派員だったと言えないか。

*1 *NEW YORK HERALD TRIBUNE, MAY 31, 1941.* 主・わき見出し、前書き（リード）の原文は巻末・付録5に掲載
*2 本書「プロローグ」注7参照
*3 朝日新聞社が発行していた *The PICTORIAL ORIENT* という名前の月刊英語写真雑誌。裏表紙に「ASAHIGRAPH OVERSEAS EDITION」とある。デュランティー記者が書いたのはその「JUNE, 1941」（一九四一年六月号、価格七〇銭）で、表紙には特集名「STALIN'S NEXT MOVES by Walter Duranty（「スターリンの次の一手」ウォルター・デュランティー）」と大きく記されている。問題の「雪の塊の天

ぷら」の部分の原文は"I believe that there's just about as much chance of U.S.S.R. now turning against Germany or even of detaching the U.S.S.R. from Germany as of frying snowballs."

＊4 『グッバイ・ジャパン』、四三－四五ページ

＊5 「ヒトラーのソ連侵攻」（一九四一年六月二二日）という新しい国際情勢に日本がどう対応するかを決めた歴史的な「御前会議」（同七月二日）決定。その核心は「北守南進」――つまり、北支・満州方面は独ソ戦の成り行き次第で「対ソ戦」にも備える一方でインドシナ半島などへの「南進」をも進める「二正面作戦」的な動員政策を決めた。

＊6 日露歴史研究センター『ゾルゲ事件関係外国語文献翻訳集』七号、日露歴史研究センター事務局、二〇〇五年、二一－二二ページ

＊7 ゾルゲ・グループ有力メンバーの一連の逮捕は、宮城与徳の一九四一年一〇月一〇日を皮切りに尾崎が同年一〇月一五日（この日、ニューマンは「ハワイ休暇」に向け横浜出港）。ヴケリッチはゾルゲと同じその三日後の一八日、ニューマンはその頃、太平洋上「龍田丸」の船上に居た。

＊8 「ブランコ・ド・ヴーケリッチの手記」、小尾俊人編『現代史資料3　ゾルゲ事件3』、みすず書房、一九六二年（オンデマンド版二〇〇四年）、六二一－六三一ページ

＊9 山崎淑子編著『ブランコ・ヴケリッチ　獄中からの手紙』、未知谷、二〇〇五年、〇〇ページ

＊10 山崎洋編訳『ブランコ・ヴケリッチ　日本からの手紙』未知谷、二〇〇七年、一一－一二ページ

＊11 同、二六－三〇ページ

＊12 『Goodbye JAPAN』裏表紙宣伝文の原文は巻末・付録5に掲載

＊13 小尾俊人編『現代史資料1　ゾルゲ事件1』みすず書房、一九六二年

＊14 *NEW YORK HERALD TRIBUNE, JULY 1, 1941.* 主・わき見出し、前書き（リード）の英語原文は巻末・付録5に掲載

＊15 当時、日本の実質的な最高意思決定機関で、一時的に「大本営政府連絡懇談会」の名称が使われたが、ここでは「会議」とした。この会議での決定が後日天皇が臨席して開かれる「御前会議」で正式決定されるという仕組み。

＊16 『グッバイ・ジャパン』三六―三七ページ

＊17 波多野澄雄『幕僚たちの真珠湾』、朝日新聞社刊、一九九一年

＊18 「リヒアルド・ゾルゲの手記」、前掲『現代史資料1　ゾルゲ事件1』、一八七―一八九ページ

＊19 ゴードン・W・プランゲ、千早正隆訳『ゾルゲ　東京を狙え』上、原書房、二〇〇五年、一〇ページ

＊20 連合国軍総司令部「ゾルゲ諜報団の活動の全容」、日露歴史研究センター『ゾルゲ事件関係外国語文献翻訳集』八号、日露歴史研究センター事務局、二〇〇五年、一五―一六ページ

＊21 「機密部員の地位と其の活動」、前掲『現代史資料1　ゾルゲ事件1』、四五―四六ページ

＊22 同右「機密部員の地位と其の活動」の「別表」（五三ページ）から「御前会議」（一九四一年七月二日）前後、ニューマンのスクープに関わるごく一部分を抜粋。

＊23 *NEW YORK HERALD TRIBUNE, JULY 6, 1941.* 主・わき見出し、前書き（リード）の英語原文は巻末・付録5に掲載

＊24 *NEW YORK HERALD TRIBUNE, JULY 7, 1941.* 主・わき見出し、前書き（リード）の英語原文は巻末・

付録5に掲載

＊25　ウィンストン・チャーチル、毎日新聞社編訳『第二次大戦回顧録　抄』、中央公論新社、二〇〇一年、九二−九四ページ

＊26　「武器貸与法」：日本、ドイツ、イタリアの「枢軸国」と戦う連合国に対して米国が軍事的、経済的援助を行うために提案された法案。このチャーチル親書のすぐ後の一九四一年三月に議会を通過、成立。

＊27　『グッバイ・ジャパン』、二五ページ

＊28　*NEW YORK HERALD TRIBUNE, March 7, 1941.* 主見出し、前書き（リード）の英語原文は巻末・付録5に掲載

＊29　前掲『ブランコ・ヴケリッチ　獄中からの手紙』、二五八ページ。洋氏が書いた後記から。

＊30　前掲『ブランコ・ヴケリッチ　日本からの手紙』、五−六ページ

＊31　『グッバイ・ジャパン』、二五ページ

謎・その3　グルー大使との癒着

（一）〝謎の人物〟岩畔大佐がワシントンへ

日米開戦を避け、太平洋に何とか波風を立てないようにと、近衛文麿首相が最後の望みを託した日米交渉は、「二人の神父」がニューヨークから横浜港にやってきたのをきっかけに始まった。この交渉の日本側の主役が野村吉三郎・駐米大使（海軍大将）、大使を支えるため、あるいは監視するため、陸軍がワシントンに派遣した岩畔豪雄・陸軍大佐が影の主役を務めた。「ヘラルド・トリビューン」紙のニューマン特派員は、この「海と陸」のキーマン二人、野村と岩畔がそれぞれ横浜港から出発する直前に、何れも単独会見に成功したという。どのようにしてこの会見をものにし、原稿として送ったのか、あるいは送らなかったのか。その経緯を探れば探るほど、東京においてニューマンは大変恵まれた人脈に支えられたことが明らかになる。その一方で、グルー駐日米大使、その右腕だったドゥーマン参事官との怪しげな三角関係も浮かび上がるなど、当時ニューマンが如何に厳しい情報戦争の中に身を置いていたかもうかがわせる。

日米交渉の始まりの部分を児島襄の『開戦前夜』によって追ってみよう。

二人の神父とは、ニューヨークにある「米国カトリック外国伝導協会」のジェームス・E・ウォルシュとジェームス・M・ドラウトの両神父。カトリック系キリスト教の人脈をテコに日米が戦争を避けるための妥協案を捻り出し、日米両国の頂上、近衛首相とルーズベルト米大統領のトップ会談によって、一気に平和の協定を、という野心的な企みである。

二人の神父は一九四〇年一一月二五日未明、日本郵船・サンフランシスコ航路客船「新田丸」（二万七二〇〇トン）で横浜港に到着。ウォルシュ、ドラウト両神父は裏工作の日本側のカウンターパート、井川忠雄なる人物に会う。井川の当時の肩書きは「産業組合中央金庫」（現・農林中央金庫）理事、大蔵省（現財務省）出身、米国で教育を受けたカトリック信者で、洗礼名をポールという。井川との接触を皮切りに松岡外相はじめ外務省、陸軍幹部らと幅広く会い、本格的な日米交渉への根回し工作がスタートを切ったのである。

写真右：ニューヨークに到着した野村吉三郎・駐米大使（右から2人目） 提供：朝日新聞社
写真左：岩畔豪雄・陸軍大佐（写真は中佐時代のもの）

その年の七月「第二次近衛内閣」が発足、松岡洋右が外相に就任。かねてからヒトラー・ドイツ、ムッソリーニ・イタリアとの緊密化を目指していた松岡は、外相就任二カ月後の九月には「日独伊三国同盟」締結へと進み、日本外交の軸が急激に独伊両国中心の「枢軸国」グループへと傾いたことで、米英両国を軸とした「民主主義国」側は日本に対し反発と警戒の姿勢を一気に強めた（松岡外相がその翌春、イタリア、ドイツ、ソ連を歴訪、三国同盟強化と「日ソ中立条約」を結ぶという派手な外交戦略に打って出たことは、既述の通りである）。

この三国同盟強化の動きが与えた国際的インパクトについて『開戦前夜』は次のように書いている。[*1]

三国同盟は加盟国が第三国と交戦するときは他の加盟国も参戦することをきめている。ということは、「欧州戦争と支那事変の連結」となる。米国がヨーロッパ戦に参加すれば日米戦争となり、また日米戦争が起れば米国はヨーロッパ戦争に加わることになって、要するに三国同盟は第二次世界大戦の引き金になっているわけである。

その頃の日本は、「支那事変」の泥沼化で疲弊し、米国による石油・鉄くず禁輸などの締め付けで国民の日常生活にも深刻な影響を受け始めていた。ウォルシュ、ドラウトの両神父来日の前日、一九四〇年一一月二四日には西園寺公望公爵が死去（享年九一歳）。我が国唯一の元老として政変の度に後継内閣の首班の人選を引き受け続けた超長老的存在の長逝は日本政治史の一つの区切りであり、今後ますますの情勢悪化を予感した国民も少なくなかった。

新駐米大使となった野村海軍大将の発言

一方その数日後、日米交渉に命運を懸ける近衛首相は、その成否を担う新駐米大使に野村吉三郎・海軍大将を選ぶ。新聞は〝超ド級大使〟として歓迎。『開戦前夜』はその野村をこう紹介した。[*2]

大将は、連合艦隊司令長官と海相は経験しなかったが、軍令部次長、呉、横須賀鎮守府司令長官などの要職を歴任し、また学習院長、阿部内閣の外相もつとめ、海軍きっての人格者かつ一流の人材とみなされている。かつて駐米武官時代に、当時米国の海軍次官だったルーズベルト大統領と親交をむすび、その点からも、駐米大使の最適任者と判定されていた。

当の野村大使自身は松岡外相就任直後にすでに米国大使就任を打診され、「三国同盟」重視という明らかに反米の姿勢を見せる外相の下で対米交渉は無理、との判断から一度は断っている。今回は近衛首相からのあらためての懇請に重い腰を上げた。そこには、近衛首相の決断と指導力、対米妥協を容認する陸軍首脳の柔軟な姿勢へのかすかな期待もあったかもしれない。とはいえ、野村大使は出発前に行われたニューマンの単独会見に答え、日米交渉の先行きについて「神のみぞ知る。そして、私は神に非ず」と、極めて深刻な見解を明らかにした。ニューマンがそれを原稿にして、いざ送稿という土壇場で、野村大使は日米交渉への悪影響を警戒し、その深刻発言の部分をオフレコにとニューマンに強く求めた。ニューマンは涙を飲んで野村大使の悲観的見通し発言を「取材メモ限り」に封印したという。

こうした野村大使の米国大使拝命をめぐる葛藤と悩みについても既に触れたが、「日米交渉」の前途にさらに複雑な要因が加わることになる。野村大使は出発に先立ち、日米交渉のカギを握る陸軍首脳に「支那問題に詳しい陸軍将校を自分の補佐として派遣を」と要請した。その答えが、岩畔豪雄・

陸軍大佐という難解な人物の起用だったのである。

岩畔陸軍大佐の人事の意味

この岩畔は、地位はまだ大佐であったが、米国に派遣される直前まで軍事課長という陸軍省内でも枢要の地位を二年間務め、ニューマンが会見した陸軍関係者の中でも最も重要な幹部の一人だった。しかも、そのニューマンが岩畔会見で得た重要機密情報の扱いに関して、グルー大使率いる米国大使館との関係でさまざまの疑問も残しているので、先ずその岩畔の人物像を少し詳細に紹介した上で、それらの疑問の解明を試みたい。

岩畔豪雄は、軍事課長の要職から、突然米国日本大使館勤務を命ぜられた。アメリカの経験もなく、語学の点でも英語の不得手であった岩畔が米国行きを命ぜられたのは奇妙な人事であった。また岩畔には、米国に行くに際して、首相からも陸相からも特別な任務が与えられていたわけでもなかった。それにもかかわらず、岩畔の「日米交渉」に果した役割は大きい。

日米交渉の一部始終を詳細に検証した『日米開戦外交の研究』*3 はまず岩畔・駐米日本大使館付武官補佐官の誕生をこう説明。この岩畔人事の疑問点を次のように書いている。

第一に、岩畔は関東軍参謀として満州に赴任した経験はあるが、支那問題に精通した専門家という程ではなかった。
第二に、岩畔は海外武官としての経験もなく、とくに英語は全く駄目であり、それまでアメリカとの関係はほとんどなかった。野村が、ルーズベルトの知り合いであり、アメリカの経験もあり、アメリカからうけがよいという理由で大使に選出されたことを考えれば、岩畔の派遣はその経歴からして疑問とせざるを得ない。
第三に、岩畔が日独伊三国同盟の推進者であり、対米強硬派の一人であったことは、陸軍内部及び外務省では衆知の事実であった。
第四に、岩畔は当時軍事課長であり、陸軍省の対外的な業務は軍事課ではなく、軍務課の仕事であった。〔略〕
第五に、当時から岩畔は謀略家として陸軍内部及び外務省にも知れわたっており、それ故、外務省では、最初から岩畔の派遣を陸軍の謀略だとする疑惑の目でみていた。〔略〕
これだけの疑問点を列挙した後、さらに、岩畔派遣についてワシントン大学のビュートウ教授（R. J. C. Butow）の次のような疑問も書き添えている。*4
大佐のようなバックグランドと風評のある人物をワシントンに住まわせる目的は一体なんであったのだろうか。東京の彼の上司達は、たとえ岩畔が野村の注文に合わなかったとしても、野村の「中国問題の専門家」を欲しいとする注文を、大使に岩畔を呉れてやる口実として使う程「謀略の名人」を排除したかったのだろうか。〔以下略〕

『日米開戦外交の研究』の著者、須藤眞志・京都産業大学教授は岩畔起用策についての前記のような問題点と関係者からの疑問に対し、「東京の彼（岩畔）の上司たち」つまり、東条英機・陸相、武藤章・軍務局長らが岩畔を選んだ思惑をも含めて次のように総括した。＊5

現在、最も普遍的にいわれていることは、やり手であった岩畔に手をやいた東條陸相と武藤軍務局長が、野村の要請に渡りに舟とばかり岩畔を米国に転出させてしまったというのである。〔略〕

東條や武藤が岩畔を扱いかねていたということは事実であろうが、岩畔を信頼していなかったということには若干疑問が残る。「衷心から信頼しかねる」人物を二ケ年間も軍事課長の要職につけておくとは考えられないからである。〔略〕

ともかく、岩畔には「謀略家」というイメージと共に「切れ者」、「実力者」といった高い評価があったことも事実である。それ故、岩畔派遣の背景には、陸軍首脳部の意向として、「やっかい者を追い出す」というマイナス的側面と共に、岩畔ならばなにかするだろうというプラス的側面があったことも事実であろう。また、ビュートウ教授が一つの点だけは確実であるとしている、野村が三国同盟を弱めることのないようにとする、監視的な役目を期待していたことも否定することはできない。しかし、東條や武藤は岩畔に明確なかたちでの大きな期待をかけていなかったことも事実であろう。
人事が公表されただけでその任務に就く前からこれだけ注目され、コメントされる岩畔という人物も大した存在だが、公平を期すため、ここはご本人の口からの説明を併せて記録しておこう。といっても、この記録は、日米交渉もやがて不調に終わり、「真珠湾攻撃」による日米開戦、そして日本の敗戦へ、という長い時を経て後の証言ではあるが……。

岩畔証言が明かす赴任理由

『井川忠雄日米交渉史料』*6は、その「付録」に貴重な岩畔証言を記録している。まず当時の日本を取巻く緊迫した国際情勢を語ったその冒頭部分から引用する。

付録2　アメリカに於ける日米交渉の経過　岩畔豪雄氏述（昭和二十一年五月十日）

大正十年のワシントン会議以来引起された諸々の事態は逐次日米国交を緊迫せしめ、特に昭和十五年九月に締結せられた日独伊三国軍事同盟を契機として、日米の間には極めて険悪なる空気が漲《みなぎ》った。

この年の後半期に於ては、日本に於ける英米依存主義の清算と欧洲に於けるドイツの軍事的成功の影響とが、日本の国民的感情を刺戟して戦争気分がかなり濃厚となってきた。

そんな中で、日米交渉の根回しにウォルシュ、ドラウト両神父が密かに来日し、日本側の窓口だった井川忠雄の仲介によって、両神父が陸軍省で岩畔の上司、武藤軍務局長と会見。武藤がこの会見によって米国の腹を探ろうとしたことなどを説明した後、自らの米国赴任が決まるまでの過程を岩畔は次のように振り返っている。

当時日本の輿論は逐次好戦的に傾いて居ったに拘らず、日本の上層政治家、軍人等の間に於ては慎重論が極めて強かった。そこで内々日米国交調整を企図し、米国の事情に精通せる適任者を選んで駐米大使にしようとしていた。松本重治[23]氏に白羽の矢を立てたが同氏の辞退によって野村大将がその任に当ることとなった。野村大将はかつて外務大臣として英米との折合もよく、また米国の事情にも精通し極めて適任なる駐米大使としての評判が高かった。野村大使は朝野の与望を担って昭和十六年一月に渡米することとなった。同大使は渡米に先立ち東条陸相を訪問し陸軍の協力を要請すると共に、支那事変に精通せる陸軍将校をその補佐として派遣せられんことを要望した。そこで不図《はからず》もその任に当ったのが余であった。

周囲の様々な評価や勝手なコメントはともかく当のご本人は当時の国際情勢、日米間の険悪化とそれを憂慮した近衛首相が親米派の切り札とも言える野村氏を駐米大使に選んだ経緯を客観的に分析・

把握し、こんどの日米交渉における自らの人事の経緯も含めて淡々と説明している。その当時、陸軍首脳部も日米開戦には極めて慎重であって、好戦的に傾いていったのは世論、つまり新聞論調に現れた国民の声だった、と言わんばかりの説明は議論の余地が残るところだが、当時日本で最も強い発言力を持った陸軍幹部のナマの声は、ともかくも記録に値するものだろう。

岩畔証言に戻ると——

ウォルシュ、ドラウト両氏は日米国交打開の可能性あることを確め、昭和十五年十二月の便船で帰米した。帰米後米国政府の首脳者にも連絡したらしく、米国官辺の意嚮《いこう》を井川氏に通報していた。そこで井川氏は自ら渡米してこの話を進めんとし昭和十六年一月頃から渡米の準備にかかった。井川氏の渡米は各方面に相当の波紋を投じ、特に近衛総理等は非常に好意的であったに拘らず、外務省方面は極めて冷胆〔淡〕であったばかりでなく、妨害的でさえあった。松岡外相は井川氏の渡米を目して、陸軍が外務省をだし抜いて日米外交を担任するものと邪推し、閣議の席上に於て東条陸相を詰《なじ》ったと言はれている。

岩畔の談話は全体として淡々としているが、松岡外相に話が及ぶと時として感情的な批判、揶揄《やゆ》の言葉さえ混じる。そして、岩畔は渡米前約一カ月間、冷静な準備活動を進める中で松岡外相とも会見するのだが、その時の描写は、やはりあまり快いものではなかったことを伺わせて面白い。

昭和十六年一月野村大使は若杉公使その他書記官等を引連れ華々しく故国を離れた。井川氏は続いて二月の便船で渡米した。余は昭和十六年二月五日をもって軍事課長の職を免ぜられ、米国に出張し野村大使を輔佐すべき訓令を受取った〔欄外――正式に其職を免ぜられしや否〕。この日以来三月六日迄の出帆まで約一ヶ月間渡米の準備をしたが、特に朝野各層の意見を打診することに努めた。当時陸軍省及び参謀本部の空気は一部独伊側に立って戦争参加すべしとの意見もあったが、首脳部は悉《ことごと》く慎重論者であった。海軍側は陸軍よりもより多く慎重であるかの如く見受けられた。外務省は枢軸派と英米派との勢力が相半ばしておるような印象を受けた〔欄外――印象?〕。松岡外相に面接した処、同氏は余を引見して次の如く語った。「三国軍事同盟に基き独伊との国交を更に強化するため近く独伊に赴き、更にソヴエット・ロシヤとの関係を改善しその後日米の国交、特に支那事変の解決を庶機《しょき》〔幾〕してをる。君は渡米後その緒をつくっておけ」と〔欄外――その緒を作れ〕。〔以下略〕

さて、「日米交渉」へ渡米直前の岩畔大佐を追って行くほどに、ニューマンの単独会見を受けた岩畔の人物、その時置かれたなかなか厄介な立場が分かり、会見に成功したニューマンの快心の気持ちも想像がつく。ただ、目の前のウロコが少しずつ落ちていくように感じる一方で、また厄介な新しい疑問も頭をもたげ始める。歴史を検証するのは難儀なものなのだ、とあらためて考えさせられる。

その新たな疑問とは、松岡外相が渡米直前の岩畔に思わず明かした機密情報――「独、伊、ソ連各国歴訪の決意とその狙い」をめぐってである。この重要な情報を岩畔がどう受け止め、それをニューマンとの会見で明かしたのか、どうか。日米和平工作に出かける岩畔が、米国の神経を逆撫ですること必定の「三国同盟最優先の外交戦略」を事前に詳しく聞かされるに及び、岩畔の前途に暗雲となって立ち込めたことは想像に難くない。ワシントン赴任前の野村大使の憂うつと軌を一つにするものだったろう。その岩畔の気持ちは措くとして、ニューマンとの会見で「松岡近く訪欧」の情報はどう扱われたのだろうか。

ニューマンはこの「松岡訪欧」の機密情報をゾルゲ・グループの友人、ヴケリッチから漏らされてスクープにしたのが「東京発三月七日」、チャーチル英国首相がルーズベルト米大統領に知らせた親書が「ロンドン発二月二〇日」――さてニューマンとチャーチル、どちらが先にこの「松岡訪欧」の情報を手にしたのだろうか、と前節にクイズ仕立てで問いかけたのを想起していただきたい。後に詳述するが、ニューマンの岩畔会見は米国の外交公式記録によると二月二五日を含むその前数日間。ニューマンがすでにこの時点でヴケリッチから「松岡訪欧」情報を聞かされ、送稿前に温めていたのなら、この岩畔会見は絶好の確認の機会だったはず。或いは日米交渉に臨む岩畔の置かれた立場と心境を聞く中で、岩畔の側から漏らされる、ということもあり得た。いろいろのケースが考えられるのだが、ニューマン、チャーチルの早耳競争にシロクロ付ける決め手にできないのが何とももどかしい。

ニューマンによる岩畔インタビューの謎

それはともかく、ニューマンの岩畔会見で私がより深く悩まされているのが、この会見が「幻のスクープ」に終わったらしい、ということだ。このニューマンの岩畔会見について「米国の公式記録によると」と前述したのは、そのためで、ニューマンは『グッバイ・ジャパン』「50年目の日本に」で岩畔会見ができた経緯について野村大使会見の背景とともに次のように述べている。*7

渋沢さんと樺山伯爵は、野村大使の任命を実現させるため野村に大使を受けるよう説得し、前に軍部が野村への約束を守らなかったため大使を引き受けるのを固辞していた野村をなんとかうんと言わせるのに重要な役割を果たした。渋沢さんは野村海軍大将がワシントンに発つ前に私のために彼との独占インタビューを取り計らってくれ、樺山伯爵は岩畔豪雄大佐とのインタビューをアレンジしてくれた。

ところが、私が繰り返したインタビューの中では、不思議にも、この岩畔会見の内容についてニューマンはついに一度も詳しく説明をしなかった。それに、「ヒトラー、ソ連侵攻」など他のいくつかのスクープのように、その記事のコピーを誇らしげに私に手渡すということもなかった。その理由と思われる事情が、最近見つけ出したグルー駐日米大使のハル国務長官当て公電でぼんやりと明らかになってきたのだ。

先ずはそのグルー大使の公電全文を見てみよう。*8

「ニューマンによる岩畔インタビューの内容報告」（一九四一年三月一三日　グルー駐日米大使からハル米国務長官へ）

日本の岩畔豪雄・陸軍大佐と私との懇談についての二月二七日午後一〇時発信の大使館三三〇電に関連する情報として、同月二五日東京発のニューヨーク・ヘラルド・トリビューン紙東京特派員〔ジョセフ・ニューマン〕が岩畔大佐と単独会見し、電話でニューヨーク本社に送った原稿の内容をお知らせいたします。ただし、この原稿はボツになったようですが……。この原稿は野村駐米大使の特別顧問としてワシントンに赴任する直前に同特派員が単独会見に成功したものです。

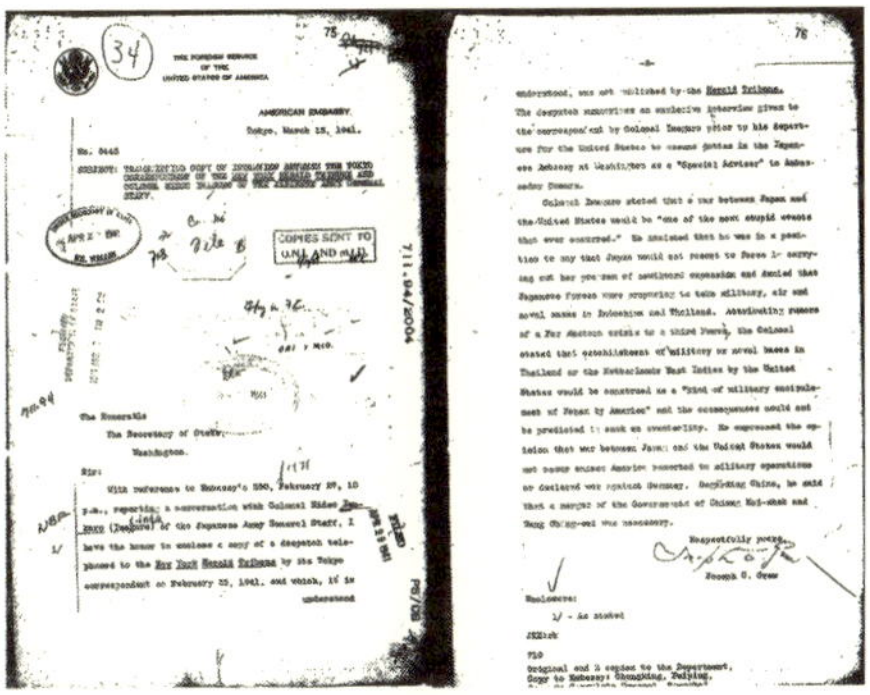
AMERICAN EMBASSY,
Tokyo, March 13, 1941.

The Honorable
The Secretary of State,
Washington.

Sir:

Respectfully yours,
Joseph C. Grew

Enclosure:
1/ - As stated

グルー大使公電［1941年3月13日付］
「ヘラルド・トリビューン紙東京特派員による岩畔大佐会見について」

この会見で岩畔大佐は、「もし日米開戦となれば、それは〝史上空前の愚かな出来事〟となろう」と発言。日本がその南進政策を進めるために軍事力を行使するつもりはないし、そのために日本軍がインドシナ〔仏印〕とタイに陸空海軍基地の建設を準備しているというのは事実ではない、と語った。岩畔大佐はいわゆる「極東の危機」説を第三者のせいにしつつ、もし米国がタイあるいは蘭領東インド〔現インドネシア〕に陸海軍の基地を建設するなら、それは日本に対する〝軍事力の包囲網〟作りとわれわれは受け止めることになろう。その結果起こることについてわれわれは責任を負えない。そして、米国が軍事行動に訴えたり、対ドイツの宣戦布告をしない限り日米戦争は起こらない、との見解を明らかにした。また同大佐は、中国に関しては蔣介石と汪兆銘の両政権が合体することが必要だ、と語った。

公電冒頭に言及されているように、グルー大使自身岩畔大佐と会見し、そのことを報告した続報として、ニューマン特派員の「幻のスクープ」会見記事の内容を知らせた。この岩畔会見の記事がボツになったからか、それとも原稿の扱いに関係なしにか、ニューマンが岩畔会見の内容をそのままそっくりグルー大使に伝えるという行動に疑問を禁じえない。また、グルー大使がまたその内容をそのままハル国務長官に知らせた、というのは、岩畔発言にそれだけの意味を認めた結果ではあろうが、グルー大使とニューマンの間に、一国を代表する外交官とその言動をチェックすべきジャーナリストという立場の違い、公私の緊張関係が存在したのか、いったいどうなっていたのだろうか。

話が後先になるが、この公電で明らかになった岩畔大佐の米国大使館訪問の顚末は、これも『日米開戦外交の研究』に紹介されているので、以下に引用する。*9

岩畔が出発前に訪問したなかに、アメリカ大使館があった。グルー大使と共にドーマン（ドゥーマン）参事官とも会見した。グルーとは簡単な挨拶程度であったが、ドーマンとは若干の話し合いが行われた。二人は日米の通商問題とくに、アメリカの輸出制限の問題を中心として話し合いをおこなったが、両者の意見はすれ違いに終ったようである。この時の様子を岩畔はドーマンの態度を

「何れの国でも外交官僚は『慎重な事勿れ主義者で政治感覚の欠乏症患者である』という共通点をもっているように思われた」と記している。

一方、相手のドゥーマンは岩畔をどう見たか、当日の感想を前出のビュートウ教授は次のように要約している。

〔ドゥーマンは岩畔に〕アメリカ人の思想のなかにある人間の自由という「先験的な重要性」を理解させようと努めたが、その仕事は絶望的にみえた。ドーマンは、自分の意見は、日本人が外国人に対して八紘一宇の意味を説明しようとするのと同じ程度に岩畔には理解し難いものと結論した。ドーマンは、岩畔がアメリカ人の物の考え方についてどの程度勉強したのか、さらに彼が「野村の片腕」の軍人として勤めるべくアメリカに行くように任命されたことを疑問に思わざるをえなかった。

どうも岩畔とドゥーマンはお互いに相手に対し、あまりよい感情は抱かなかったようである。しかし、グルー大使は岩畔を重要な人物とみていた。

この岩畔との会談に関して、グルーは後日、ハル長官に次のように報告した。*10

一　岩畔大佐は、日本大使の特別顧問（Special Adviser）としてワシントンの日本大使館付を命ぜられた。彼は三月二〇日頃龍田丸にてサンフランシスコに到着の予定である。彼の入国については支障なきよう、また面倒な事が起らないよう取り計らんことを進言します。彼はニューヨークに行く新庄大佐を同伴します。

二　信頼すべき筋によれば、岩畔大佐は若手将校グループの最も重要な指導者の一人であり、陸軍大臣の完全な信頼を受けている。今朝彼は私を儀礼訪問し、その後私のスタッフの幾人かと長時間に亘る会談を行った。彼らは二月一四日午後八・〇〇発信の大使館二三〇電の線に沿って非常に率直に話をした。岩畔は、日米間の問題は現時点では恒久的な解決がなされるとは限らないが、根本的な解決の見通しがつくまで、均衡状態を維持すべく努力したいと述べた。

『日米開戦外交の研究』はこの後「さらにグルーは、三月一三日に、二月二七日の電報に関連して次のような電報を国務長官に打っている」と続けるのだが、ここにまた不思議なことが――。この「三月一三日付けグルー公電」は私が入手した同日付けグルー公電コピーと同じもののはずなのだが、不思議なことに『日米開戦外交の研究』に引用されたもののコピーは、冒頭がいきなり「（前段略）」とあり、肝心のニューマン特派員単独会見のくだりが消え、「岩畔大佐は……」で始まる本文の内容は、ニューマンに答えた内容と全く同じもの。

つまり、この「（前段略）」が問題なのだ。少々込み入った話なので、前述した私の手元にあるグルー公電の「前段」（本書一四三ページ）を読み直していただきたい。この「前段」をそっくり略してしまうと、岩畔大佐のこの重要な見解をニューマンではなくグルー大使が直接聞いたことになってしまうのがお分かりだろう。これは、その前の公電でグルー大使が「今朝彼（岩畔）は私を儀礼訪問し、その後私のスタッフの幾人かと長時間に亘る会談を行った」と報告した内容に照らしても、ニューマンに語った「岩畔見解」は儀礼訪問で明らかにされるような儀礼的内容ではない。

なぜこういう不可思議なことが起こったのか。『日米開戦外交の研究』で引用されたグルー公電は、その脚注によると出典は『米国外交』（*Foreign Relations of the United States, 1941. Vol. IV, p. 75.*）。私の手元にあるグルー公電は米公文書館でコピーされた〝本モノ〟である。考えられるのは米国務省が上記『米国外交』編集の過程で「ニューマン単独会見」のくだりを削り、グルー大使直接の情報入手という趣旨に改ざんした、ということか。もしそうだとすれば、ニューマンと米国務省の間には説明しにくいことが何かあったのでは――。

そこで、二〇〇九年の四月に『日米開戦外交の研究』の著者、須藤眞志・京都産業大学教授に電話で確認したところ、問題の「（前段略）」は須藤教授の判断によるもので、その省略された部分は私が持っている公電コピーと一致した。米国務省が『米国外交』編集の段階で公電の内容を改ざんしたのでは、と私が一瞬考えた国務省の「陰謀疑惑」はとりあえず晴れた。私が問題にしたのは、ニューマンの岩畔会見の部分を略したために、ニューマンが聞いた情報をあたかもグルー大使が岩畔から直接聞いた、という報告に化けてしまうことである。そのように「（前段略）」によって、公電の重要な中身の意味が変わってしまうことを須藤教授にもお伝えし、同教授は納得された。

だが返す刀で、「岩畔は英語ができない、ニューマンは日本語ができない。それで単独会見はどのように……」と同教授に反問されたことによって、私は思わず以下の仮説に思い当たった――もしや、ニューマンの岩畔会見にドゥーマンが通訳として陪席したのではなかったか。もしそうならば、グルー大使はボツになったニューマン原稿の内容を大使館との共有情報のように考えて、公電にそのまま載せたとしてもそれほど驚くには当たらないのだが……。

ただし、ニューマンはこの岩畔会見について『グッバイ・ジャパン』でこう書いていた。[*11]

樺山伯爵は陸軍省での岩畔とのインタビューを私のためにアレンジしてくれた。陸軍次官の許可を得て岩畔が話したことは、陸軍が「日米間の現在の布告なき経済戦争を停戦する」用意があるということだった。

この文面からは、岩畔と会ったのは「陸軍省」、もしそうならば、さすがにドゥーマンが同席は難しいだろうから、上記ドゥーマン陪席説は無理か。しかし、ニューマンとは別にドゥーマンが岩畔の見解を聞き、上司のグルー大使に伝えたのなら、なぜ大使は重要な岩畔見解をわざわざニューマンの単独会見の内容として公電で伝え、しかも「その原稿がボツ」とまで付け加える必要があったのだろうか。

そもそも、岩畔会見に関する上記ニューマンの証言は開戦直後に書かれた『Goodbye JAPAN』に記されたもので、同じニューマンの言葉でも前述した「50年目の日本に」の内容とは微妙なズレがある。それは開戦直後に書いたものには、重要な取材源はすべて伏せられ、先に触れたヴケリッチも渋沢正雄もそこには現れない。したがって、この岩畔会見も「樺山の世話で」と単純化されているが、後年の私とのインタビューでは「恐らく渋沢氏が陰で根回しをしてくれたおかげだと思うが、極めて地位の高い陸軍の幹部にインタビューした。これは野村大使がこれから進める日米交渉に対しての軍部の立場を探るための重要な会見だった」と語り、その人物は明らかに岩畔大佐を指す、と思われる。ということは、ニューマンにとってやはり渋沢ー陸軍幹部の情報ルートはゾルゲーヴケリッチに匹敵する重要ルートだったかも知れず、情報源を隠すためのニューマンの配慮・脚色が真相を闇に包むことになったか——などなど、謎はつきない。

ドゥーマン参事官とニューマンの関係

話を本題に戻すと、ニューマンの「岩畔・単独会見」原稿は本当にボツになったのか、もし事実ならなぜなのか、そして、ニューマンはこの原稿がボツになったとは私には言わなかった。

ただ、その問題とは離れて、グルー大使にぴったりついて米大使館を訪ねた岩畔との懇談に応じたドゥーマン参事官という名前が、ニューマン・ヴケリッチ関係にからんでゾルゲの証言で言及されたことは先に紹介した。その中でゾルゲは、「ドゥーマンはただの大使館員であり、事実関係には気を使わず、もっぱら宣伝工作ばかりしていた」「……私はドゥーマンの言葉は当てにしていませんでした」と、低い評価を下し、さらに加えて「ニューマンはその元の話の殆どをドゥーマンから仕入れていました」と厳しいコメントをしていた。ゾルゲはいったいどこからこんな情報を獲得していたのか、知る由もない。記者ニューマンの謎を再検証する私には大変重要な点なのだが……。

そう言えば、開戦前夜の自分と日本についてあれだけいろいろと私に明かしたニューマンだったが、ドゥーマンの名はついに一度も聞かなかった。その仲があまりに緊密過ぎたのか、あるいはドゥーマンには米政府の中で何か特別の任務が与えられていたのか。ドゥーマンとニューマンの「マン・ツー・マン」関係がどうも気に掛かるのだ。

ニューマンとグルー大使の公電については、『グッバイ・ジャパン』復刻のためにニューマンに長時間インタビューを繰り返した一九九二、三年当時、ニューマン自身の書き下ろし解説「50年目の日本に」のためにニューマンはワシントンの議会図書館と国立公文書館に足を運び、注目される自分のスクープ記事やグルー大使がハル国務長官宛に送った公電を探し出し、それぞれほんの数本ずつではあるが、コピーをして私に提供してくれた。ただ、先に書いたように岩畔会見の記事はその中になかったし、その岩畔会見にからむグルー公電も含まれてはいなかった。たまたまニューマンの再調査の網に掛からなかった結果なのか、見せたくない理由があったのか、私にとってはニューマン会見における痛恨の聞き漏らしである。なお付け加えれば、私自身が議会図書館を訪ねてニューマンの記事を総点検した際もこの「岩畔会見」の記事は見つからなかった。

こうした米国大使館人脈とニューマンとの機密情報をめぐる魑魅魍魎《ちみもうりょう》の世界はともかく、「日米交渉」の最前線に立つ野村大使の補佐役を命ぜられた岩畔は周囲の自らへの評価をシニカルに笑い、自分の上司、東条陸相への不信をも臭わす謎めいた言葉を残して横浜港を発った。*12

出発前に、〔自分を高く評価した〕グルー電を傍受解読したものを見せられた岩畔は「東條大臣から疎《うと》んぜられて転出を命ぜられた私を同大臣の寵児《ちょうじ》と見違えたり、或は、鈍才をもって自任する私を過大評価している電報を手にして私は皮肉な漫画を見ているように可笑しかった」と述べている。〔この「グルー電」は明らかに前述の公電である〕

三月六日、岩畔は一〇〇人以上の見送り人と三〇基以上の花輪にかざられ、龍田丸にて予定通り横浜を出帆したのである。岩畔によれば同伴した新庄大佐も、東條陸相の勘気に触れ、南京を追われ、ニューヨーク駐在の経済武官として赴任するためであったという。もしそれが事実とすれば、東條はアメリカを流刑地とでも考えていたのだろうか。〔略〕

（二）「日米交渉」暗礁、ニューマンに危機感

岩畔がワシントン目指し、横浜港を「龍田丸」で出航して間もない三月十二日、一方の松岡外相はソ連経由ドイツ、イタリアへの旅へ。日米和解を目指す「日米交渉」に賭ける英米派と、独伊との「三国同盟」重視の枢軸派との綱引きがいよいよのっぴきならぬ所に至り、第二次世界大戦全般の帰趨《きすう》をも左右する緊迫の場面が続いた。

ここで、日米両国の公平と正確を期するため、日本の「外務省外交史料館」（東京・港区）にも足を運ぶ。この微妙な時期に近衛首相、松岡外相、野村大使、軍部の間でどういうやり取りが交わされていたのか、「外交機密文書」に当たり、「米公文書館」（ワシントン）が収蔵するハル米国務長官・グルー大使らが残した公電の記録と照合するためである。ただし、情報公開に対する姿勢の差のあらわれか、日本の「外交資料館」の規模、その資料整備の精度は「米公文書館」の足元にも及ばない。日本の資料は『極秘』『外（務省）機密』『大至急』などのハンコだけはやけに鮮明で目立つが、肝心の本文は肉筆が多く、従って個人差が大きく、漢字、片仮名、平仮名が入り乱れたりして、はなはだ解読しづらいものも多い。その点、米国の文書は形式が決まっていて（英語の厄介さはあるにしても）読みやすい。しかし、それもこれも戦勝国と敗戦国のやむをえぬ落差としてこの際は目をつぶり、先に進む。

まず、松岡外相が欧州へ出発する直前、ワシントンの野村大使から東京の同外相宛の「公電」（一九四一年三月八日発）から*13――

『野村大使→松岡外相（ワシントン3／8発　本省3／9着）〈極秘〉』

今八日午前「ハル」国務長官ノ私宅ニ於テ秘密ニ二人限リニテ二時間余会談セリ

長官ハ自分ノ経済政策ヲ説明シ極端ナル国家主義ノ経済ハ戦争ヲ誘発スルニ至ルヘク自分ハ〔解読困難〕帝国内ノ特恵ニスラ反対シ加奈蛇〔カナダ〕ト特別ニ条約ヲ結ヒタルコトアル等語リタル上本筋ノ話トナリ日米関係ハ大統領ハ「デテリオレート〔deteriorate＝悪化する〕」ナル状態ニ在リト言ワレシカ若シ万一最悪ノ場合トナリタリト仮定スレハ夫レハ後十年二十年繰返サルルコトトナリ両国ノ不幸此ノ上ナシトノ意見ヲ述ベタル処彼共鳴セリ依テ本使ヨリ此ノ際双方共冷静沈着ヲ保チ刺激ヲ最小限トナスコト必要ニシテ「エンバーゴー〔embergo＝商船などの出入港禁止、輸出入禁止〕」カ人心ヲ刺激スルノ点ヲ強調シテ警告シタルカ満足ナル答ナカリキ

次ニ彼ハ「ヒットラー」ノ武力制覇ノ大望ハ「ナポレオン」「アレクサンダー」等ノ如ク限リナキモノナルカ日本ハ之ニ共鳴シ其ノ唱フル新秩序ハ武力ヲ以テ大東亜ヲ制覇スルモノト観ヲレツツアリト言ヒ支那、仏印、「タイ」国ノ話トナリシヲ以テ本使ハ日本カ求ムル所ハ汪政府トノ条約ニ依リ明カナル通リgood neighbor（勿論第三国カ支那ニ軍事施設ヲ有ツコトアラハ日本ノ脅威トナルヲ以テ之ヲ拒否ス）経済提携（鉄石炭等ノ如キ基礎産業ハ重視スルモ普通ノ貿易ハ第三国ニ対シ干渉スル意ナシ）及防共協定（共産党ハ支那ノ西北部等ニ於テ成功シツツアリ）ノ三点ニアリテ平等ノ主

義ヲ以テ臨ミツツアリ軍カ支那ニ在ル以上其ノ目的トスル所戦勝ニ在リ今日ノ戦ハ経済戦ヲモ含ミ占領地ノ経済カ計画的統制的トナルハ免カレ難シト述ベタル処長官ハ余リ強ク反対セズ〔解読困難〕二百五十ノ抗議ハ其ノ問題ト離レテ解決シ得ヘキモノナリト言ヒタリ〔以下略〕

臨場感を残し、かつ、極めて読みづらいことを理解していただくため、ひとまず原文のまま再録したが、これを私が現在の普通の口語体に翻訳し、その後は私の〝翻訳文〟で綴っていく事にする。

本日八日午前ハル国務長官の私邸に於いて秘密裏に二人限りにて二時間余会談した。

長官は自分の経済政策を説明し、極端な国家主義の経済は戦争を誘発することになるので自分は〔解読困難〕帝国内の特恵にすら反対し、カナダと特別に条約を締結したのもそういう考えによることを説明。その上で本筋の話となり、日米関係の現状が悪化している状態であることを、ルーズベルト大統領は憂慮している、と長官は語った。これに対し私は、もし万一最悪の場合〔日米開戦〕に至ればそれは今後十年二十年繰返されることになりかねず日米両国の不幸此の上なし、と意見を述べた。これにハル長官も共鳴したので、さらに私は、この際両国とも冷静沈着を保ち、お互いに刺激を最小限に抑えることが必要であり、商船などの出入港禁止、輸出入禁止の措置が人心を刺激することを強調して警告したが満足できる答はなし〔以下略〕

野村大使の公電は、その後「ハル長官は、ヒットラーの武力制覇の大望はナポレオン、アレクサンダーと同じく限りないもののようだが、日本はこれに共鳴し、その唱える新秩序は武力を以て大東亜を制覇するものとわれわれは見ていると言い、支那（中国）、仏印（ヴェトナム）、タイ国への日本の侵攻へと話題は転じた」と続き、松岡外交へのハル長官の強い警戒感を伝えた。

しかし、松岡外相は野村大使からのこの連絡を無視したか、それとも訪欧準備に追われてそれどころではなかったのか、野村大使への返信の公電はついに見つからなかった。そして、野村大使は松岡の出発（三月一二日）を待っていたかのように、松岡不在の間外務大臣を兼務した近衛首相宛に次ぎの公電を。

『野村大使→近衛外務大臣（ワシントン3／15発　本省同日着）〈極秘〉』

新聞報道によるとルーズベルト大統領は近日静養旅行に出るというのでハル国務長官の世話によって、本日一四日午後ホワイトハウスの居間で一時間半にわたって極秘裏に大統領に会見した。（ハル国務長官は同席しメモをとった）

話題は各方面にわたったが、私は米国が更に支那に対し積極的援助を行い、かつ対日輸出入禁止を強化することによって日本国民を刺激するので、この際は両国親善の為に何とか善処を、と申し出た。これに対し大統領は、自分が最も重視するのは〔日独伊〕「三国同盟」であり、この同盟は米国民を驚かせ、松岡外相の訪欧を機会にさらに同盟が強化され、ヒトラーの攻勢に日本が同調してさらに「南進」政策を推し進めることを警戒している、と大統領は強調した。これに対して私は、必ずしもそうではなく、我が国の外交は外相一人で決めるものではなく、近衛首相はもとより陸相、海相、内相その他の閣僚のすべてが参画して決めるということを説明したところ、大統領は首肯し、近衛首相の人となりをよく知っているようで、法外なことをする人でないことは承知している様子ではありました。〔以下略〕

松岡訪欧、「三国同盟」強化の動きに反発するルーズベルト大統領を、何とかとりなそうとする野村大使の物言いが手に取るようで痛々しいほど。そんな野村大使の懸命の努力を尻目に、松岡の欧州巡りは着々と進み、三月半ばにはベルリンでヒトラーに会い「三国同盟」強化を確認、その帰途モスクワではスターリンと会って「日ソ中立条約」を結び、あとは帰国するばかり。

一方の岩畔大佐は、四月初めにはワシントンで野村大使と会い、さっそく日米交渉の協議に入る。この野村・岩畔会談を機に日米交渉はウォルシュ、ドラウト両神父―井川忠雄間の下工作段階からハル米国務長官―野村大使の正式交渉へと段階が進む。野村大使は「……日米関係の調整は現在がチャンスだといえましょう。ただし、それには両国間の懸案を一挙に、かつ全面的、劇的に解決するのでなければ不可能です」という岩畔大佐の真摯な主張に耳を傾けた。

日米関係を危険にさらしている難問――日独伊三国同盟、支那事変、日本の南進、米国の対日禁輸の四つの課題について、岩畔大佐は「日本側は支那事変解決のため日本軍の二年以内の撤兵、その前提として米国側は満州国承認と日本と蒋介石政権との和平交渉の斡旋」などを柱とする、日米双方の譲歩を織り込んだ〝岩畔案〟を提示すると、野村大使は「結構です。これでいけるなら日本は救われる」と語ったという。*14

冷たく扱われた岩畔の「日米諒解案」

こうした野村・岩畔コンビの信頼関係を基礎に交渉は進み、〝岩畔案〟をテコとした最終的な日米合意への基礎となる「日米諒解案」の作成にこぎつけた。野村大使は四月半ばにこれを東京に打電。ただし、松岡外相は依然不在のため、取りあえずは近衛首相(外相兼務)がその返答を野村大使に送る。その内容は――

『近衛外務大臣→野村大使(本省4/19発　ワシントン着)〈極秘/大至急〉』

我が方針は両三日後の松岡外相の帰京を待ち慎重審議の上決定すべきものではあるが、差当たりその審議の参考にするため、以下の諸点について野村大使の意見を折り返し知らせてほしい。

一．本案(「日米諒解案」)によって我方の武力による南進を阻止し、英国の背後を確保し米国は太平洋より手を抜き対英援助に専念し得ることとなり実質的には三国同盟の精神に背くとの非難が起こるおそれはないか。

二．我方の対独信義の見地から本案を拒否するか、あるいは大幅修正を加へようとするために本案が不成立となった後、日米関係の見通しは如何。

三．対独信義の見地から本案決定前に日米両国が共同して欧州戦の和平調停をするという可能性は如何。

この後「七」まで列挙された近衛首相の問い合わせの「四」以下は省くが、松岡外相への気遣い、「三国同盟」を腫れ物のように扱うおっかなびっくりの姿勢は、日米交渉の前途の危うさをうかがわせるではないか。

一方、独ソ両国での一仕事を終えた松岡外相は意気揚々、四月下旬に帰国した。その松岡を待っていたのが野村大使から送られてきた「日米諒解案」（非公式の合意案）だった。松岡は野村大使への回答を徹底的に遅らせ、そのサボタージュぶりが日米交渉に望みを託す近衛首相らをイライラさせる。ただ、この日米交渉への抵抗は単なる松岡外相の個人プレイではなく、軍の強硬派、それを後押しする右翼や一般国民に高まるナショナリズムの声があった。それを象徴するような「外交機密文書」をここに記録する。もちろん〈極秘〉のスタンプが押され、「外交史料館」に納められている一篇である。

『「野村大使の提案に対する意見。」（昭和一六・四・二三　陸軍）〈極秘〉』

米国が本案（「日米諒解案」）により企図するところは帝国現下の弱点に乗じ、我が南方積極的進出を封ずると共に、自己の対英援助を強化し、且つ之により「三国同盟」を弱化し、以って米国自体の内外施策の窮状打破ないし方向転換を図りつつ今後軍備の充実と共に世界の指導権を把握せんとするに在るべし。

之に対し帝国（日本）はまたこの機を捉え、右に記したような米国の企図を逆用して本提案の趣旨を活かして、支那事変を完遂できる国力の回復整備を図り、更に進んで世界平和樹立に大いなる発言権を把握すること必要なり。

以上の判断に基き左記事項を考慮し本件を処理せられたし。


以上の「総論」に続けて①「支那事変」の目的である大東亜共栄圏の確立に障害とするな、②「三国同盟」の信義を傷つけるな、など四項目の指針を列挙。その発信人に個人名はなく、ただ「陸軍」としているところが、有無を言わせぬ高圧的な姿勢を伺わせる。この外務省に対する「陸軍の意見」が松岡外相の帰国翌日に出されたことも、これからの交渉本番に臨む松岡にこの際太い釘を、という意図がありありである。


この間、「三国同盟」か「対米英融和」かの根本的対立を孕《はら》み、苦しむ日本の姿を象徴した松岡外相と岩畔大佐との生々しい日米間電話のやりとりを『開戦前夜』が以下のように記す。*15

松岡外相は、私邸にかかってきた岩畔大佐の電話に、至って元気よく応じた。岩畔大佐が、米国では外相の訪米の噂が流れている、というと、そういうこともあるかもしれんよ、と、ややとぼけた返事がはねかえってきた。

「そうですか……ときに、先日お送りした乾物は早く料理しないとくさる恐れがあります。早く料理して結果を知らせて下さいますか」

盗聴を用心しての会話だが、むろん、「日米諒解案」にかんする回訓催促であり、松岡外相にもそれと諒解できる。

「ああ、わかっているよ。あんまり急がせるな。オレは病気だよ」

ハハ、と松岡外相はひと声笑ったが、すぐ声をひきしめて、いった。

「野村になァ。キミからいっといてもらいたいが、あまりアメリカさんに早惚れして色眼を使うなとなァ」

松岡さん……と、岩畔大佐が呼びかける間もなく、電話はきれた。

グルー大使が警告した情報

ここで、ニューマンとグルー大使の謎をはらむ関係に話を戻そう。
ニューマンが私にファクスで送ってくれたグルー大使公電のコピーには、次のような興味深いものも含まれていた。「日米諒解案」を軸に日米交渉が正式に始まり、松岡外相が欧州から帰国して一カ月足らず、という時期の話である。グルー大使がハル国務長官に宛てた公電で、ニューマンに対して警告を与えたという内容だ。*16
ワシントンの国務長官へ（七〇一　五月一七日午後七時）
ニューヨーク・ヘラルド・トリビューン紙のジョセフ・ニューマン特派員が本日午後、私に対して次のように話した——高い地位にあり信頼できる日本人から自分が得た情報によると、五月一四日の私〔グルー大使〕と〔松岡〕外相との会談で、アメリカが大西洋に艦隊を派遣した場合の日本の態度はどうか、また、日中紛争〔支那事変〕に対する米国の仲介についてはどうかという問題を私のほうから持ちかけたと聞いたそうです。私はその日の会談では、日常のテーマ以外にどんな問題も持ち出していない、と完全否定（完全否定！　を繰り返す）した。そして、ニューマンに対し、私と外相との会談に関して下らない憶測記事を絶対に送ることのないよう申し入れた。さらに、もしニューマンの原稿の中にどんな問題にせよ〔松岡外相に対し〕私から申し出たということを書けば、君は誤ったニュースを広めたという理由で有罪になる、と警告しておいた。

以上の公電に対し、ニューマンは私に向かってこうコメントした。

「グルー大使は松岡外相との会談について、私が特ダネ情報を原稿にして送ることに露骨な圧力を掛けてきた。『間違った情報を流すと君は罪を犯すことになるぞ』と。もちろん私の情報は正しいものだったが……」

さて、これは難航中の日米交渉にもからむテーマのようだが、このグルー大使と日本政府の接触については、ゾルゲ・グループとニューマンのパイプ役だったブランコ・ド・ヴケリッチの取り調べ調書の中にも次のような形で言及されている。ヴケリッチがゾルゲのために蒐集した情報として四項目が挙げられ、そのうち以下の二件が何とニューマンから得た情報である。本著ではこれまで一貫してヴケリッチを通じてニューマンに流れたゾルゲ・グループ情報を取り上げてきたが、ここで初めて逆にニューマン↓ヴケリッチと流れた機密情報が登場する。

以下は『現代史資料1　ゾルゲ事件1』の「機密部員の地位と其の活動＊17」から。

（三）ブランコ・ド・ブーケリッチ

〔略〕本人の得たる情報中判明せるもの次の如し。

（1）昭和十六年五月下旬米国通信記者ニューマンが米国大使館筋より得たる松岡外相の訪欧中に海軍関係の日本政府高官が日米国交調整を開始せんとしグルー米大使に提示を行ったが其の内容は「アメリカが東亜共栄圏内の日本の指導的地位を承認し、支那事変の調停を行はれたいとの要請である」との情報。

（2）〔略〕

（3）同年十月九日米国人通信記者ニューマンよりグルー米大使が其の前夜アメリカン倶楽部に於て在京米人のみに対し極秘に演説せる日米国交調整内容中「該交渉は円滑に進行し居らず」との情報。

（4）〔略〕

（3）は半ば公の場で得た情報だから機密情報とは言い難いもので、ヴケリッチがニューマンから得た機密情報は（1）の一件だけだ。ヴケリッチからニューマンにリークされた機密情報の多さと比べれば極端な「片貿易」だったように見えるが、これは取り調べの間ヴケリッチがニューマンに累が及ぶことを警戒した結果か、とも推測される。その証拠には、取り調べ記録を見る限り、たとえば「ヒトラーのソ連侵攻」など貴重な機密情報をニューマンに流したことについてヴケリッチは一貫して口を硬く閉ざし続けた、とみられるからだ。

ところで、（1）の情報をよく読むと、グルー大使の公電とはテーマは同じだが、別の場面に関する情報である。まず、公電では松岡外相・グルー大使直接の懇談が主題となっているが、ヴケリッチ調書では松岡外相の訪欧中に「海軍関係の日本政府高官が持ち込んだ」となっており、そして提案の主客が逆になっているのにお気付きだろうか。この二つの文章をそのまま読むと松岡外相の訪欧中にまず日本政府高官からグルー大使にこの提案が持ち込まれ、松岡外相が帰国後グルー大使と会った、ということになるのだろうか。

ただその場合、グルー大使は「絶対に自分からもちかけたのではない、とニューマンに警告した」と公電で報告しているが、ニューマンがヴケリッチに伝えた内容は、提案したのはグルー大使ではなく、明らかに日本側となっている。

グルー大使の思い違いか、ニューマンがグルー大使に確認のためわざと逆の線で質問し、大使の神経を逆なでして確認し、それをヴケリッチに伝えたのか、あるいは他に理由があるのか。とにかくテーマが当時の日米関係の最もデリケートなところであり、それに関してグルー大使が相当神経質になっていたことを伺わせるが、真相はこれも謎である。ただ、ヴケリッチ調書では、このニューマンの情報源は「米国大使館筋」とされており、この「筋」がまたまた問題のドゥーマンということもありそうで、どうも彼が介在するとなんだか話がややこしくなるのがやはり気掛かりなのである。

さて、日米和解か、激突か、のカギを握る日米交渉の方は、難航に難航を重ねる。

野村大使が以前、松岡外相から駐米大使就任を打診され、「三国同盟を強化する一方に日米関係を調整というのでは、到底問題にならない」と断ったことを前に述べたが、不幸にもこの野村大使の懸念は杞憂ではなかった。そして、「日米諒解案」が宙に浮いたまま、ついに「ハル・ノート」が米国から突きつけられる。「日本は支那と仏印から一切の陸海空軍兵力及び警察力を撤退させる」という対日強攻策を軸としたこの「ハル・ノート」を日本は最後通告と受け止めて、「真珠湾攻撃」、日米開戦へと突き進んでしまうのだが、米国の対日強硬策は決して唐突に飛び出してきたわけではない。対日強硬派として知られた米国務省のホーンベック顧問らのグループが、日米交渉を冷ややかに見つめ、最終的合意への壁は高かったことを示す公文書も紹介しておこう。これはニューマンが米国立公文書館でコピーし、ワシントンの自宅から私にファクスで送ってくれたものだ。「日米開戦史を考える上で極めて重要な米政府の内部文書である」とのコメントを添えて……。[*18]

一九四一年九月二日

〔対日交渉に当たり〕われわれは以下の諸点を肝に銘じておく必要がある——。

日本は弱くて危険な立場に置かれている。

日本の指導者たちは内輪同士で闘い、そして不確かさと恐怖感に苛《さいな》まれている。

日本は対ソ連、英国、オランダはたまた米国の、いずれの国に対しても、成算をもって攻撃を仕掛けられるような状況にはない。

この〔日米頂上〕会談の実現を切望し、求めているのは〔米国ではなく〕日本の側なのである。

〔日米交渉を進めるという〕このやり方は、日本の指導性の中の一つの要素ではあるのだが、それは国内的にも対外的にも日本の持つ弱さの告白なのだ。

真の意味での〝危機〟は日本の側に存在する。

日本国内の政治的混乱はこの国が持つ潜在的危険性であり、また、潜在的有利さでもある。

われわれ米国としてはもとよりあまり不誠実な戦略は取るべきではないが、われわれの原則的立場を貫き強い政策を推し進めることによって得る事こそあれ、失うものは何もない。

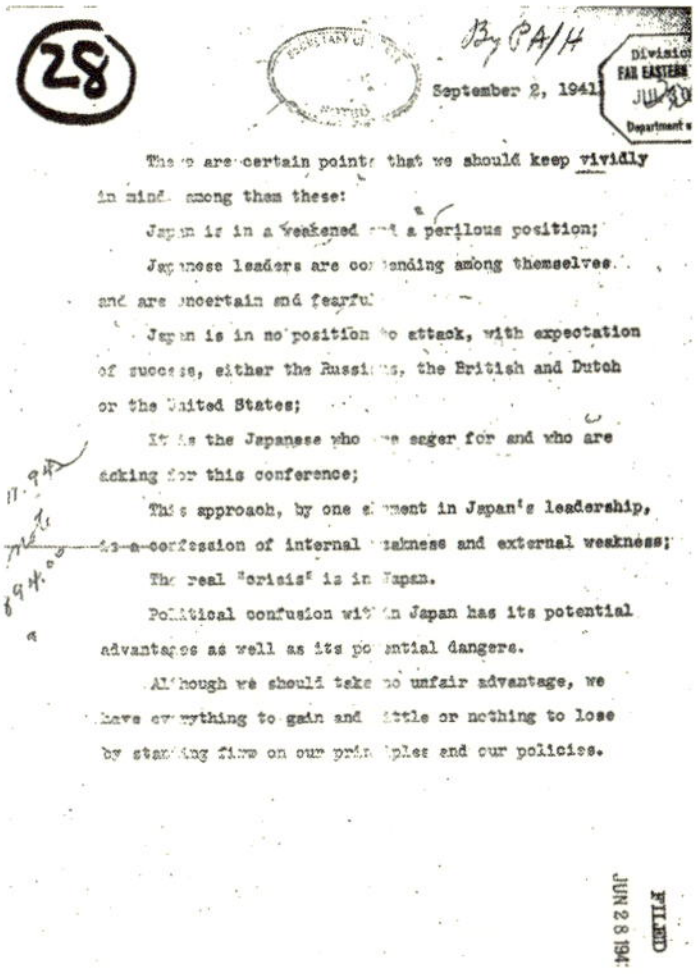
28

By PA/H

Division of FAR EASTERN AFFAIRS Department of State

September 2, 1941

There are certain points that we should keep vividly in mind, among them these:

Japan is in a weakened and a perilous position;

Japanese leaders are contending among themselves and are uncertain and fearful;

Japan is in no position to attack, with expectation of success, either the Russians, the British and Dutch or the United States;

It is the Japanese who are eager for and who are asking for this conference;

This approach, by one element in Japan's leadership, is a confession of internal weakness and external weakness;

The real "crisis" is in Japan.

Political confusion within Japan has its potential advantages as well as its potential dangers.

Although we should take no unfair advantage, we have everything to gain and little or nothing to lose by standing firm on our principles and our policies.

FILED JUN 28 194

米国立公文書館所蔵の国務省内部文書
［1941年9月2日付］

この米公文書には「米国務省極東局」のスタンプがあり、米国務省内のホーンベック顧問らを中心としたグループが、日本の指導者たちの苦しい立場を見透かし、日米交渉を「日本側の〝土下座外交〟」と見下して、米国が日本に妥協して協定を結ぶ必要など全くなし、としたハル国務長官への意見書をメモとして残したものと見られる。

このハル長官への「意見書」と、前述の日本の陸軍が外務省に突きつけた「意見」を並べて読めば、日米双方の強硬派が〝角突き合わせる図〟であり、妥協の余地がほとんど無かったことは一目瞭然。そんな訳で、岩畔大佐がかなり真剣に取り組んだとみられた日米交渉は同年六月二二日の独ソ開戦を境に一段と先行き見通しは暗転し、岩畔大佐は八月半ばに早々と帰国に至るのであった。

この岩畔帰国をもってニューマンが「日米交渉」決裂を察知し、危機感を深めたことは容易に推測できる。

＊1　『開戦前夜』、六―七ページ
＊2　『開戦前夜』、五ページ
＊3　須藤眞志『日米開戦外交の研究――日米交渉の発端からハル・ノートまで』、慶應通信、一九八六年、三二一―三二四ページ
＊4　『日米開戦外交の研究』、三二七ページ
＊5　『日米開戦外交の研究』、三二四―三二八ページ
＊6　伊藤隆、塩崎弘明編『井川忠雄日米交渉史料』（近代日本史料選書5）、山川出版社、一九八二年、四八七―四九三ページ
＊7　『グッバイ・ジャパン』、三八―三九ページ

＊8　グルー大使公電［一九四一年三月一三日付］原文は巻末・付録5に掲載
＊9　『日米開戦外交の研究』、四〇ページ
＊10　『日米開戦外交の研究』、四〇―四一ページ
＊11　『グッバイ・ジャパン』、二四〇ページ
＊12　『日米開戦外交の研究』、四三ページ
＊13　外務省外交史料館（東京・港区）所蔵の「外交機密文書」
＊14　『開戦前夜』　八〇ページ
＊15　『開戦前夜』　一〇六ページ
＊16　グルー大使がハル国務長官に宛てた公電［一九四一年五月一七日付］原文は巻末・付録5に掲載
＊17　『現代史資料1　ゾルゲ事件1』、四三―四四ページ
＊18　「米国立公文書館」所蔵の国務省内部文書［一九四一年九月二日付］原文は巻末・付録5に掲載

謎・その4　東京倶楽部と外国人受難の日々

一九四一年、第三次近衛内閣の近衛首相が「日米戦争回避」へ最後の望みを託した日米交渉も難航し、野村吉三郎・駐米大使の臨時「助っ人」としてこの年三月初めに陸軍がワシントンに送った岩畔豪雄大佐も、交渉半ばの八月に早々と帰国に及んだ。この間、駐米大使の切り札に野村海軍大将の起用を近衛首相に陰で働きかけたり、米紙「ニューヨーク・ヘラルド・トリビューン」東京特派員ジョセフ・ニューマンに渡米直前の岩畔大佐・単独会見の機会を作るなど、日米開戦を避けるため懸命の努力をしたのが樺山愛輔伯爵だった。

ニューマンは私のインタビューの中で「カウント・カバヤマ（樺山伯爵）」を何度唱えたことか。その歯切れの良い響きが印象的だった。ニューマンが生涯の恩人とした渋沢正雄・元日本製鉄副社長について、「具体的に最も恩義を感じたことは」と尋ねると、迷わず返ってきたのが「カウント・カバヤマとその人脈を紹介してくれたこと」だった。

この人脈とは、英米両国など「民主主義国」グループとの友好関係を大切にしようという「穏健派」の政財官界の有力者たちを指す。「英米派」とも呼ばれ、独伊両国との「三国同盟」の結束によって、「先進民主主義国」に対抗しようした松岡洋右外相に代表される「枢軸派」グループに抵抗した人脈である。

その「英米派」の中心に位置した樺山伯爵の支えが、ニューマンにとってどれほど得難いものであったかは、樺山の生涯とその思想をたどれば容易に想像がつく。父は海軍大将で、植民地「台湾」の初代総督、何度も閣僚の経験を持つ大物政治家。その長男として育った樺山は一五歳から一一年間にわたって欧米の教育を受け、帰国後は幾多の企業を育成するとともに、我が国初の通信社「国際通信社」（現「共同通信」）を創立。戦前戦後を通じて国際親善、とりわけ日米親善に全霊を捧げ、我が国「国際派」の中の押しも押されもせぬ第一人者だった。

右・樺山愛輔（1952年、大磯の自邸にて。逝去の52日前）
左は1929年にウェスレイアン大学より名誉法学博士の称号を贈られた樺山（左から2人目）と同窓生の寄せ書き
（『樺山愛輔翁』より）

しかも、民主主義社会におけるジャーナリズムの存在意義を早くから理解した数少ない財界人の一人であったことが、日本初の通信社を設立したことにも示される。その樺山に私淑し、何かと支援を得ていた渋沢が、ニューマンを米国から呼んだ際にそれを後押ししたのも樺山だった。

樺山の人生とその人となりを忍ばせる一文を『樺山愛輔翁』[*1]から紹介する。千駄ケ谷ユニオン教会における翁の葬儀（一九五三年）の際、松本重治・国際文化会館専務理事（当時）が朗読した「翁の履歴」の一部である。

翁は、五十七才で家督を継ぎ、襲爵《しゅうしゃく》〔爵位を受け継ぐこと」し、六十才のとき貴族院議員に選ばれ、研究会に属しましたが、内政上の政争などに超然たる態度を持し、専ら、日本の国際関係をよくするために日夜心を配り、ときには、一九三〇年のロンドン軍縮会議に、日本全権委員の一人として出席したり、前後二回にわたって、貴族院を代表して、万国議員商事会議に出席したりしたことはありましたが、翁の本当の気持は、むしろ世界的視野にたち、世界に知己をもつ市民として、縁の下の力もち的努力をすることを、自己の本分使命と考える所にあり、またそのように行動したのでありました。大正三年（一九一四年）我が国最初の通信社である国際通信社を創立し、我が国が世界の通信界に仲間入りをする端緒をつくりました。ことに日米間の友交関係は、翁の関心事中の最関心事でありました。〔略〕

太平洋戦争は、翁の七十六才から八十才まで続いたのでありますが、翁を非常に苦しめたようでありました。戦争に至るまでの数年、翁は、日米間の意思疎通に挺身して努力もしました。開戦直前にも、海軍の長老とともに開戦回避の努力もしました。しかし、ついに戦争となりました。戦争終って、翁は、日本製鋼所〔軍需工場〕の故にパージとなりましたが、何等意に介せず、もちろん一度も解除運動などは行わなかったのです。翁のアメリカに対する信頼と愛情とは、そのために変るべく、余りに大きくあまりに深かったのです。〔略〕

翁は趣味の人でもありました。ベースボール、テニスのうまかったことは前述の通りでありますが、日本に硬球のテニスを始めて輸入したのは翁であり、東京ローンテニスクラブも翁の創立でありますます。ゴルフも、駒沢ゴルフクラブの有力な創立メンバーの一人であり、草分けの一人でありま す。〔以下略〕

ニューマンが私のインタビューで「カウント・カバヤマ」に続けていつも語ったのが彼を中心とする「東京倶楽部」とそのメンバー人脈である。その「東京倶楽部」はいまも東京のど真ん中、港区六本木の小高い丘の上にある。その瀟洒《しょうしゃ》なクラブハウスの佇まいが象徴する生い立ちと伝統を、『東京倶楽部物語』*2から紹介すると――

一八八四（明治一七）年、鹿鳴館（日比谷）をその前年に開館させて不平等条約の改正に取り組んでいた井上（馨）・外務卿の尽力によって設立された。当初から皇族を総裁に戴き、伊藤博文、山県有朋、松方正義といった明治政府要人や外国大公使を会員に、鹿鳴館をクラブハウスとして発足する。この英国流の社交クラブは、民間の私的団体とはいえ、政府の意向を色濃く反映した組織としてスタートした。その後、国際交流、自由闊達な論議の場として発展したが、日米開戦前には「親英米派の牙城」と目されて軍部から警戒の目を浴びて外国人メンバーが圧力を受けるという受難期を迎えることに。その後本部は霞が関に移り、さらに今の六本木へと移転した。

ニューマン来日を手引きした渋沢正雄は、来日前から樺山とこの「東京倶楽部」人脈の存在を説明し、樺山にはニューマンの滞日生活全般についてよろしくと頼んでいたようだ。その甲斐あって、ニューマンは横浜到着直後から樺山の推薦で渋沢の個人秘書をしていた山田忠義という人物（戦後「新日鉄」幹部に）に迎えられ、やがて渋沢の「インターナショナル・ハウス」の寮監におさまった山田に日常生活のイロハから世話になる。また、渋沢の推薦によって当時東京で発行されていた有力英字新聞「ジャパン・アドバタイザー」への就職も決まって滞日生活が軌道に乗る。さらに、ニューマンが「自分がその東京倶楽部の会員になれたのもひとえに樺山伯爵のお蔭」と語ったように、この樺山との交流を足場に「東京倶楽部」グループ人脈とその考え方を知るようになる。

陸軍の大物も顔を出した社交場

『東京倶楽部物語』には、「太平洋戦争」前後を含め明治から昭和にかけて日本の歴史を動かした歴代首相や各国大使ら内外の外交官の名がキラ星のように登場し、このクラブを舞台としたさまざまなエピソードが紹介されている。昭和のはじめ、衆議院予算委員会で片岡直温蔵相が発した「きょう正午ごろ渡辺銀行が破綻しました」という失言をきっかけに、世界を股に駆けた商社「鈴木商店」やこの企業と関わりが強かった台湾銀行などが倒産して始まった「昭和金融恐慌」の頃を境に東京倶楽部も激動期を迎える。

その当時の動きを『東京倶楽部物語』から紹介しよう。*3

そんな時代を暗示する小話が、倶楽部会員で駐日英国大使館付き武官だったピゴットの『絶たれたきずな』*4に見える。一九二六年（大正一五年）の初めに帰任することになった駐日英国大使サー・チャールズ・エリオットの送別会が東京倶楽部で行われた折の話である。

「東京クラブで行われた送別会には、クラブとして新記録をつくった一五〇人以上の人が出席し、想い出深い会合だった。たくさん出席した日本人のうちで、わたくしは、若干の興味をもって、田中義一将軍のいるのに気がついた。クラブの常連というのは、外交官、政治家、官吏、実業家などで、その中にいつも、海軍軍人の姿がチラホラまじっていたが、決して陸軍将校の巣ではなかった」

陸軍大将の田中はこの前年、政友会総裁に就任、翌一九二七年（昭和二年）には首相兼外相となり、いわゆる積極外交を推進、山東出兵を行った軍人政治家である。それまで東京倶楽部では見かけることのなかった陸軍将校の姿が、時局の動きと照らし合わせ、ピゴットには一抹の不安を残したのであろう。

「国際交流」を旨として創立されて以来、国際派、英米派の人々が好むこの倶楽部には、このあと駐米大使として活躍することになる野村吉三郎・海軍大将はじめ海軍の人脈がメンバーに名を連ね、陸軍との縁は薄かった。そこに田中という陸軍の大物が現れたことを東京倶楽部にとっても「暗い時代」の兆しではと、英国の武官は見逃さなかった。

吉田茂と広田弘毅の密談も

このころの会員にはのちの首相近衛文麿、同じく芦田均、吉田茂。[16] 吉田の岳父にあたる牧野伸顕伯

二・二六事件当時の貴重なショット。「ジャパン・アドバタイザー」編集長のB. W. フライシャー夫妻が、塀を乗り越えて六本木・アメリカ大使館に避難しようとしている。ジョセフ・ニューマン提供

爵、金解禁を断行した蔵相井上準之助、西園寺公望の政治秘書だった原田熊雄、このあと近衛内閣外相を務める松岡洋右、三井合名理事長団琢磨など、この時代の日本を動かした錚々《そうそう》たる人たちが名を連ねていたと『東京倶楽部物語』は書いている。

先に触れた「昭和金融恐慌」の後、世界的な不況のあおりを受け、日本のなかでは貧富の差の拡大、農村の疲弊が深刻化する。そんな中で起こったのが陸軍の青年将校らによるクーデター未遂騒動、「二・二六事件」であった。一九三六年（昭和一一年）二月二六日、こうした社会情勢と政治のあり方に不満を抱いた青年将校らが一千四百余名の兵を率いて「昭和維新断行」を叫んで決起。首相官邸はじめ主要閣僚官邸を襲って高橋是清蔵相らが暗殺され、朝日新聞社も「国賊」として有楽町の旧本社が襲撃された。このクーデターは結局鎮圧され未遂に終わったが、この事件を境に軍部強硬派の政治への発言力が強まり、太平洋戦争への道を進むことになる。

二・二六事件の当時、「英米派」の代表的外交官として頭角を現しつつあった吉田茂は、[17]この東京倶楽部をこよなく愛した一人としても知られる。二・二六事件のあと首相に就任した広田弘毅は、外務省の同期生の吉田を外相に就任させようとしたが、陸軍の反対でこの話はつぶれ、吉田は駐英大使と

なる。

この頃やはり東京倶楽部のメンバーだった元東京慈恵会医科大の学長、樋口一成は同倶楽部のシンボルのようなビリヤード（英国生まれの玉突きゲーム）室で吉田と親交を深めた。その当時の吉田にまつわる貴重な逸話を『樋口一成伝』*5から紹介する。

右・駐英大使親任式に参内する吉田茂（1936年4月10日）と、左・記者団に組閣の挨拶をする新首相の広田弘毅（1936年3月9日）　提供：朝日新聞社

私は帰朝後東京クラブに入会したので、時折そこに顔を出して玉突などを楽しんだ。私は玉突には多少の自信があったので、腕自慢の外人などを相手にゲームを競ったものである。そのころ吉田さんも帰国しておられて、退屈をせられていたものかよくクラブに現われた。吉田さんも玉突は好きな方であったが腕前の方はサッパリであった。それで「一成、一つ教えてくれんか」などと、私の顔を出すのを待っておられたこともあった。

そうしたことで、吉田さんと私の交渉は次第にその濃度を加えていった。たしか昭和一一年の二・二六事件直後の広田内閣ができるとき、吉田さんは有力な外務大臣候補であったが、軍部の横槍が入ってその人事は御破算となってしまった。その前後のある日のことである。私は東京クラブの一隅で、吉田さんと広田さんが何事か密談しておられるのを目撃した。私はそれを何か重大な相談であろうと直感したので、遠慮をして吉田さんに声もかけず帰ったことを、昨日のごとく鮮かに思い出される。

この時、広田、吉田の二人が何を話したか、樋口は「知る由もなし」としながらも、この運命的な出会いの目撃者としての感慨を以下のように綴っている。

人間は歴史によって作られるが、歴史はまた人間によって作られるものである。吉田さんが広田内閣に入閣していたらどうであったか。また太平洋戦争が緒戦の段階でその処理に成功していたならば、その後の日本はどうなったであろうか。戦後の大政治家吉田茂さんの出る舞台が果してあっただろうか。まことに運命の偶然は皮肉といわねばならない。あの日あの時、東京クラブの一隅で語り合った、得意と失意の二人の外交官は、後年になってその運命は一変することになり、一人は極東軍事裁判によって絞首刑に処せられ、一人は救国の大政治家として死後国葬の礼を受けた。日本の歴史上に何等かの意味で大きな足跡を印したこの二人の人物を同時に目撃したことのある私としては、それを思うにつけてなんとも感慨にたえないものがある。

吉田のビリヤードについては、同クラブの安田弘・元理事長もその岳父の池田潔・慶大教授からこんな話を聞いた、と『東京倶楽部物語』に綴っている。*6

「不遇のころの吉田さんは、しょっちゅう倶楽部に来ては玉突きをやっていたそうです。羽織袴にたすき掛けで『池田君、一本やろう』と誘うのですが、あまり上手ではなかったようで、負け続ける。それでも、もう一本、もう一本とキリがないので、閉口した池田が『今晩は食事の約束があるので、これで失礼します』と嘘をつくと、吉田さんは『おーい、ボーイ』と声をかけ『池田さんが今晩の食事をお断りになるそうだから』と言って、ニヤッと笑って『もう一本』」

吉田がビリヤードに耽ったこの頃より数年前、一九三二年に来日したグルー駐日米大使も東京倶楽部をオアシスのように感じていた外交官のひとりだった。彼はその公的立場から一会員として楽しむに止まらず、倶楽部の運営に誠心誠意尽力したことを『東京倶楽部物語』は記録している。*7

一九三二年六月、東京に着任したグルー大使は、太平洋戦争開戦後に交換船で帰国するまで日米開戦回避に尽力、その後も知日派として日本のために協力を惜しまなかった。東京倶楽部でも副総裁を務めるなど、活動には不便な時代にもかかわらず倶楽部運営に力を注いだ。

戦時中に『滞日十年』*8を著しており、それによると着任早々、東京倶楽部を訪れていたことがわかる。

「一九三二年六月十五日（昭和七年）

ドイツ大使はいないから、リンドレイが魚釣旅行から帰って来たら訪問する。それで私の公式大使館めぐりは終るのだが、まだ公使と代理公使を招待し、それから彼等を訪問しなくてはならぬ。ソ連と米国以外に外交使節団は三十二あるので、私は合計六十四回の訪問をする義務があり、しかもその一つ一つについてあらかじめ打合せ、自分自身が行くのである。残酷な刑罰とはこのことだろう。

大使というものは、このように、額に汗して仕事にとりかゝるのである。今日一日中で唯一の幕間は、昼食前東京倶楽部でネヴィル、大使館を建てた建築会社のレイモンド、それから倶楽部の会計主任秋元の三人と一緒にのんだコクテル一杯である。仕事がいつまでもこんなに多いものとすれば、私は毎日コクテルを必要とするだろう」

しかし、このような東京倶楽部も排外的なムードを強めつつあった一般世間からは、必ずしも好意の目ばかりで見られてはいなかったようで、一九二八年（昭和三年）八月刊行の都新聞経済部編『倶楽部めぐり』は以下のように書いていると、『東京倶楽部物語』に紹介されている。*9

「東京倶楽部は日本に居る外国人と、外国かぶれをした金持ちの坊っちゃん達や、華族の若殿ばらの集まつてゐる倶楽部である、それだけに総てが外国式で一寸行つて見ても日本に居る様な感じがしない」

「これが本当の倶楽部だと威張つてる」という見出しで始まる書き出しから、偏見と揶揄に充ちている。英語英文を使用していることに対しても、強烈に攻撃している。

「別に何と云ふ大した理由がある訳ではないがお互いに日本人同士であり、日本人同士が日本国土内に於いて、日本人を相手に商売しているのに、殊更に外国語を使ふ必要がないではないか、或は外国人が加入しているからといふ理由もあるか知らぬが、我国は今世界三大強国の一員だ、苟くも日本へ来る程の外国人は、日本語のカタコト位稽古して来るがいゝ、外国偏重も大概にして呉れないと、『日本魂』が胸の奥底の方でムヅムヅする」

「我が国は今世界三大強国の一員」、とは何が基準なのか、今更目くじらを立てるつもりはないが、「東京倶楽部」批判の筆はさらにトーンを高めて――

「之れを裏から覗くと、要するに家庭苦から解放された男性同士の遊び場所だ。英国人だからとて、徹頭徹尾女尊男卑と云う訳ではなく、家庭になどあつては随分――オットその辺に感情を害す人があつては困るが――女房をひつぱたいたりなんかするのがある〔略〕

先進国だの、文明国だのと言つても西洋なんちゅうところは、案外開けていない、日本ならちょいと出れば『待合』と云ううまいかくれ場所があるが、それが英吉利などへ行くと倫敦だなぞと偉そうなことを言つても、私娼窟以外には男子のかくれ場所がないのだ、そこで考へ出したのが此クラブと云う奴である。従って此処だけは男子の独壇場で一切女性は入ることを禁止している」

なんとも上品とは言い難い表現にあふれ、当時の記者の平均的な知的水準と筆力の所業とは考えたくないが、これも排外主義がますます強まっていく時代の、日本社会の一般的雰囲気を表した文章と受け止めるべきなのであろうか。

ゾルゲも「東京倶楽部」会員だった

話はニューマンと『グッバイ・ジャパン』からかなり横道にそれたが、この辺で記者とスパイの周辺に話を戻す。

本稿執筆に当たり、許可を得てこの「東京倶楽部」の当時の会員名簿を調べ「リヒャルト・ゾルゲ」の名を見つけて驚いた。そこにはこう書かれている。

「Sorge, Dr. Richard　麻布、永坂町 三〇 30, Nagasakamachi, Azabu　Akasaka (48) 1018 」

日本人、外国人を平等に扱うこのクラブでは、会員名簿もすべて日本語と英語が併用[*10]されており、末尾の「Akasaka」以下は電話番号。スパイ・ゾルゲその人である。会員だったのはゾルゲが一九三八年以来、逮捕される一九四一年一〇月まで。ニューマンが東京倶楽部会員だったのは一九四一年四月から離日までのわずか半年ではあったが……。

この記録から見てニューマンが渋沢のお膳立てによって四一年初めにワシントン赴任直前の野村大使にこの東京倶楽部で行った単独会見は、ニューマンがゲストとして招かれてのものだった。そして、同年十月半ばに離日するまでの半年間はメンバーの立場で重要な情報交換や会見の場として活用した。ただ、ニューマンが同じ外国人特派員仲間と認識していたはずのゾルゲには、直接接触したことはなかったという。また、ニューマンの後見人のような立場をとっていた渋沢正雄は九州・八幡を仕事の本拠地としたためか、また東京では日本工業クラブを主たる足場に使ったためか、東京倶楽部の会員名簿ではなぜか会員候補（candidates）の欄にその名が残っているだけである。

注目のゾルゲについて『東京倶楽部物語』は短行だが次のように言及している。*11

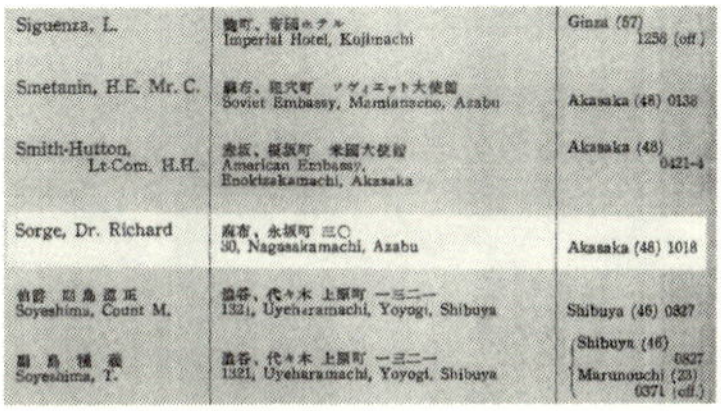

Siguenza, L.	麹町、帝國ホテル Imperial Hotel, Kojimachi	Ginza (57) 1256 (off.)
Smetanin, H.E. Mr. C.	麻布、狸穴町 ソヴィエット大使館 Soviet Embassy, Mamianacho, Azabu	Akasaka (48) 0136
Smith-Hutton, Lt-Com. H.H.	赤坂、榎坂町 米國大使館 American Embassy, Enokizakamachi, Akasaka	Akasaka (48) 0421-4
Sorge, Dr. Richard	麻布、永坂町 三〇 30, Nagasakamachi, Azabu	Akasaka (48) 1018
伯爵 副島道正 Soyeshima, Count M.	澁谷、代々木 上原町 一三二一 1321, Uyeharamachi, Yoyogi, Shibuya	Shibuya (46) 0827
Soyeshima, T.	澁谷、代々木 上原町 一三二一 1321, Uyeharamachi, Yoyogi, Shibuya	Shibuya (46) 0827 Marunouchi (23) 0371 (off.)

ゾルゲの氏名・住所が記載されている「東京倶楽部」の会員名簿

リヒアルト・ゾルゲ。太平洋戦争直前、近衛文麿のブレーンだった尾崎秀実らとともにソ連のスパイとして日本の対ソ侵略防止のため情報収集にあたり、尾崎らとともに逮捕、起訴され、二人とも死刑判決を受け、四四年に処刑された。

ドイツ共産党のメンバーだったゾルゲは一九三三年、フランクフルター・ツァイトゥンク紙の特派員として来日、ドイツ大使館の信頼を得てスパイ活動に従事した。彼は京浜ドイツクラブに入会し、バーや図書館を大いに利用したというが、「ヨーロッパ語で書かれた日本関係の書物がもっともよくそろっていた東京クラブの会員にもなった」（『ゾルゲ追跡』）[*12]という。

東京倶楽部の目的の一つが「内外ノ図書新聞紙並ニ雑誌類ヲ蒐集シ之ヲ縦覧ニ供スルコト」であり、とりわけ洋書類が充実していたことで定評があった。ゾルゲの入会の動機がその図書室に籠もっては外国語の新聞や雑誌を読むことだけにあったとは考えにくいが、彼の入会の経緯や倶楽部内でどんな人たちと会話を交わしたかは明かではない。

ゾルゲのことはともかく、自由な論議と情報交換の場として発展したこの東京倶楽部も、昭和の時代が進むにつれて次第に戦争と抑圧の被害を受けるようになり、「不幸な時代の幕開け」[*13]となる。特に一九四〇年代を迎え、対英米戦争の体制が強化され始めると、「東京クラブに出入りする者は親英米の傾向があるというので、憲兵や特高警察が注目するようになった。そしてクラブの従業員の中にまで密偵が潜入し、クラブの中のバーに隠しマイクが仕掛けられたりしていた」[*14]

スパイ容疑で逮捕されたセクレタリー

ニューマンと同じように、日米開戦まで東京の英字通信社「ジャパン・ニュース」で取材していた女性記者フィリス・アーゴールは、太平洋戦争中の一九四一年にニューヨークで『敵国での捕虜生活』を著した。その中から『東京倶楽部物語』に引用された、東京倶楽部に対する軍部の圧力が日増しに強くなる「不幸な時代」の部分を以下に紹介する。[*15]

ゾルゲ事件の内偵は別にしても、特高や憲兵が東京倶楽部を目の敵にしたのには、それなりの理由があった。徐々に総力戦体制がとられ、言論の自由が封殺される中で、政府高官や外国大公使が出入りする東京倶楽部は一種の治外法権的な存在になっていたのである。

アーゴール女史も、それを認めている。

「東京倶楽部には日本国中で、唯一ヶ所、此所だけに言論の自由があって、それは永年に亘って行われ、今やその最後の場所として残っている。そしてこの誉れ高き伝統は、ずうっと維持されて来ていたのである。

会員は、倶楽部に一歩足をふみ入れれば、外部との交渉は一切無くなり、憲兵であれ、警官であれ、立ち入りまかりならぬ。規則はまことに厳重であった。〔略〕

斯様にして東京倶楽部は一つの不可侵的な存在であった。ある日英国籍会員でセクレタリーの職にあったJ・L・グラハム氏は、調査に目をひからしていた憲兵に構内から立ち退く様怒鳴り散らしたとのことであった」

この一件が禍いしたか否かは定かではないが、特高が東京倶楽部に対してついに実力行使に及び、クラブ幹部を「スパイ容疑」で逮捕する。その衝撃を『東京倶楽部物語』はこう記録している。[*16]

憲兵をどなりつけたグラハムが一九四一年春本国に帰ったあと、オノラリー・セクレタリー（名誉書記）に選ばれたJ・D・メイソンが、半年後の九月、突然スパイ行為の疑いで逮捕されたのである。捜査当局がスパイ行為の証拠としたのは彼の自宅にあったかつらや口ひげ、眼鏡や衣類だったという。スパイの変装用小道具とされたわけだが、これらは彼の所属する素人演劇団体が芝居に使うもので、彼が保管していたものだった。

これだけでも彼の無実は明らかなはずだが、当局は東京倶楽部の内情を把握できないことに苛立ち、名誉書記であるメイソンを逮捕して情報を得ようとしたものだったらしい。半年後、彼の否定にもかかわらず裁判では禁固三年の判決が下った。だが、友人その他の減刑嘆願の結果、投獄は免れ自宅軟禁となった。その後、実情が明らかになりスパイ容疑は却下されたが、それまで自宅周辺には警官が配置され、外出はおろか面会も連絡も禁止されたと伝えられる。

皇族から政財界有力者がメンバーに名を連ねる「東京倶楽部」でこのありさまだから、外国特派員グループへの憲兵隊、特高の圧力、弾圧はずっと以前から始まり、日を追ってすさまじさを増していた。

ロイター東京支局長の取調中の自殺

中でも一九四〇年七月末の英ロイター通信・コックス[7]東京支局長の「自殺」は特派員達に深刻な

ショックを与えた。世界を驚かせたこの事件を「朝日新聞」がどう伝えたか、その日の紙面に加え、ニューマンが語った東京の外国人特派員らの反応、それに戦後に明らかにされた日本の官憲による「コックス自殺事件」の顛末をここに記録しておこう。

「ロイテル（英国）の特派員／取調中飛降自殺／免れられぬ罪を観念」（「東京朝日新聞」昭和一五年七月三〇日付朝刊、三本見出し・四段）

［陸軍省、司法省二十九日午後八時発表］諜報行為被疑者として東京憲兵隊に検挙せられたる英国「ロイテル」（ルーター）通信員「コックス」は七月二十九日午後二時五分監視憲兵の制止を排除し取調室たる東京憲兵隊本部の三階より飛降自殺を企て午後三時四十六分絶命せり、尚次の如き内容の本人の妻女に宛てたる遺書を発見したり

【遺書】家賃の件に関しロイテルに会ひなさい、預金の残額とロンドンの株券につき香港銀行を尋ね下さい、私は最善の道をとります、お前は常に私の只一人の恋人であつた、私はこゝで良きもてなしを受けた、併し事の成行に就ては最早疑ふ余地もない

本人は取調の進捗と家宅捜索の結果陸海軍に関する軍事上の重要機密事項を発見せられ罪の免れざるを覚悟したるものの如し

〈解説〉

「親日を装ひ暗躍／留日八年のコックス」（二本見出し・三段）

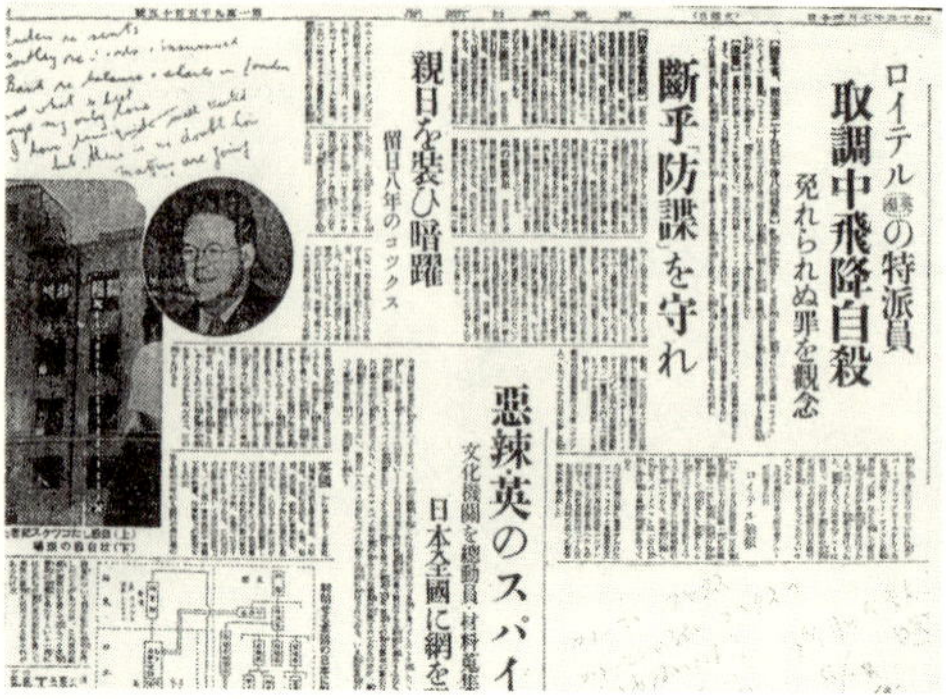

「コックス・ロイター通信東京支局長自殺」を報じた「朝日新聞」紙面（1940年7月30日付朝刊）。左上に遺書と自殺現場の写真が掲載されている。

エム・ジエー・コツクス（五六）は一八八四年十二月二十二日英国ケント州レデーヴイルで生れ、ロンドンのマーザー・スクールを卒業、一九〇一年ロイテル通信社に入社経済部の記者として約五年間勤務してゐた、七年印度ボンベイ支局副支配人として派遣され更に一九一〇年から翌一一年までの一ケ年間は印度セイロン島支配人となり一二年上海通信局及び経済部支配人となつた〔略〕

一九三三年十二月十日来朝して神奈川県茅ヶ崎菱沼新井別荘に妻のベルギー人アニー・ゴリス〔略〕と住んで京橋区銀座西七ノ一電通ビル内七十二号室をロイテル通信事務所として通勤してゐた

数年前自動車事故で先妻（ロシア人）を失つてから日本に対し悪感情を懐く様になつたといはれ某デパートでショップガールをしてゐた現在の妻アニー・ゴリスと結婚表面は〝古楠〟などと称して親日を装つてゐたが事変勃発後はさかんにスパイとして暗躍を続けてゐた、検挙されて以来妻のアニーは毎日二、三回は必ず憲兵隊の玄関に現はれその都度流暢な日本語で憲兵隊員と語り合つてゐたといはれてゐる

なほ死骸は午後七時半妻アニーに引渡された

〈関連原稿〉

「ロイテル狼狽」（一本・ベタ）

［ロンドン二十九日発同盟］日本検察当局が二十七日全国一斉に外国諜報網の一部を検挙し諜報行為被疑者として在留英人を逮捕したとの報は二十九日付英国各紙によつて大々的に報道せられ同国朝野の注意を惹いてゐる、同事件に関し外務省スポークスマンは一切の批評を避け専ら事態の判明を待つてゐる

なほ東京憲兵隊に検挙せられたコックス・ロイテル通信東京支局長自殺の報は同通信ロンドン本社に甚大な衝撃を与へたものの如く、同社首脳部は二十九日右報道接受と同時に直ちに善後策協議を開始した

この日の「東京朝日新聞」は「コックス自殺」とは別に、同ページ右肩トップ扱いで「外人スパイ一斉検挙」という五段抜き見出しで、関連記事を掲載している。

コックスとニューマン、ヴケリッチの関係

私はニューマンへのインタビューで、このニュースを初めて耳にした時のことを覚えているか、その時の外国特派員たちの空気はどうだったか、と聞いた。ニューマンは次のように答えた。*17

「はっきりとは覚えていないが、多くの外国新聞社、通信社が支局を置いていた同盟通信ビルにいた特派員たちの間にたちまちのうちに第一報が伝わったと思う。私自身はコックスが死んだ後、彼が使っていた部屋で仕事をすることになった。というのは、私の友人だったリチャード・テネリーがコックスの後を引き継いでロイター特派員となり、彼と私がそのオフィスをシェアすることにしたからだ〔略〕」

「その時、世界中にコックス死亡のニュースが流されたが、真相は依然として謎。自殺と発表され、そのまま報道されたが、東京の特派員たちは皆疑っていた。それぞれがすでに日本の官憲の圧力を感じていたから」

——英国政府は日本政府に抗議したが、答えは「自殺」の一点張り。

「とにかく特派員たちにとっては最悪の出来事だった」

ニューマンらが「圧力」と感じた「日本の官憲」側の公式記録、検挙した当事者の貴重な証言を『昭和憲兵史』*18からさわりの一部を紹介する。著者の大谷敬二郎はスパイ検挙の総指揮を執った当時の東京憲兵隊特高課長で、コックス「自殺」の決定的瞬間とその前後の騒動の生々しい記録である。

事件の捜査指揮は、外事主任の野村少佐があたっていたが、外国人に対する捜査であるから、その処遇には特に慎重にし、食事はすべて差入れを許し、その起居も能《あた》う限り穏やかにした。だが、その取調にはいささかも手心を加えることなく、その罪状容疑はきびしく追及した。特にジェームス・コックスは、在京外国通信記者仲間では腕利きの記者で、英国大使クレーギーの手先、ドイツのゾルゲ記者（ゾルゲ事件の首魁）とも親交があり、日本軍の編成装備、作戦状況、海軍艦艇の動静などを探知していた容疑、容疑といっても、彼はこれら収集した情報で、クレーギーに提報したものを、コピーにしておいたが、そのコピーは憲兵がすでに入手していたので、犯罪は、間違いない事実だった。だから、コックスはこの場合、もっとも重要な被疑者だったわけである。

前記「朝日新聞」が報じた通り、その重要な被疑者コックスが三階の取調室から飛び降り自殺したというので、さすがの大谷・特高課長も頭を抱える。その時の取調室の模様を大谷はこう描写している。

当時は、一階の調室が不足だったので、時々は三階の空室を取調室に代用していた。そこは、将校食堂入口の右側の室で、外側の窓は裏庭に面していた。

暑い夏の日のこととて、室の窓は全開されていた。しかもその開け方はガラス戸をすっかり上にあげて窓の下半部を開放していたのだ。これが間違いのもとだった。中央に四角な机があり、窓際には窓を背にして監視憲兵が椅子によっていた。その日は根本少尉の午前中の取調を終ってから、この調室で昼食をとらせた。食習慣の違う外国人のこととて逮捕以来、毎日夫人の心尽くしの弁当が差入れられていた。この時もコックスは夫人の丹精になる食事を、さもおいしそうに、すっかり平げてしまった。そしていつもの通り食後の運動に、中央の机のまわりを歩き廻っていた。いつものことなので、監視の憲兵は別に気にも止めていない。彼はフト立止まると机の上に残っていた水のみコップをとり上げ、一口のみ下した。それから、これも机上においてあったチェリーの函から、その一本を抜き取って火をつけた。さもおいしそうに、ゆっくりと煙を吐いた。煙草を口にくわえたまま、また歩き出した。そして監視憲兵の前までくると、すばやく窓に足をかけ、これに飛び移った。監視憲兵が、ハッと感じて彼の足に手をかけたときは、彼の二十数貫の巨体は、すでにその重心が下降していた。彼は足をけってとび降りた。一瞬の出来事だった。

この報告にある通り、取調室は監視憲兵とコックスの二人きりだったから、大谷も現場に立ち会ったわけではない。ただ、憲兵隊にとってもあとあと問題となる場面なので、監視憲兵からの詳細な報告に基いて、見てきたように描いたのだろう。

その決定的瞬間に取調室周辺はどうだったのか。大谷が後に著した『憲兵秘録』[*19]では、公式報告とはひと味違った筆致で——。

ぼんやりと窓の外を見ていた。すると、外が騒々しいように思えた。高い人声も聞いたようだ。なにかあったのかなと思ったが、その騒音もまもなく鎮まった。

私はものうい気分ながら、書類挾みの一つをとり上げた。それは、外事班から提出されている司法書類だった。一週間前に検挙した〔コックスら〕英人二名の尋問調書である。

その一頁を見ていると、バタバタと、廊下に大きな足音が聞こえる。ふと、入り口の方へ眼をやると、外事班長の野村大尉が、衝立《ついたて》の横からあわただしく入ってきた。

「課長、コックスが三階の窓から後庭に飛び降りました」

「なに！　コックスが――」

「死んだか、まだ生きているか」

「医務室に運び込んで、軍医にカンフル注射をしてもらいましたが、虫の息であります」

「まことに申し訳ないことをしました」

二人の間に、しばらく沈黙がつづいた。つい先刻の、あの騒音がそうだったのか、つまらぬ事故を起こしたものだ、と私は思った。

「自殺の原因に、なにか思いあたることはないか」

「取調主任者に聞いても、自殺原因について思いあたるフシはないといいます」

「監視者はいたか」

「鎌田軍曹が、ずっと監視中でありました」

「よし！　できたことはしかたがない。ともかく、手当を十分につくし、極力助けるように努力することだ。それから、自殺原因について、すみやかに、はっきりしたものをつかめ！　僕もあとからゆく――」

と追っかけるように私は言った。

野村大尉は急いで引き返したが、さて、私はこれをどうしようかと思った。いままでのものうい気分は一ぺんにふっとんでしまった。

コックス自殺事件で、即座に大谷の頭を過ぎった心配事は。また彼の公式報告の方に戻ると[*20]——

さて、重要な被疑者の自殺で、この捜査も挫折した。だが、それよりも重大なことは、これが外交問題に発展することの危険であった。すでに、イギリスは日本に対して報復措置をとっている。横浜総領事は憲兵隊に不満を示している。下手をすれば〝いいがかり〟をつけられるかもしれない。憲兵隊が強権であることには、よかれあしかれ定評がある。憲兵隊は閉鎖的で秘密の場とされている。だから、〝憲兵隊がスパイを殺したのではないか〟といった疑問を抱く人もないとはいえない。これが外交上のトラブルとなれば、喧嘩両成敗で、事はウヤムヤにされ、汚名をうけるのは憲兵となる。当時、わたしの一番おそれたのはこれだった。

憲兵隊がコックスを殺したのでは、との疑惑を招くのでは、という大谷の懸念は的を射ていた。「自殺と発表されたが、東京の特派員たちは皆疑っていた」——私のインタビューに答えたニューマンのコメントがそれを如実に物語る。そんな大谷に救いとなったのは、間もなく部下から入った「遺書発見」の報告だった。[*21]

「憲兵隊では、よい取扱いをうけた、ぼくは、もうダメだ」

彼の妻に与えた遺書だった。その日の昼、いつも通り愛妻手作りの弁当を食べた彼はその弁当につけてあった一枚の反古紙《ほごし》（それは同盟通信の七月始めの記事）に、いたずら書きでもするように書きつけ、これをまるめてポケットにしまい込んだのであった。だが、この遺書によって、彼の覚悟の自殺であったことはわかったが、では、彼を覚悟の自殺に追いやったものは何か、彼をして〝もうダメだ〟とわが身を始末することを余儀なくせしめたのは何だったのか、これは永久に謎である。

大谷報告によると、コックス事件発生後すぐに横浜英国総領事はイギリス人医師を伴って憲兵隊の死のベッドを訪ね、拷問の痕はないか、などを詳しく調べた後、事件の状況を詳しく聞く。そして、コックスの屍体受領書に署名を求められた総領事がどう出るか、緊迫の場面はこう記されている。*22

受領書

一．ジェームス・M・コックスの屍体

右は昭和十五年七月三十一日午後零時三十分頃、自殺の意思を以て、憲兵司令部庁舎三階より、構内裏庭に飛び降り重態に陥り、同日午後三時十二分、同隊医務室において死亡したるものなり

右受領候也

七月三十一日

英国総領事

東京憲兵隊長殿

総領事は、ごく気軽に書面を読んでいた。彼は十分日本語がわかるのだった。読み終わると、オー・ケーといって、所持の万年筆で署名した。至極あっさりしたものであった。見ていた私は、ホッとした。これで日英のトラブルはありようはない。もし万一、イギリスが問題をむしかえしてきても、この受領書が一枚あれば、もはや問題とはならない。この受領書には、わざわざコックスの死亡原因は自殺によると、はっきり書かれているからである。公人たる総領事がこれを認めて署名している以上、憲兵隊に因縁をつけてくる何ものもない。

一件落着に胸を撫で下ろした大谷は、この報告を次のように締めくくっている。[*23]

われわれは、特にこの事件を排英のためにとり上げたわけではなかったが、たまたまコックスの自殺によって、内外に対して、大きくこれを取り上げるような形になってしまった。それは、国民の防諜思想の喚起と、英人スパイの国内活動を宣伝したことによって、おのずと排英風潮の推進に一役買ってしまったということである。

以上、本節での「コックス事件の顛末」は、圧倒的に日本の官憲の「公式発表」あるいは「一方的報告」を拠り所とした一面的なものになったことをお断わりしておく。それは、コックスが自殺したことによって、彼自身の証言を聞くことが不可能となったことが原因である。ただ、この遺書は本物の可能性が高いと感じられ、もしそうだったとすれば、自らの決断と行動で自らの口を封ずる、というその行動は、正にプロ・スパイの掟を守った所作であろう。この点については後の節であらためて検証する。

ここで最近になって新たに判明した注目すべき事実を付け加えなければならない。と言うのは、ゾルゲ・グループが得た機密情報をニューマンに流し続けたブランコ・ド・ヴケリッチは生前のコックスと極めて親密で、家族ぐるみの付き合いが続いていたという。これは現在豪州在住のヴケリッチの子息（ヴケリッチ最初の夫人エディット＝デンマーク人＝との間の長男）、ポール・ヴケリッチが二〇〇八年三月に東京で会見し、「父はコックスと親密だったことから、私自身が母親と共に日米開戦前夜に日本を脱出（一九四一年九月末）する直前までコックス未亡人のお宅に世話になった」と語ったのだ。

となると、ヴケリッチはゾルゲ・グループの貴重な情報をニューマンに流す前にはコックスにリークしていた可能性もある。というのは、コックスはニューマンより滞日期間も長く、ニューマンがヴケリッチから重要な機密情報を受け取り始めたのはせいぜい一九四一年春ごろからだったと、私とのインタビューでニューマン自身が明らかにしているからだ。だとすれば、ニューマンがコックスから引き継いだのはオフィスのみならず、ゾルゲ・グループ情報の受け皿の役割も引き継いだ、ということか。もしそうだとすれば、コックス自殺事件のあと、特高は返す刀でニューマンへの監視を強め、ついに逮捕状へ、と展開したこともうなずける。

ただ、ゾルゲ・グループが一斉逮捕されるのはコックス自殺から一年以上が経過してからであり、コックスをスパイ容疑で逮捕した段階でゾルゲ・グループとの関係が問題になっていたとは考えにくい。また、逮捕された人間が取調べに対してどこまで真相を語るかもまた別問題である。一方、ニューマンへの逮捕状が出たのはゾルゲ・グループ検挙の時期と相前後していることから見ても、ゾルゲ・グループとの関係に嫌疑がかけられた可能性はある。*24

外事警察の活動実態

ここで、当時の外事警察の異様な防諜活動、その考え方を記録した公式記録『外事月報』が一九九四年になって復刻され、その冒頭に、現在の視点からの注目すべき「解説」が寄せられている。そこには何と特高から逮捕状まで出ていたニューマンのコメントが引用されているので、少し長くなるが、以下に紹介する。*25

『外事月報』復刻版、第一巻（昭和十三年八月—十二月）冒頭の解説

「はじめに」

『ニューヨーク・ヘラルド・トリビューン』東京特派員などとして、一九三七年から四一年まで東京で取材活動を続けたジョセフ・ニューマンは四二年に著わした『グッバイ・ジャパン』のなかで、自らに迫る日本官憲の諜報組織の活動を、つぎのように活写している。

特高は面倒だった。彼らはわれわれが仕事をはなれている夜に机を調べ、昼間留守にしている間に家捜しした。電話はオフィスでも家でも盗聴されていた。ある日家に戻ると、台所の床が剥がさ

れ板が乱暴に取り替えられていた。／ホテルのロビー、バー、その他公衆の場所などあちこちに配置された、眠そうな感じの特高は、外国人はすべてスパイである、そうでなければ日本にいないはずだ、という論理で動いた。

言うまでもなく、これはニューマンと私との共著『グッバイ・ジャパン』からの引用である。日本の警察当局の公式記録の解説の、そのまた書き出しに使われたのは光栄でもあり、苦笑ものでもある。私ごとはさておき、日米開戦直前の日本の警察の防諜体制、秘密主義についての、間違いなく貴重な記録である。

当時、ニューマンら外国特派員にたえず監視の眼を注いだのは、警視庁特高部外事課の警察官ないしは所轄警察署の特高外事係の警察官だったが、広義にはニューマンのいうように「特高」に属し、そのなかでは外事警察という担当領域だった。このような視察内偵の結果得られた有力な情報は、内部資料として編纂される。歴史の専門家の間ではこれまで外事警察の基本資料として警保局編の『外事警察概況』という年報が利用されてきたが、その母体となった『外事月報』が存在していたことは、十分な注目を引いてこなかった。その理由は以下のように解説されている。

その理由の一つは『特高月報』と比べても、『外事月報』の原本の所蔵がきわめて限られていたことにある。さらにその理由を推測すれば、外事警察の権力の行使による戦時中の欧米人の検挙と抑留や捕虜の使役について詳細に記載した『外事月報』は、敗戦後と一〇・四の特高「解体」の前後、欧米人の虐待という責任追及を恐れた当局によって、何よりも優先的に焼却処分されたがゆえにであろう。

この解説によれば、『外事月報』の紙面での報告の七、八割は「外国人並関係邦人の動静及取締状況」が占め、積極防諜こそがその使命とされた。スパイの発見・検挙を第一義とするために、スパイの潜伏・謀略に疑心暗鬼となり、ドイツ・イタリア人を含め、すべての外国人と「関係邦人」を視察取締の対象とするようになったという。そして、「解説」は外事警察の監視と取締の論理の特徴は二つ、と以下のように締めくくる。

その第一は、強烈な排外性である。ジョセフ・ニューマンが鋭く感得するように「外国人はすべてスパイである」という偏見と予断が外事警察の根底にあり、共産主義はいうまでもなく、民主主義も自由主義も、敵性思想であり、諜報謀略の母体や温床となるという判断により、排除・否定される。

もう一つは、外事警察の特高化、いいかえれば国民の思想統制に関わる外事警察的抑圧取締の増大ということである。外事警察は第一義的には日本国外からの「敵性作用」に対抗するものであるが、一五年戦争期[*26]の終盤段階ではその矛先は内に向かい、国民全般の生活と思想の監視と抑圧に主力を投入することになった。ジョセフ・ニューマンの先の言い分にならえば、「日本人はすべてスパイの潜在的可能性がある」という脅迫観念に捉われて、防諜を大義名分とする国民の総監視体制が構築された。

かくのごとく当時の外事警察の行動、数千万の国民全体をスパイ防止の対象にしたその姿勢は、いまにして思えば「狂気の沙汰」なのだが、国民の多くがそれに気付かぬほど追い詰められていたのか、恐怖による沈黙を強いられたのか。その異常な防諜体制の下でニューマンら外国人特派員は原稿を送り続けたのである。

＊1 『樺山愛輔翁』、国際文化会館、一九五五年（非売品）、一一五ページ
＊2 東京倶楽部編『東京倶楽部物語――ジェントルマンの一二〇年』、東京倶楽部、二〇〇四年
＊3 『東京倶楽部物語』一二〇－一二一ページ
＊4 フランシス・ピゴット『絶たれたきずな――日英外交六〇年』、長谷川才次訳、時事通信社、一九五九年
＊5 東京慈恵会医科大学編『樋口一成伝』、慈恵大学、一九七六年
＊6 『東京倶楽部物語』一三二－一三三ページ
＊7 『東京倶楽部物語』一二七－一二八ページ
＊8 ジョセフ・グルー『滞日十年』、毎日新聞社、一九四八年。戦時中に執筆、戦後に翻訳出版となったようだ。
＊9 『東京倶楽部物語』一二三－一二四ページ
＊10 『東京倶楽部物語』はこのクラブの設立趣旨に沿って和洋平等の編集・制作に徹している。中身は日本語

とその対訳英語の部分に真っ二つに分かれ、表紙も『東京倶楽部物語――ジェントルマンの一二〇年』と『THE TOKYO CLUB - THE FIRST 120 YEARS』と前後に二つあり、ページ数も前後双方からそれぞれに打たれたユニークなスタイルの書籍である。

＊11 『東京倶楽部物語』一三八―一四〇ページ

＊12 F・W・ディーキン、G・R・ストーリー『ゾルゲ追跡』（上）（下）、河合秀和訳、岩波書店、二〇〇三年。原本は『ゾルゲ追跡――リヒアルト・ゾルゲの時代と生涯』、筑摩書房、一九六七年

＊13 『東京倶楽部物語』一二〇ページ

＊14 『東京倶楽部物語』一四〇ページ

＊15 『東京倶楽部物語』一四一―一四二ページ

＊16 『東京倶楽部物語』一四三ページ

＊17 『グッバイ・ジャパン』、二九八ページ

＊18 大谷敬二郎『昭和憲兵史』、みすず書房、一九六六年、三九三―三九五ページ

＊19 大谷敬二郎『憲兵秘録』、原書房、一九六八年、八七―八八ページ

＊20 『昭和憲兵史』三九三ページ

＊21 『昭和憲兵史』三九四ページ

＊22 『昭和憲兵史』三九六ページ

＊23 『憲兵秘録』九六ページ

＊24 コックスの自殺は一九四〇年七月二九日、ゾルゲ、尾崎らゾルゲ・グループの主要メンバー逮捕は翌年

四一年一〇月一〇日～一八日、そしてニューマンに逮捕状が執行されそうになったのは、彼が横浜港を出港した一〇月一五日、とされる。

＊25 内務省警保局編『外事月報』復刻版、第一巻（昭和十三年八月－十二月）、不二出版、一九九四年。全一一巻シリーズの第一巻で、三一－三二ページに荻野富士夫・小樽商科大学教授の「解説」が掲載されている。同じ解説が『特高警察関係資料解説』、不二出版、一九九五年、三一四－三二九ページにも掲載されている。

＊26 一九三一年の満州事変から一九四五年の敗戦までの約一五年間の戦争を「一五年戦争」と呼ぶ。

謎・その5　ハワイ休暇の奇蹟

「太平洋戦争」の開戦前夜、米紙東京特派員として活躍し、スパイの疑いをもたれながらも、真珠湾攻撃の前に横浜港を後にしたジョセフ・ニューマンの奇蹟を追い続けてきた。疑問が新たな疑問を呼び、多くの証拠資料を調べたが、日米開戦後すでに約七〇年という時間の壁にはばまれて追求し切れぬことも少なくなかった。そうした数々の疑問のなかでも、「ハワイ休暇」を半ばで取り止めて「真珠湾攻撃」二日前にホノルルからニューヨークへ、というニューマンの動きは「小説より奇なり」の「奇」の域を超えているのではないか。

日米開戦五〇日前の一九四一年一〇月一五日、ニューマンは日本政府が用意した引き揚げ船の一つ「龍田丸」に乗って「ハワイ休暇」に出かけたというのだが、世界中が緊迫したこの時期に、油の乗った若い特派員がなぜ大切な持ち場、東京を離れたのか、彼は本当に日本に戻って来る予定であったのだろうか。

「ハワイ休暇の謎」を追いかけるにあたって、やはりニューマンが生涯の恩人とした渋沢正雄・元日本製鉄副社長の「小さな手帳」にそのカギを求めることになる。その「日本製鉄」(現「新日本製鉄」)の社員手帳の表紙カバーには「太平洋戦争」開戦前夜にあたった「昭和十六年(一九四一年)(上)」というタイトルが渋沢の肉筆で記されている。

私がニューマンとその著『Goodbye JAPAN』に初めて米ワシントンDCで遭遇した一九八七年五月、ニューマンがこの著作の日本語復刻版を出版する第一の条件に挙げ、帰国後の私に求めたのが、恩人・渋沢の死因をはじめ「日米開戦後の渋沢」について、遺族らの証言をとることだった。この宿題を解くべく、私が帰国してからはじめて会った「東京のニューマン」の目撃者が、その渋沢正雄の次女、鮫島純子さん、そして半世紀以上も前の渋沢・ニューマン交流の貴重な物証がこの手帳なのである。

ただし、私にとって謎解きのバイブルのようなこの手帳、渋沢の鉛筆による細密画のようで消え入りそうな文字を何とか解読することによって、疑問が一つまた一つ解消されていくのと並行して、次から次へと新たな疑問が湧き出てくる「悪魔の泉」のような代物なのである。

『Goodbye JAPAN』原版の表紙・裏表紙

忘れもしない。この手帳の中に「8 Newman」の小さなメモ書きを発見したときの興奮――〝あった〟、ついに「ニューマン物語」の入り口を見つけた時のことだ。ニューマンが渋沢の手引きによって太平洋を渡って横浜港に着き、渋沢家の敷地内に建てられた外国人向けの宿舎「インターナショナル・ハウス」(東京・豊島区)の住民第一号として入居する。ニューマンは、渋沢が自らの英会話レッスンと米国の若者の意見に耳を傾けるためにと、しばしば「朝八時の朝食」に招かれた。そして、ニューマン自らにとっても日本の政治経済情勢を学び、取材先の紹介を受けるなど、日本での生活を実のあるものにするために大変貴重な場であった、と初対面のときにその想い出を私に話した。そのことが渋沢の肉筆によって裏付けられたのである。この手帳の半年間に、「朝八時」以外のメモも含めてニューマンとの会合の痕跡が前後八カ所に記されている。

手帳に残された秘密

ただ、その渋沢の肉筆が解読に骨が折れることもあって、はじめはこの「8 Newman」だけに目を奪われ、他のメモの価値に気づかなかった。ところがその後も、この手帳を開くたびに貴重な記録を新たに発見して驚くことになる。渋沢が警察に呼ばれたことを示す、ただ「警察署」の三文字（一月三一日）、さらに「8 Newman」のすぐわきに「(日ソ中立条約)」というメモも（四月一三日）。メモの内容は九割以上が時刻、場所、人名、つまり会合予定で占められており、国際的事件に関するメモはこれ一件のみだから、よほど何かわけがあったのだろう、と推測をめぐらした。

一月三一日の「警察署」のメモには時刻も場所も説明は一切ない。いかにもオフレコの臭いふんぷんの、問題の記述である。ただ、鮫島純子さんから「当時父が警察に呼ばれたことが新聞に出た。母がそのことを心配して私に手紙を寄越したことがありました」との証言をすでに得ていたことから、「これだ、警察呼び出しの証拠と日付が確認できた」とあらためて快哉を叫んだことを思い出す（ただし、渋沢を調べたという官憲側の公式記録はついに今日まで見つけることができないままである）。

ニューマンは来日後しばらくこの渋沢邸内のインターナショナル・ハウスに起居した後、御茶ノ水のアパートに引っ越している。渋沢の手帳に残された行動記録は残念ながらニューマン在日期間の最後に近い一九四一年前半の半年に限られているので、渋沢・ニューマン会合の頻度はこの程度だが、鮫島さんの記憶によればニューマンがそこで生活した当時は、朝食懇談をはじめ、その接触は当然のことながらもっともっと頻繁だったようだ。そして、特高警察がいつの時点からニューマンの行動を監視するようになったのかはわからないが、警察に出頭した渋沢は恐らくニューマン来日の経緯、インターナショナル・ハウスでの生活など「不良外国人」との関係を執拗に質されたのではないか、と推察される。

渋沢の警察出頭の一件をニューマンに伝えると、彼は「やはりそうだったのか。渋沢は当時、その件について私には一切話さなかった」と感慨を新たにする表情を見せたものだった（インタビューの際にこれを伝えた一九九二年、九三年の時点では渋沢の手帳に残された「警察署」のメモを私はまだ見つけていなかったのだが……）。しかし、渋沢が特高にマークされていたことをニューマンはその当時から十分察知し、その後の渋沢の命運をかなり心配していたことなどを振り返っていた。

この手帳の中にこれらの一連のメモを見つけた驚きと、それをどう解釈するかについて「謎・その1　渋沢正雄との奇遇」でも触れたが、その際「（日ソ中立条約）」のすぐ上に書かれた注目すべき人名をあえて「X」として実名を伏せたことをご記憶だろうか。

「X」とは誰か

しかしながら、ここでは「ハワイ休暇の謎」に迫るために、あえてその実名を明かすことにした。いったんは伏せた実名を、やはり公表することにしたのは、こういうわけだ。鮫島純子さんと何度目かのインタビューで、ニューマンのハワイ休暇がどうしても納得がいかない、と説明した。その出発の日は一九四一年一〇月一五日、第三次近衛内閣の近衛首相が日米交渉の行き詰まりから総辞職を決意した日であり、また、ゾルゲ・グループの重鎮、尾崎秀実が逮捕された日でもあった。そんな際どいタイミングに「ハワイ休暇に出掛けた」というノンビリした話がありうるだろうか。ニューマンは父君・渋沢正雄から何か「自らの身の危険を知らされていたのでは……」との問いに、鮫島さんは「もうそろそろいいかしらねー」とためらいつつも「可能性はあった」と答えた。さらに、渋沢家の親戚筋に陸軍の幹部がおり、そこからかなり重要な機密が父に、そして父はニューマンに耳打ち……という可能性が、と明かされたのであった。

そして、その実名「X」も口にされたのだが、「(Xの実名が) 外に洩れでもしたら他人様に迷惑が……」という鮫島さんの気持ちを尊重し、この段階では、陸軍幹部「X」という表現に止めたのだった。

しかし、その鮫島インタビューの後、渋沢の手帳の中、四月半ばの週に「(日ソ中立条約)」「8 Newman」そして「X」という意味深いメモが集中しているのを発見。そこで、私がその手帳の中に実名を見つけてしまった以上、歴史の事実にできるだけ迫るために、この際は実名を明かすべきだと考えるに至ったのである。*1

その手帳にある「X」とは「壬生《みぶ》」の二文字であった。

陸軍幹部や天皇家につながる家系

明治時代から「太平洋戦争」敗戦直後まで続いた日本における華族制度下*2の家系をまとめた『平成新修旧華族家系大成』*3によって渋沢・壬生両華族の家系からそのつながりを調べる。その接点は壬生基泰《もとやす》と渋沢の長女・博子（純子さんの実姉）との結婚によって生まれたが、壬生家の家系をたどると、陸軍との縁の深さが浮き彫りになる。基泰自身は陸軍大尉でそれほどの大幹部というわけではなかったが、その父・基義《もとよし》は陸軍少将、そして基義の弟、つまり基泰の叔父にあたる量基《かずもと》は、やはり華族の町尻量弘《かずひろ》の養子となり、後に陸軍中将。

この系図をさらにたどっていくと、壬生家は陸軍幹部ばかりでなく、宮家を通じて天皇家にまでつながっている。こうした華麗な人脈を念頭に置けば、鮫島さんが漏らした「親戚筋にあたる陸軍幹部から或いは父（正雄）に陸軍の機密情報が流れたかも」という言葉に真実味が加わる。少し立ち入った推測をめぐらすと、渋沢がニューマンの身の上を案じたと思われる一九四〇年から四一年の一〇月にかけて、基泰の父・基義は一九三六年にすでに他界していることを考え合わせると、情報源は壬生基泰・陸軍大尉、あるいはもっと上位の町尻量基・陸軍中将であったか、その人物はかなり絞られてくる……。

と言っても、これはあくまで「ハワイ休暇」は実は「日本脱出」だったのでは、という疑いを解く一つの手がかりとして、渋沢がニューマンに「身の危険」情報をもたらした、その情報源は、という二重、三重の推測であり、ましてやその当時、ニューマンに逮捕状が出る、あるいは出た、という機密情報を陸軍のどんな幹部までが知り得たかなどなど、謎は尽きないのだが……。

ところで、ニューマンのハワイ休暇への疑問、ということになると、外すことはできない人がもう一人いる。ゾルゲ・グループが得た機密情報をニューマンに漏らし続けた彼の親友、ブランコ・ド・ヴケリッチの妻、山崎淑子さんである。彼女はニューマンが横浜港から出航する直前の言動を夫から聞き、その緊迫した状況を肌で感じていたという。そんな訳で、「東京時代のニューマン」を鮫島さんより近くで目撃したひとり、といえるだろう。

山崎淑子の証言

ニューマンが『Goodbye JAPAN』復刻版刊行の翌一九九四年、朝日新聞社の招きで半世紀ぶりに来日し、東京・築地の浜離宮朝日小ホールで講演会を開くことになったことを山崎に知らせ、「講演会の席で劇的再会を」とお願いした時のやりとりを、本稿「プロローグ」に書いたが、そこには「ハワイ休暇の謎」に関わる重要な問題が含まれているので、そのさわりの部分をここに再録する。

ニューマンの記者仲間であり、親友でもあったヴケリッチの未亡人、山崎はニューマンのことを「もちろんよく覚えていますよ」と語ったあと、「ただし、ニューマンがハワイへ向かった時、夫の説明からは確かもう帰っては来ない、という印象をもちましたけれど」と重大な証言も耳にした。
「これは、大変だ」と私は戸惑った。というのは、復刻版で解説した私の元原稿を英訳して事前にニューマンに見せた時、ニューマンの横浜出航を「escaped（逃げ出した）」と表現したことに、彼は烈火のごとく怒り、そこは「left（出航した）とせよ」と強硬な訂正要請を受けたことがあった。絶対に「敵前逃亡に非ず」というわけである。
この経緯を山崎さんにありのまま伝え、ニューマンの「半世紀ぶりの日本再訪」計画を潰さぬために、山崎さんの重大証言を「一時棚上げ」していただくことで、ようやくニューマン・山崎の劇的再会を実現させたのであった。

その山崎証言をもう少し詳しく、ここで再現してみよう。

ニューマンはハワイから帰るつもりはなかったはずよ。だって、ニューマンが横浜を発つ前、夫（ヴケリッチ）は彼にお金を貸し、その代わりに、というわけかどうかは知りませんが、彼は自分のアパートに残した家具をどうぞ使って、と言い残した、と夫が私に話したのですから……。

ここで告白すると、実は山崎さんからは『Goodbye JAPAN』復刻以前にも同じ趣旨の疑問をぶつけられたことがあり、その疑問の一件は私の頭の中で暫時棚上げにしたという経緯があった。ニューマンは日本に戻る気はなかったはずだ、というこの山崎証言は、ニューマン自身の「ハワイ休暇」の話とは真っ向から対決する形となり、この疑問追究にこだわれば復刻企画そのものが間違いなく潰れる、と判断したからである。その延長線上で「ニューマン講演会」という公開の席でのニューマンと山崎さんとの劇的再会を実現させた際にも、「ハワイに向けて発つ前から、日本に戻るつもりはなかったのでは」という質問だけは山崎さんにお願いして伏せてもらったのだった。

ただ、『Goodbye JAPAN』復刻とそれに続くニューマン招請企画実現のためとはいえ、この特別な配慮を、ジャーナリストとしていまどう考えているのかをここで説明しておかなければならない。まず断るべきは、山崎さんに無理をお願いしたのも単に自らの企画を守るためにのみ、というのではなかった。そしていま、その経緯を詳しく説明するのも、ニューマン、山崎両者とも鬼籍の人となったから、という安易な理由ではないこともご理解いただきたい。

ニューマンの「ハワイ休暇」に関する山崎証言が重大な意味を持つことは十分承知していたが、これはあくまで亡き夫（ヴケリッチ）からの伝聞証拠であり、私としてはこの山崎証言だけでニューマン本人から直接聞いた言葉を覆すには無理があると考え「ハワイ休暇」への疑問を、取りあえずは疑問のまま棚に上げて今日に至った、というわけである。

お金がからんだ複雑な事情

それに加えて、山崎証言そのものに関して私がいまも疑問を抱いている部分がある。それはお金に関わることだ。前節でも触れたとおりヴケリッチは、親友ニューマンがハワイに向けて出航する約二週間前の九月末に元の夫人エディットと彼女との間の長男ポールの母子を同じ横浜港から豪州に向けて避難させていた。その費用の工面を迫られ、ゾルゲ・グループの金庫番だったクラウゼンに特別資金の支給を要求し、そのお金をめぐる顛末についてはゾルゲ事件研究者の間でいまだに論議のタネになっている、という事情もある。

このようなヴケリッチと二人の女性とお金の問題がからんだ複雑な事情を、日本を占領統治していた連合国軍総司令部（ＧＨＱ）の民間諜報局（ＣＩＳ）がまとめた「ゾルゲ事件」報告書『ゾルゲ諜報団の活動の全容』が以下のように生々しく描写している。*4

一九三八年七月にブケリチ〔原文のまま〕と妻のエディットは仲違いをし、エディットは目黒区に別居した。ブケリチが日本女性、山崎淑子に恋をしたためである。彼は妻を説得して離婚にこぎつけた。離婚は一九三九年十二月十八日に成立し、山崎淑子は一九四〇年一月二十六日にブケリチ夫人となった。淑子がスパイ活動に絡んでいなかったことは、ほぼ確かである。というのは、ブケリチの家には淑子がいつも居るので、無線機を使うのが難しいとクラウゼンが不満をもらしていたからである。エディットは結局、妹のいるオーストラリアに行くことにした（注55）。ゾルゲはモスクワの承認を得て、エディットを手放し、また、彼女に五百ドルを渡したが、この金を巡ってブケリチとクラウゼンの間で激しい争い（注56）が生じた。彼女は英国の避難船「アンフイ」号〔原文のママ〕で一九四一年九月二十九日に去った。

以上が本文だが、ゾルゲ事件研究家として知られる渡部富哉氏が〔注〕の形で一段と細部にわたる以下のような興味深い解説を添えている。[28]

（注55）エディスは妹のいるオーストラリアに行くことにした　ここでは「九月二十九日に日本を去った」とあるが、ブケリチとエディス（エディット）の息子のポールのインタビュー記事によると、「母と私が一九四一年九月二十五日または二十六日に横浜を発ち…」とある。この証言はゾルゲ事件の端緒の実に重要な証言である。つまり、特高が監視下に置いていた通信基地のひとつだったエディスが、日本を脱出したことが分かって、急遽、その二日後、和歌山県粉河の北林トモの検挙（九月二十七日）に着手したのである。〔略〕

（注56）ブケリチとクラウゼンの間に激しい争い　これは誤認である。エディットの日本脱出は緊急避難で、ゾルゲはエディットとブケリチの手切れ金と送別金として三百ドルを本部に要求した。クラウゼンは少なすぎるとして、独自判断で請求書を五百ドルに書き換えて暗号電報を送った。しかし、本部からの送金はエディットの脱出には間にあわなかった。クラウゼンが立て替えたのであろう。クラウゼンはこの金を在日ソ連大使館の諜報員セルゲービチから遅れて受け取っている。ポールとエディットを乗せた「アンフェイ号」〔原文のママ〕は香港経由で西オーストラリアのフリーマントルに向かった。ポールは途中、香港に寄港したときスメドレーに会ったと証言している。この出会いは偶然としてはできすぎている。

以上の記録から推測されるのは、最終的にお金がどう動いたのかはともかく、元妻と息子の日本脱出を支えるためヴケリッチの懐が逼迫していた。ヴケリッチがニューマンの離日に際して「お金を貸した」と妻・山崎に説明した、という一件も、こういう切迫した状況下にあり、しかも「元の妻の渡航費用が緊急に必要」とはさすがにヴケリッチも説明しにくかったろうから、ニューマン離日に関する山崎さんの疑問に関し、少なくとも「夫がお金を貸したはず」という部分の真偽の確定には、第三者の証言が必要だろう。

山崎証言の後半部分、つまり、「『ニューマンが自分のアパートに残した家具をどうぞ使って、と言い残した』と夫から聞いた」のくだりも気に掛かる内容ではあるが、関係する三者がいずれも過去の人となった今、「言った」「言わない」の検証は難しく、やはり山崎さんのこの証言だけでニューマンの「ハワイ休暇」を完全否定するのは無理があろう、というのが山崎証言に対する私の最終判断なのである。

ただ、山崎証言はひとまずこのように扱うとしても、日米開戦の可能性が極めて高くなった時に、仕事中心のはずのニューマンがなぜことさら「ハワイ休暇」に？　という私自身の当初からの切実な疑問が、どうしても解けない。特高の監視が日に日に厳しくなるのを痛感してきたニューマンは、何らかのルートで、あるいは複数の情報によって「身の危険」の切迫を知らされ、「長居は無用」と〝グッバイ・ジャパン〟を決断した、と考えるのが自然なのではないか——。

対米開戦のデッドライン

さて、そのニューマンが日本を離れる直前の夏、近衛首相が最後の望みを託した日米交渉は難航を重ねていた。その年三月、米ワシントンで交渉の最前線に立つ野村駐米大使を支えるため（あるいは監視のため?）、陸軍が急遽派遣した岩畔大佐が、八月には早々と帰国に及んだ。その岩畔訪米前後の顛末は、すでに「**謎・その2**　グルー大使との癒着」に詳述した通りだが、いま振り返ると東条英機陸相をリーダーとする陸軍首脳部は「いよいよ対米決戦を決意すべき時」と考えたのもこの頃であり、岩畔帰国もその表れのひとつだったに違いない。

その経緯は、当時の御前会議の決定として「帝国国策要綱」に明確に記録されている。[*5] 例えば岩畔帰国直後のそれは次のように書かれている。

帝国国策遂行要領（昭和十六年九月六日御前会議決定）

帝国は現下の急迫せる情勢特に米、英、蘭等各国の執れる対日攻勢、ソ連の情勢及帝国国力の弾発性等に鑑み「情勢の推移に伴ふ帝国国策要綱」中南方に対する施策を左記に依り遂行す

一　帝国は自存自衛を全ふする為対米、（英、蘭）戦争を辞せさる決意の下に概ね十月下旬を目途とし戦争準備を完整す

二　〔略〕

三　前号外交交渉に依り十月上旬頃に至るも尚我要求を貫徹し得る目途なき場合に於ては直ちに

対米（英蘭）開戦を決意す〔以下略〕

陸軍幹部が一九四一年「十月下旬」までに対米開戦の準備を整える腹を固め、そのためには、「御前会議」から約一カ月後の「十月上旬」を日米交渉に見切りを付けて「対米開戦」を決意するデッドラインとしたことが明確に記されている。

この陸軍の動きを睨むようにこのころからニューマンは「ハワイ休暇」の準備をはじめたと推測される。そして「一〇月一五日離日」を決行したのだが、このタイミングを九月初めの「御前会議」決断と偶然の一致と受け止めるにはなかなか苦しいものがある。当時「御前会議」決定の内容はもちろん厳秘扱いだったが、上記「壬生・陸軍ルート」で日米開戦への動きが逐一ニューマンに知らされた可能性はある。

ニューマンが日米開戦に至る重要なステップとなった「御前会議」について、一九四一年七月二日と同九月六日の二回とも、厳しくなる一方の検閲と苦闘しながら見事なスクープにした経緯もすでに「**謎・その2**（二）大きかった尾崎秀実の機密情報」で紹介した。

そこでは、これらスクープの情報源は、ニューマンの証言を参考に「すべてヴケリッチからもたらされたゾルゲ・グループ情報の可能性が高い」と書いたが、これだけ重要な機密情報が一つのスパイ・グループのルートだけで継続して伝えられたかどうか、陸軍筋など他のルートの情報も合わせて、と考えるのが自然だろう。

引揚船をめぐる騒動

日一日と緊迫の度を強める東京に身を置き、ニューマンはどんな特電を送りつづけたか。二〇〇七年七月、米ワシントンDCの議会図書館に一週間通って、当時の「ヘラルド・トリビューン」紙から彼の記事をしらみつぶしに点検したことは既に触れたが、ニューマンの歴史的スクープ「ヒトラー、ソ連侵攻へ」（一九四一年五月三一日付）などを含め、見つけた記事が一九四一年三月～一〇月の半年余りの間に計二五本。同じ外国特派員経験者として頭が下がるほど「日本の素顔」を時々刻々読者に伝えた。中でも驚いたのはこの二五本のうち一〇本が、ニューマンが横浜港を発つ直前の二週間、つまり一〇月一日から一五日に集中して送られたこと。この特電ラッシュとその内容は「ハワイ行きは本当に休暇だったのか」という謎との関わりで読むと、どうなるか。その中の最後の特電二本を以下に取り上げる。

まずその一本目は、ニューマン自身が二日後に乗船してハワイへ向かおうとしていた日本政府の引揚船「龍田丸」をめぐる騒動の話である。

「帰国航路の切符求め海運会社窓口に米国人殺到」*6（「ヘラルド・トリビューン」一九四一年一〇月一四日付）

――「引揚船」計画による帰国希望者で米国大使館も混みあう

［東京　一〇月一三日発　ジョセフ・ニューマン］日米政府間交渉の結果、在米日本人たちを日本

に帰すために三隻の日本の客船が近く米国に向けて出港することになったが、これら日本の「引揚船」の往路、つまり日本から米国向け航路で米国に帰国しようとその手続きや切符を求めて、東京の米国大使館と海運会社「日本郵船」の事務所で多くの日系米国人と白人（米国人）たちが長い列を作った。

　日本の政府筋によると、この引揚船の主たる目的は在米日本人に帰国の機会を与えることにあるが、同時に在日の日系米国人を本国に戻らせることも大事な狙いであり、白人系米国人の帰国は船のスペースに余裕があれば、というのが日本政府の意向のようである。引揚船による米国人帰国に関するこの「日系米国人優先」の方針は、米国大使館側がそれら日系人の帰国への関心が第二義的であったのに対する日本側の明確な答えなのだ。

　在日の日系米国人二〇〇〇人のうちわずか二〇〇人が米国大使館に米国への帰国手続きを取ったが、その間白人系米国人三六〇人のうち七〇人が三隻の引揚船での米国帰国を望む意思表示をしている。もっと多くの帰国申請が今週中に出されるものと予想される。

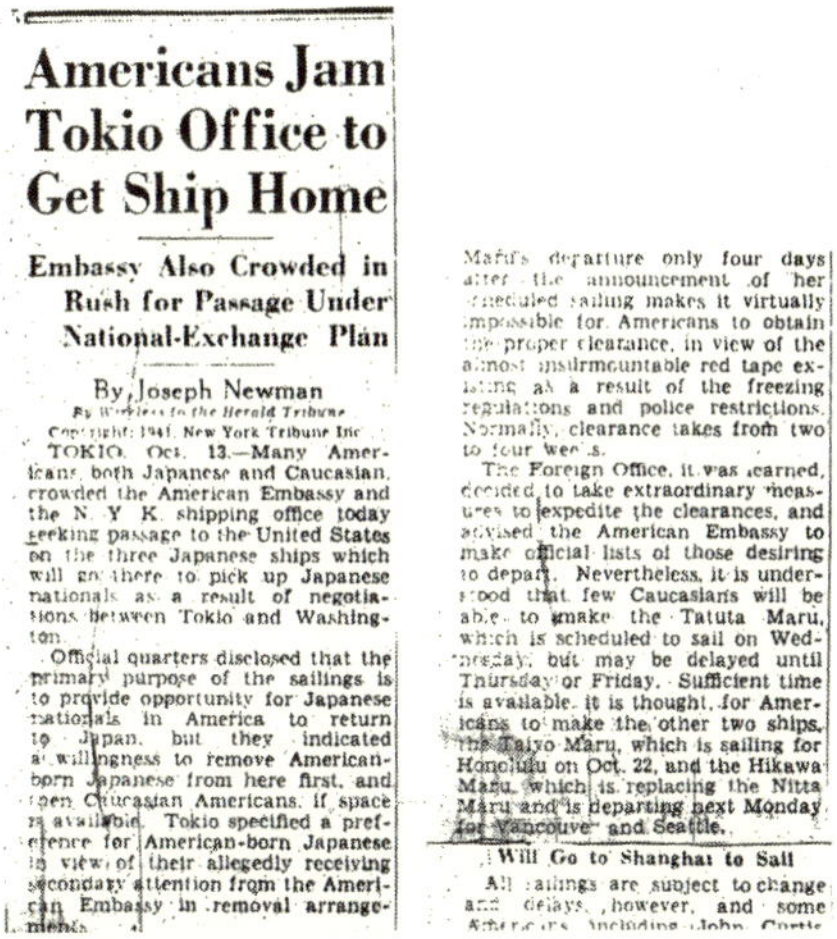

Americans Jam Tokio Office to Get Ship Home

Embassy Also Crowded in Rush for Passage Under National-Exchange Plan

By Joseph Newman

By Wireless to the Herald Tribune

Copyright: 1941, New York Tribune Inc

TOKIO, Oct. 13.—Many Americans, both Japanese and Caucasian, crowded the American Embassy and the N. Y. K. shipping office today seeking passage to the United States on the three Japanese ships which will go there to pick up Japanese nationals as a result of negotiations between Tokio and Washington.

Official quarters disclosed that the primary purpose of the sailings is to provide opportunity for Japanese nationals in America to return to Japan, but they indicated a willingness to remove American-born Japanese from here first, and then Caucasian Americans, if space is available. Tokio specified a preference for American-born Japanese in view of their allegedly receiving secondary attention from the American Embassy in removal arrangements.

... Maru's departure only four days after the announcement of her scheduled sailing makes it virtually impossible for Americans to obtain the proper clearance, in view of the almost insurmountable red tape existing as a result of the freezing regulations and police restrictions. Normally, clearance takes from two to four weeks.

The Foreign Office, it was learned, decided to take extraordinary measures to expedite the clearances, and advised the American Embassy to make official lists of those desiring to depart. Nevertheless, it is understood that few Caucasians will be able to make the Tatuta Maru, which is scheduled to sail on Wednesday, but may be delayed until Thursday or Friday. Sufficient time is available, it is thought, for Americans to make the other two ships, the Taiyo Maru, which is sailing for Honolulu on Oct. 22, and the Hikawa Maru, which is replacing the Nitta Maru and is departing next Monday for Vancouver and Seattle.

Will Go to Shanghai to Sail

All sailings are subject to change and delays, however, and some Americans, including John Curtis

1941年10月14日付「ヘラルド・トリビューン」に掲載されたニューマンの記事

〈お役所仕事こそ最大の障壁〉

米政府はこんどの対日合意では、引揚船は帰国を希望する在日米国人を運ぶため、と取り決めたはずだが、こうした米国人の日本での出国手続きに関する技術的障害に対する考慮を欠いたため、その結果として在日米国人の帰国を極めて難しくしているようだ。

そんなわけで昨日、米国大使館の職員達にとって、この引揚船乗船を希望する米国人の帰国手続きを間に合わせるために悪戦苦闘の一日となった。引揚船に関する日米合意の発表がその第一号、「龍田丸」の出発のわずか四日前ということに加え、米国大使館の堅い規制と厳重な警備の結果として存在する度し難いお役所的な形式主義的対応に阻まれたこともあって、引揚船への乗船を希望する多くの米国人にとって帰国手続きを間に合わせることは事実上不可能だった。とにかく帰国許可手続きを完了するには通常は二週間から四週間を要するのだから……。

日本の外務省は大渋滞中の帰国許可手続きを促進するため特別の手段を講ずることを決め、米国大使館に対して帰国希望者の公式名簿を作るよう進言したようだ。しかしながら、引揚船第一号の「龍田丸」には白人系はほとんど乗船できないと思われる。なぜならその出発がいまから数日後の水曜日（一〇月一五日）で、出港が木曜日か金曜日に延期されるかもしれないとしても、とても間に合わないからである。ただ、白人系米国人たちにとっても他の二便の引揚船ならまだ時間的に余裕はありそうだ。その二便とは、一〇月二二日ハワイ・ホノルル向け出港予定の「大洋丸」とカナダ・バンクーバー、米シアトル向け二〇日出港予定の「氷川丸」（「新田丸」の代替船）である。〔以下略〕

「龍田丸」をはじめとする三隻の引揚船をめぐるこの騒動をニューマンはどんな心境で書いたのだろうか。在日の白人系米国人たちが出国手続きと「龍田丸」の切符を求めてパニック状態に陥っているのを尻目に、ニューマンは自分の席はちゃっかり確保して悠々執筆に及んでいたのだろうか。この東京の雰囲気は正に「開戦前夜」のそれであったろう。こんな騒然とした中、腕っこきの特派員氏が自分の〝戦場〟を離れ、のんびりと「ハワイ休暇」へと旅立てるものだろうか。

離日のその朝にも特電

そして、ニューマンがいよいよ横浜港を後にする一〇月一五日の朝、恐らくは未明に、電話でニューヨークに送った最後の原稿はこのように書かれている。

「日本、対米譲歩へ動くか、新聞が観測」*7（「ヘラルド・トリビューン」一九四一年一〇月一五日付）

――政府首脳の協議が続く中、近衛首相に「進むか、退くか」の決断迫る

［東京　一〇月一五日発　ジョセフ・ニューマン］日本の新聞は、現在進行中の日米交渉の結果について明らかに悲観的見通しを強めつつ、たとえ日本がこれまでの政策を変えることは困難だとしても、あるいはこの交渉に見切りをつけその代わりに行動で決着をつけるという選択は困難だとしても、何らかの合意を目指すよう日本政府はこれまでの姿勢を見直すべきだ、という姿勢を示唆した。

Press Suggests TokioMayHave To Bow to U. S.

Urges Konoye to Act One Way or Another; Official Conferences Continuing

By Joseph Newman

By Telephone to the Herald Tribune
Copyright, 1941, New York Tribune Inc.

TOKIO, Oct. 15 (Wednesday).—The Japanese press, apparently losing hope for a successful outcome of the Japanese-American talks, indicated today that the Tokio government must revise its position so that an understanding can be reached, even though the change may be difficult for this country, or abandon the talks and take responsibility for the action.

The press agreed that if the talks should break down it would be Washington's fault, but it argued that Premier Prince Fumimaro Konoye must do something in view of the adverse international position facing Japan, and Koh Ishii, government spokesman, admitted yesterday that the "situation is not so sweet."

This situation is understood to be the reason for the increasing activity in high official circles. Premier Konoye reported Monday to Emperor Hirohito for about two hours, after which he conferred with Marquess Koichi Kido, Lord Keeper of the Privy Seal, who always is consulted when important developments are about to take place.

Konoye continued his important conferences with high government officials yesterday, when he held separate half-hour talks with Lieutenant General Teiichi Suzuki, president of the Cabinet Planning Board, Kenji Tomita, chief secretary of the Cabinet, and Nobufumi Ito, chief of the Cabinet Information Board.

Nothing was disclosed regarding the conferences, except that they had an important bearing on the domestic and foreign situation. The three officials were said to have reported to the Premier the "surrounding circumstances." in which the Cabinet and the government finds itself.

Importance was attached also to the fact that the War Minister reported to the Emperor yesterday, and an increasing number of visitors at the palace in the near future is not unlikely.

Dissatisfaction with the present structure of the Cabinet is being expressed openly in the Japanese press. "Miyako" said the people are vitally interested in the aims of the government and suggested: "Instead of keeping the people groping in the dark, why not let them know a thing or two and rouse a spirit of self-sacrifice for whatever might be held in store for them?"

1941年10月15日付「ヘラルド・トリビューン」に掲載されたニューマン日本発最後の記事

この新聞は、もし日米交渉が決裂すれば、それは米国側の過ちとなろうが、世界の情勢は日本に厳しいということを考慮に入れて近衛首相は何らかの対応策を打ち出すべきであり、日本政府の石井・広報担当官は昨日「情勢は（日本にとって）決して甘くない」との見方を表明した。

日本政府の頂点に立つ政治家、官僚たちの動きが慌しくなったのも、日本を取り巻くこうした情勢の厳しさを象徴するものだ。この週明けに近衛首相は約二時間にわたって天皇に何事かを報告し、続けて、日本政治のご意見番としてこの国が何か重大な決断を下す際に必ず相談を受けることで知られる内大臣・木戸幸一侯爵にも会って何事か報告した。

また近衛首相は昨日、鈴木・企画院総裁、富田・書記官長、伊藤・情報局総裁という内閣の要の三高官とそれぞれ約三〇分間の重要協議を重ねた。

これら一連の協議が日本を取り巻く厳しい内外情勢への対応策に関してであった、という以外には、この協議に関して何も発表されていない。近衛首相が協議した上記三人の高官らは内閣が置かれた厳しい客観情勢について首相に報告した、と言われている。

これらの緊迫した動きに加えて、昨日、戦争を管轄する軍首脳も天皇に何事かを上奏したが、近い将来に天皇の所へ多くの臣民が訪れるという事態にもなりかねぬ様相である。

また日本の新聞には、現在の日本の内閣の構成は満足できないものだという意見が公然と出始めている。「都新聞」(現「東京新聞」)は、国民は内閣の役割を決定的に重要と考えており、そういう意味から、こうした国民を闇の中で彷徨《さまよ》わせるようなことを避け、国家が「いざ鎌倉」という時に差し掛かっており、国民は国家のためにわが身を捧げる、という自己犠牲の精神を高揚させるために現在の真相を知らせるべきだ、と主張している。


これがニューマン最後の「東京発特電」である。「横浜」出港の朝か、恐らくはその未明に電話で送られた原稿で、東京と日本政府を取り巻く異様な緊迫感はわかるが、日本政府がどうしようとしているのか、この記事の歯切れはすこぶる悪い。ニューマン自身が「離日」直前の慌しさの中でもちろん十分な取材はかなうべくもなく、かなり緊張を強いられていることを示す原稿ではある。実はニューマン離日のこの一〇月一五日、近衛首相は総辞職を決意し、昭和天皇を始めとする要人たちに次々と報告。翌一六日、近衛内閣総辞職、一八日に東条英機内閣が誕生、また一五日には尾崎秀実、一八日にはゾルゲ、ヴケリッチが相次いで検挙……そんな歴史的な節目の日に、ニューマンはハワイへ向かう引揚船「龍田丸」に乗った。

そこで、「ハワイ休暇はニューマンの脚色だったのでは」という可能性をどう考えるか。結論は、大いにあり得る、ということ。その理由をまとめると——

①取材を通じて日米開戦必至の情勢をつかむと同時に、自らの身に迫る危険、日本官憲による逮捕の動きを察知した可能性が強い。

②しかし、日本政府が用意した引揚船で日本を脱出し米国に帰国するのでは、その出国手続きで引っかかる可能性があり、危険のより小さな「ハワイ休暇」とする必要があった。

③その「ハワイ休暇」にリアリティーを持たせるには、三隻の引揚船の第一便「龍田丸」に乗り、米国からハワイ経由で横浜港に戻る第三便の「大洋丸」に乗って帰国、というストーリーが必要だった。この旅程なら一〇月一五日に横浜港を発ち、一一月一七日帰港という日程は物理的には一応可能だが、往復洋上の日数、計二〇日余を差し引けばハワイ滞在期間は極めて短期間となるし、ニューマン自身が原稿にしたように、日米両国の市民が殺到する引揚船に乗って休暇のためにハワイ往復を、という発想にはそもそも無理があるのではないか。

④もしも自分が日本の官憲に逮捕されるようなことが起これば、恩人・渋沢正雄に累が及ぶ危険性が強く、それだけは絶対に避けなければならなかった（これは、渋沢の側にも言えることで、ニューマンの日本脱出は渋沢にとっても絶対的な命題だったはず）。前述したように、ニューマンが渋沢正雄の死因に異常なほどの執着を示したのも、渋沢との情報交換の内容が恐らくは日本政府の基本戦略、時にはかなり高度な軍の機密を含んでいたのではないか。もし、普通の情報のやりとりだったなら「謀殺」

の心配まではしなくてよかったのではないだろうか。
⑤ヴケリッチも含めて、東京で付き合ってきた外国特派員たちに先駆けて日本を後にすることは、どんな事情があれ、「ひと足先に敵前逃亡」のそしりを受けることは必至であり、記者の名誉にかけてそれは避けたかった。

ここでニューマンが『グッバイ・ジャパン』復刻のために私に宿題として出した「恩人・渋沢正雄の死因」についての結末にも触れておかなければならない。ニューヨークに戻ったニューマンが抱き続けた「開戦後の渋沢の消息」に対する不安と、間もなく届いた渋沢の訃報を読んだ瞬間、「もしや謀殺では」と疑ったその事実は、「ハワイ休暇はニューマンの脚色では」との疑惑と深くからむ、と推測されるからである。

その渋沢は「日米開戦」半年後の一九四二年三月、日本製鉄副社長に昇格、八幡製鉄所長として鉄鋼増産の陣頭指揮に拍車をかけようとした矢先に癌を発病、その年九月に死亡。ニューマンをハワイへ送り出して一年も経たぬ間の急死であった。その訃報を「朝日新聞」一九四二年九月一一日付夕刊はこう書いている。

日本製鉄副社長渋沢正雄氏は胃腸病のため去る六月末から名古屋帝大病院に入院加療中のところ十日午前三時五十五分逝去した、行年五十五
同氏は故渋沢栄一子爵の三男に生れ、渋沢系の事業に従事したのち、製鉄合同と共に日鉄常務と

なり、昭和十五年八幡製鉄所長に就任今年三月副社長に昇格し戦時下鉄鋼増産に寄与するところすこぶる大なるものがあつた

なほ葬儀の日取は未定である

ニューヨークの「ヘラルド・トリビューン」本社で渋沢の訃報を受けたニューマンは愕然《がくぜん》とする。ラジオ・ニュース用の原稿にはただMasao Shibusawa died.（渋沢正雄死去）と伝えるだけで死因の記述はなかった。その時以来、ニューマンの頭に「渋沢の身に何が起こったか」「もしや謀殺では」という疑心がつきまとう。

それから約半世紀後、『グッバイ・ジャパン』復刻企画の交渉の冒頭、ニューマンが私に「恩人・渋沢の死因をまず調査せよ」と強く迫ったことは先に述べた。この条件を満たすべく、私は帰国後に鮫島純子さんに取材し、渋沢栄一記念財団の機関紙『竜門雑誌』の渋沢・追悼特集を読み漁《あさ》った。ようやく「病死」の結論を何とか与えてくれたのは『竜門雑誌』に載った次のような渋沢正雄の弟、文筆家・渋沢秀雄の追悼文だった。その中から、死因に関係する部分だけを抜粋して紹介する。*8

〔一九四二年六月九日、渋沢秀雄は八幡製鉄所に兄正雄を訪ねた〕兄は肝臓癌の疑ひありといふ診断を、日鉄病院ならびに癌研究所で下された由を私に語つた。〔略〕唯一つ嫂《あによめ》の聞いてゐた名古屋帝大〔病院〕の岡田先生が癌のエキスを静脈に注射するといふ新療法は相当効果を挙げてゐるといふ噂をたよりに、私は嫂と一しよに名古屋に岡田先生を尋ね、その足でまた大阪に兄を尋ねた。

「注射をすると悪性のものなら溶けてしまうし、溶けないやうなら悪性ぢやないのださうです。どつちへ転んでも心配ないから、溶けるか溶けないか試すつもりで入院してください。」〔という秀雄の説得で、正雄は名古屋帝大病院に入院したが、結局九月一〇日に死去〕

〔略〕

兄の遺骸は遺族の希望で、岡田先生立会の下に病理学の先生が解剖した。癌は外から診察したとほり溶けて縮小してゐたが、肝臓には古い肝硬変症があつた。その末期的症状は腹膜に水をためて、その圧迫が胃腸の血管を怒張させ、鬱血の極、毛細管が破裂したらしく、胃の中へ多量の出血があつた。その結果は心臓麻痺といふ発表だつた。兄の身体にはやつと食ひとめた癌のほかに、別の死病が潜んでゐたのだ。

渋沢の死因に関するこの伝聞による「解剖結果」では、医学に暗い私自身の理解を超えていたため、一九九〇年代初めにこの経過の一切をあらためて病理学専攻の秦順一・慶応義塾大学教授（現在は同名誉教授）に説明したところ、「癌が縮小した経緯はこれでは分からないが」と前置きした上で、直接の死因についてこう語った。

解剖結果の診断はよくあるケースでとくに疑問なし。死因は「肝臓癌」ではなく「肝硬変」によるもの。癌細胞は縮小しながら、もともとの肝硬変が原因で食道静脈瘤が破裂したということが考えられる。

こうして渋沢の闘病経過、臨終の模様、病理学医師のコメントなども添えて「病死」の結論を報告したところ、ニューマンはようやく納得し、『Goodbye JAPAN』復刻への第一関門を通過できたのだった。

さて、ニューマン物語の謎は恩人・渋沢の死因に一応の落着を見たところで、振り出しの「劇的な出会い」に戻る。

世界最大の都市米ニューヨークのそのまた中心、タイムズ・スクエア。そこで深夜、勤め帰りの友人を待っていたニューマンに、日本の鉄鋼業を担う財界人、渋沢正雄が「(タバコの)火を貸して下さい」と声を掛ける。それから二人は近くのバーへ――『グッバイ・ジャパン』の物語はこうして始まった、という。「ハリウッドにも作れない名場面だろう」。誇らしげに語ったニューマンの笑顔は忘れ難いのだが、実は『グッバイ・ジャパン』の謎は、ここに端を発する。

ニューマンが語った渋沢との遭遇ドラマは、ちょっと話が出来過ぎでは……。私がそんな思いを深めたのは、この時の欧米諸国出張を渋沢正雄自身が語った長文を見つけた時だった。この渋沢の報告を読み進むほどに、ニューマンが語る恩人・渋沢との劇的出会いの場面との間に奇妙なズレを感じるのだ。

少し長くなるが、『竜門雑誌』に掲載された「欧米を歴訪して」(渋沢談話の聞き書き)〈上〉(一九三六年十二月）、〈下〉（一九三七年一月）から関連部分を紹介する。

この時の渋沢の出張日程は五月から一一月までの半年間。まずジュネーブでの国際労働会議に三週間を費やした後は、フランス、ドイツなど欧州諸国を歴訪。この間、渋沢は父・栄一のＤＮＡ（遺伝子）を受け継いで、先端産業の視察、政財界の要人との交流に時間を惜しまず、草の根の国際親善にも努めた。移動には船、汽車、飛行機を乗り継いで、現代の感覚で振り返ると気の遠くなるようなのんびり旅。中でも圧巻はドイツ・フランクフルトからニューヨーク南方の小都市レークハーストまで五二時間かけての飛行船による大西洋横断だった。流石の技術先進国アメリカも、この当時飛行船ではドイツには適わなかったらしく、レークハーストには新聞記者、カメラマンが詰め掛けたという。

渋沢は米国に渡る前、イタリアのファシスト（独裁者）、ムッソリーニに会見。ヒトラーと張り合うようにエチオピアに侵攻（一九三五年）して意気上がるムッソリーニとのやり取りが面白い。この会見には、当時の杉村・駐イタリア大使が陪席した

「最後にこれは杉村さんにとめられて居りましたけれども、きいてみたのですが、あなたのファッショとヒトラーのナチとに差異がありますか、もし差異ありとすれば何れが優るのかと質問しました。するとムッソリーニはむずかしい顔をして、眼玉をギョロリギョロリとさせ、天の一方をにらむと云う風でしたが（略）、やがて笑顔になり、愛国的精神に於いては全然同一だと答へました。そこで重ねて、精神は同一であっても何所か違いますか、とききましたところ、通訳の人がもうその辺でよくはありませんか、と兜をぬぎましたので質問を打切りました。」

その後、米国に渡った渋沢はワシントンでハル国務長官にも会っている。今風に言えば「日米貿易摩擦」について、こんなやり取りがあった。

「私が自由通商論を持掛けて見た。金持の亜米利加が日本から余計物を買って呉れるならばわかるけれども、今日では逆じゃないか、貿易の収支勘定から見ても日本が非常な払い方に廻って居るが、それも自然の趨勢ならば已む得ぬけれども、貴方の方で時々国内の産業を圧迫すると云ふ理由の下に、自由主義であるべき筈の政府が関税を高くすると云ふことは、どうしても受取れない、禁止的関税を止めることが目下の急務ではないかと話したところが、それはご尤もだが、同時に考へて貰いたいのは、貴方の国の商品は余りに安売りし過ぎる。一例ですが、（ある友人が）自分の伜《せがれ》と一緒に日曜日釣に行き、ロングアイランドのサイドで釣をして居ったところ、釣竿が折れて買ひにやったら、漆で塗った立派な物〔日本製〕だったと言ってましたが、〔略〕相当上等なのを買ったんでしょう。前の経験から云ふと一ドル五〇セントもする位の物だったのに、聞いて見ると二五セントだと言はれた。まあ安い方が宜しいやうなものの、余り安過ぎると、それでは前に買ったのは非常に馬鹿を見たと云ふ感じになる。是等は輸出の統制が甚だ悪いから起つて来る欠陥ではないか、どうしても其点は日本の方で考へて統制をやらして欲しいんだ、斯う云ふて居りました」

この一九三六年といえば、日本の満州国建国宣言（一九三二年）、その翌年国際連盟を脱退という騒ぎから数年後、次第に日米（英）関係緊迫へと向かう合間の小康状態だったか、悠長なやりとりに終始したようだが、渋沢がニューヨークでニューマンに会ったとすればこの前後しかない。なぜなら、渋沢の外遊はこの時が最後だったからである。

ただ、ニューマンと渋沢の遭遇場面は、出来過ぎといえば余りに出来過ぎてはいないか、これまた疑問がつきまとうのだ。

ここで、『朝日総研リポート』に連載した拙稿「開戦前夜の『グッバイ・ジャパン』」に対し、筆者の「朝日新聞」時代の先輩記者、深津真澄氏から頂いた示唆に富むコメントが寄せられた。[29] その中から、この「タバコの火を」の関連部分のみ抜粋して披露すると——

端的に言えば、小生は伊藤隆氏と同じく「ニューマンは何らかの形で諜報活動にかかわっていた」という疑いを強くします。〔「はじめに」参照〕

大体、タイムズ・スクエアの出逢いからして臭いのではありませんか。たまたま、タバコの火を貸した相手の日本人が日本製鉄常務・八幡製鉄所長だったなんて出来過ぎていると思います。日本製鉄の重役といえば、日本の軍備の実情を知る要の人物です。おそらく渋沢の入国以来FBIがずっと尾行を続けていたでしょう。

ニューマン・渋沢の劇的出会いに関するこの疑問は、渋沢本人の欧米出張報告とも符節が合い、深津氏のご説ごもっともである。ムッソリーニやハル国務長官という当時の国際政治におけるトップクラスの要人に会えたのは、深津氏が指摘するように渋沢が「日本の軍備の実情を知る要の人物」だからこそ、だろう。そういう渋沢は自らの秘書に常時ガードされ、要人と会うときには時に日本国の在外高官も陪席。そして相手国の保安・監視の要員が陰に陽に周辺を固めていたと考えるのが自然であろう。

私がそんなことをあれこれ考えつつ、二〇〇九年九月に渋沢の次女、鮫島純子さんにまた会って確かめたところ、「渋沢・ニューマンの出会い」に関してもまたまた重要な証言が得られた。その時の問答は——

——私の先輩記者が昨年の拙稿へのコメントとして、ニューマン＝スパイ説を支持し、その中で、渋沢という当時の日本の要人が米国を回っている間、陰に陽にＦＢＩが身辺をマークしていたはず。それを考えるとニューヨークはタイムズ・スクエアでのニューマンとの劇的出会いは出来過ぎだ、と。

鮫島　そうなんですよ。普段の父の性格、行状から、ニューヨークのど真ん中で「タバコの火を」と見知らぬ外国人に声を掛け、そのままお酒を一杯、とは考えられません。以前から、あの下りはどう見てもおかしい、と首を傾《かし》げていたんです。

最後に、ニューマン証言と渋沢「訪欧報告」のズレをもう一つ付け加えておく。ニューマンは

「一九三七年に渋沢と会った」と語ったが、『竜門雑誌』の記録によると渋沢の欧米出張は一九三六年四月〜一一月が最後となっており、ニューマンとの出会いは三六年としか考えられない。そして、渋沢サイドの記録と『グッバイ・ジャパン』全体の記述に照らしても、ニューマンは三六年後半に渋沢と会い、三七年に来日と考えればつじつまが合う。劇的出会いの年だけをニューマンが勘違いしたのか、この「一年のズレ」の謎を確かめる機会も失った。

・

＊1　本書は、筆者の古巣である「朝日新聞」発行の総研リポート（月刊）に二〇〇八年一月から七回連載した拙稿「開戦前夜の『グッバイ・ジャパン』」をベースとしたもの。そのために、前半でいったんオフレコに止めた陸軍幹部の名前を、その後の取材で裏付けが取れた結果、後段になって解禁に踏み切った、という流れをそのまま本書に残した。

＊2　『大辞林』によれば、華族制度とは戦前の「旧憲法下、皇族の下、士族の上に置かれ貴族として遇せられた特権的身分。一八六九（明治二）年旧公卿・大名の称としたのに始まり（旧華族）、八四年の華族令により、公・侯・伯・子・男の爵位が授けられ、国家に貢献した政治家・軍人・官吏などにも適用されるに至った」。第二次大戦後の一九四七年、新憲法の施行で消滅した。

＊3　『平成新修旧華族家系大成』（上・下）、霞会館、一九九六年

＊4　『ゾルゲ事件関係外国語文献翻訳集』七号、二一、三五ページ

＊5　『幕僚たちの真珠湾』、二三一—二三二ページ

＊6　ニューマン原稿の原文は巻末・付録5に掲載
＊7　ニューマン原稿の原文は巻末・付録5に掲載
＊8　『竜門雑誌』六四九号（一九四二年一〇月）、竜門社

エピローグ　新聞記者とスパイの狭間で

米紙東京特派員ニューマンの足跡にまつわる疑問を追い続けてきた。彼の恩人、渋沢正雄の手帳に見つけた小さなメモ群から、結果的に日本との別れとなった「ハワイ休暇」まで、謎は泉のように次から次へと湧いてきた。そして謎の追跡は、とうとう振り出しにもどって、「ニューヨークの街角で、タバコの火を」というニューマンご自慢の渋沢との遭遇の場面にも及んでしまった。

そこで、この物語の締めくくりに、これらの謎を一気に解決する手立てとして、一つの仮説を立てて見る。これは、幾何学で用いる補助線に当り、一本の架空の線を引くことによって難問を解きほぐすように、『グッバイ・ジャパン』の謎にも答が出るのではないか。そう考えたわけである。

その仮説とは――ニューマンは米国のスパイだった!


この仮説によって、ニューマンの謎が解け、その先にゾルゲ事件のもう一つの顔もリアリティーをもって浮かび上がってくる。それは、ソ連赤軍のスパイの使命を帯びて来日、その使命に殉じたゾルゲが、結果としても、本人の意思としても、最後はあたかも米国のスパイであったかのように、重要な機密情報を米国政府に向けて流し続けた、ということ。そこで、ニューマンという「第三の男」の登場によって、「ゾルゲ事件」の素顔はどう変るのか、米ソ両大国の思惑、それに舞台となった日本の官憲の行動が、その面相をどう整形したか、深い謎を最後に考えて見る。

ゾルゲがニューマンに的を絞ったのは？

「ヒトラーのソ連侵攻」（一九四一年六月二十二日）を三週間前に予告するなど、第二次世界大戦の歴史に残るニューマンのスクープのネタ元がゾルゲ・グループだったことは「謎・その2　ゾルゲ・グループとの遭遇」ですでに紹介した。その中から、「ニューマン・スパイ仮説」に繋がる注目すべき部分を列挙すると――

ゾルゲ・グループが取得した最高機密はゾルゲの指示によって同グループの有力メンバー、ヴケリッチからニューマンにリーク（意識的に漏らすこと）された。

ゾルゲが逮捕後の取調べの中で明らかにしたところによると、ヴケリッチがニューマンから聞いた情報はすべてリーダーのゾルゲに報告していた

そのニューマン情報の多くが米国大使館のドゥーマン参事官からもたらされ、ゾルゲはこの「ドゥーマン－ニューマン」情報を信用していなかった。

ここから読み取れるのは、ゾルゲはニューマンとドゥーマンの密接な関係に「諜報筋の臭い」を嗅ぎ取り、それを承知で機密情報をニューマンに流した。これはニューマンを記者として扱うよりも、諜報関係者であることを承知で機密情報を流した。つまり、当時の日本における米国政府代表であったグルー大使に必ず伝わると踏んで貴重な情報をリークした、と見るのが自然ではないか。

ここで逆にニューマンはゾルゲのことをどう見ていたか、が興味深い。ニューマンは『グッバイ・ジャパン』復刻版に書き下ろしたエッセイの中で、こう語っている。*1

私は尾崎に会ったこともないしゾルゲとの付き合いもなかった。外人記者のための定例の記者会見でゾルゲと会うことはあったが、親しくはしていなかった。私はゾルゲが自分で名乗っていた通り「フランクフルター・ツァイトゥンク」のドイツ人記者、そして東京駐在のドイツ大使オイゲン・オットーの報道参事官だと思っていた。そんな訳で彼を敵国の国民と見なしていた。ゾルゲの立場は、どちらの肩書きも共産主義のスパイとして、ソ連のために秘密の情報を手に入れるには絶好の地位だった。

「蛇の道はヘビ」と言っていいかどうか。ゾルゲがニューマンとドゥーマンの関係を臭い、と感じていたのに対し、ニューマンはゾルゲを記者と報道参事官の兼務と考えていた、というのだ。そこで上記ニューマン証言中、ニューマンをゾルゲに、「フランクフルター・ツァイトゥンク」を「ヘラルド・トリビューン」に、オットー大使をグルー大使にそれぞれ置き換えてみれば、「ニューマンもまた記者と諜報エイジェントの兼務だった」という私の仮想した補助線がくっきり浮かんで見えるのではないか。ただし、ゾルゲがニューマンを「敵国の国民」とは見てはいなかった、と思われるが……。

そう言えば、これも「**謎・その3** グルー大使との癒着」で詳述したが、ニューマンの岩畔大佐単独インタビューの顛末にも不可解なことが付きまとった。近衛首相がルーズベルト大統領との頂上会談による日米開戦回避への合意を賭けた「日米交渉」。一九四〇年末から年明けにかけて、その交渉の最前線に立つためワシントンに赴任する直前の野村大使にニューマンは単独会見に成功。さらに四一年三月、その野村大使の補佐役（あるいは監視役）という重要な任務を負った岩畔・陸軍大佐が、米国へ出発する直前の注目に値する会見だった。

ところが、岩畔大佐がニューマン会見と同じ時期に米国大使館を表敬訪問し、グルー大使やドゥーマンとも会談をしたことから、話はややこしくなる。その一つがグルー大使のハル国務長官宛公電である。グルー大使はその公電で、ニューマンが岩畔の単独会見に成功、岩畔発言の内容は次の通り、と述べる一方で、「ただし、ニューマンの会見記事はボツに」と。

そう言えば、ニューマンは私とのインタビューで岩畔会見については語ったが、記事の扱いには触れなかったし、私自身の点検でも記事は見つからなかった。その他のスクープについては記事の扱いにかなり執着した（記者なら当然のことだが）ニューマンにしては不思議といえば不思議である。それにも増して不思議なのは、グルー大使が会見内容をそっくり把握し、その原稿がボツになったことまで承知していた、という点である。

そこで考えられるのは、「謎・その3」でも触れた通りニューマンの岩畔会見にはドゥーマンが通訳として同席し、その発言内容は米国大使館との共有情報として扱われたのではないか。つまり、実は純粋の「単独会見」ではなかったのでは、と思われるのだ。

もしそうだとすると、一体、ニューマンとグルー大使はじめ米国大使館スタッフたちとの関係はどうなっていたのか。自国を代表する外交官と、そのパフォーマンスを監視すべきジャーナリスト。ニューマンが無垢の記者だったとすれば、如何に日米開戦前の緊迫した局面であったとはいえ、グルー大使とニューマンの間にその公私のけじめ、然るべき緊張感が欠落し過ぎではないのか。ただし、岩畔会見にまつわる疑惑をはじめ、そんなニューマン・米国大使館関係の謎も、ニューマンが記者とスパイを〝兼業〟していたのならば、様々の不可解千万な場面もそれほど不可解ではなくなってくるのである。

ニューマンと米国大使館とのパイプ役のようなドゥーマン。この人物がからむと、どうも話が怪しげになることに読者もお気付きだろう。このドゥーマンという男は、米国大使館の参事官としてグルー大使を支えたばかりでなく、戦後マッカーサーの「日本統治政策」の進路にも影響を与えたほどの人物だったが、「日米開戦」前当時、ゾルゲはこの男を諜報担当としてニューマンとつながっている、とマークしていたことはすでに触れた。

ここで日本の官憲の記録に目を転ずると、戦前、戦中を通じて在日の大使館や外国人の動向に目を光らせ、それを克明に記録した『外事警察概況』*2（昭和一六年）の中、「米国大使館の状況（同年一―六月）」でも、ドゥーマンに関して次のように言及されていて興味深い。古い役人の文体で読みづらいが、歴史的文献なので原文のまま紹介すると――

日米関係漸次緊張するに従ひ、大使館の対日諜報活動は一段と積極化せるが、昨年十月以降在留米国人多数の引揚を見るに至り、この方面よりの情報入手意の如くならざるに至りたるものの如く、之が対策として合法場面を極度に利用せんと目論見〔略〕第三国公館員又は知名邦人等の接触に関しては、連絡関係及会談内容等を秘匿する為ゴルフ競技に籍口し、ゴルフ場を会談場所に利用する等細心の注意を払ひ居りたるが、殊にヅーマン〔原文のママ〕参事官の如きは、本邦人との会合の場合には自家用自動車の使用を避け専ら一般乗用車を利用し、又会見申込み等も本人が直接電話せずして代人をして電話連絡せしめ、或は信書により連絡する等の方法をとり居りたり。〔以下、略。強調は引用者〕

日本の官憲がドゥーマンを諜報担当の要注意人物として特にマークしていたことが「殊にヅーマン参事官の如きは」という表現に滲み出ているではないか。その前段で、昨年十月以降に在日米国人が多数本国へ引き揚げたために、この方面から情報（諜報）が得にくくなった、という下りは、ニューマン〝日本脱出〟（一九四一年一〇月一五日）とも重ね併せると、あたかもドゥーマン参事官―ニューマンの関係が筆者の念頭にあったのでは、とさえ思わせる筆致である。

ここで、「ゾルゲのターゲットはそもそもグルー大使だった」という注目すべき発言を紹介しておこう。このコメントの主は、外務省の元国際情報局長、孫崎亨《まごさきうける》氏。[30] 国際諜報事情に明るい、我が国には少ない国際スパイの専門家である。ゾルゲが日本やドイツ政府の最重要機密を伝えたかったのは、ニューマンやドゥーマンに、ではなく、米国政府の代表、グルー大使そのひとだった、という見方を開陳したのに続けて――

「伊藤さん、あなたが書かれた「開戦前夜の『グッバイ・ジャパン』」[*3]によると、ニューマンが『ヒトラー、ソ連侵攻』のスクープを紙面に載せたのは一九四一年五月三一日。これは大変重要な意味を持ちます。私が知る限り、ゾルゲがこの独ソ開戦の情報をモスクワに知らせたのはそれより後の六月一日だった。つまり、ソ連のスパイであったはずのゾルゲがモスクワより先にニューマンに知らせた。ニューマン・ドゥーマンの関係をあまり評価していなかったというゾルゲは、ニューマンを通じてグルー大使に知らせたのです。これは何を意味するのでしょうか」

孫崎氏が指摘するように、ゾルゲの指示によって「ヒトラー、ソ連侵攻へ」の情報をヴケリッチがニューマンに耳打ちしたのは四月末から五月の初めころだった、とニューマンは私に語った。この点について孫崎氏は、「ゾルゲは自分の情報をモスクワが信用しないからニューマンに」というこれまでの通説を覆すのみならず、ゾルゲが最終的には米国のスパイだったのでは、という見方の有力な裏付け、というのだ。

孫崎氏は自説の裏付けとして、①モスクワの赤軍のゾルゲの上司たち、ゾルゲをリクルートしたベルジン諜報部長もその後任のウリツキーも揃って米国のスパイ容疑で逮捕、銃殺され、②ゾルゲにとっては自分の情報の扱いもさることながら、自分自身がソ連に帰国しても身の安全に不安があり、③ゾルゲ・グループにメンバーを送り込んでいた米国共産党が米国をヒトラー・ドイツと戦争させるため米国内で対日開戦への推進役を務めていた、などの背景を指摘。そのために、グルー大使に頼ったのでは、というのだ。

ここで話を主人公のニューマンに戻すと、彼が自分のスクープのネタ元を公にしたのは、一九六七年、日米開戦から四半世紀の時間を要した。それはなぜか、そして、なぜこの段階で公けに？

少し遠回りになるが、ここで第二次世界大戦とグローバルな諜報戦争の一端を紹介し、ニューマンの謎との関わりを考えて見ることに。

その最上の参考書として、ヒトラー・ドイツとの諜報戦争で歴史的な功績を上げたとされるイギリスの地下戦争の総指揮官、BSC（英安全保障局）の組織者、ウィリアム・スティーヴンスンが著した『暗号名イントレピッド』*4を使う。タイトルの〝イントレピッド〟（恐れ知らず、の意）はその指揮官の暗号名。独・日・伊の枢軸グループ三国に対する諜報戦において、彼がチャーチル－ルーズベルトの橋渡し役と英米両国にまたがる指揮官を如何に務めたか、が初めて公にされた。ご存知の映画『007』の原典とされる貴重な記録である。

その「序文」とさわりの部分から、いったいこの組織はどうして作られ、その秘密が明かされた過程を追うと――

フランクリン・デラノ・ローズベルト大統領は、米国が正式にはまだ参戦していなかった二年間、専制政治に対する秘密戦争〔「諜報戦争」がより適訳か〕を支援していた。次に、無警告攻撃を受けて、アメリカは堅苦しい外交の衣裳を棄て、戦闘着をつけた。敵――ナチ・ドイツ、日本帝国、ファシスト・イタリアとその傀儡国――は、ついに公然と姿を見せた。しかし、秘密戦争は秘密のうちにつづけられた。

この隠された活動についての重要な事実は、もっともな理由から、いままで十分に明かされたことはなかった。完全な事実を知っているものはほとんどいない。事実のあるものは、どの文献にも書かれていない――記録はまったく入手できなかった。三五年間、これらはイギリスの国家機密法の厳重な制限のもとにおかれてきたのである。現在でも、いくつかの事項は、もちろんはっきり説明されない理由から未公表のままにおかれなければならない。しかし、何が実際に起こり、何故起こったかという――歴史的観点からは、いまはもう重要なことを隠しておく必要はない。*5

そして、諜報戦争における英米提携がどのように始まり、なぜいまその秘密を明かすことになったか、が語られる。

一九四〇年、ロンドンが私をニューヨークのイギリス安全保障局（ＢＳＣ）本部に派遣し、その秘密維持を援助させたとき、私はすでに二〇年間もプロの諜報機関にいた。ＢＳＣ網の人員はすべて素人だったので、私の特別の経験がそこで必要だと思われたのだった。このような心配は当たらないことがわかった。ヨーロッパ大陸で、ナチに対する在来的な武装抵抗が終わり、ヒトラーがパリに入城したあと、イギリス秘密情報機関（ＳＩＳ）はヨーロッパではもう役に立たなくなり、われわれプロの工作員がほとんど一挙に削減された。しかし、プロと交替に集まってきた素人は、結構自分でやってゆけた。[*6]

こうして始まった諜報戦争の英米共同作戦の成功こそ、ヒトラーとの戦いに勝った立役者だった、と両国の指導者は密かに賞賛した。成功の大きな鍵は、一度メンバーになったら生涯抜けられない、といった硬直的な組織ではなく、そこは英国らしく、あくまで自由人の自発的行動を基にしたことだった、という。

私はまもなく、アメリカの諜報機関の青写真を起草するよう依頼された。それはBSCと同じようなもので、イギリスの戦時の間に合わせものを基礎にしていた。〝イントレピッド〟は自分でそれをやってのけた——それは自由世界内の秘密工作は、立派な民間人としての経歴の中で技能を身につけ、誠実さを証明した男女なら、非常にうまく処理できることを改めて示していた。

詳細な組織表がワシントンにみせられた。私はそのうちの一つを簡略化したものをこの本のために用意した。それは主要な命令系統を映しだしており、特にイントレピッドが極秘のうちに、アメリカ大統領とイギリス首相との間に維持してきた法外な関係を明らかにしている。

ロックフェラー・センターに本部を置き、何千というわれわれの工作員や専門家が五番街のアトラス像の下を往来したが、彼らの正体と行動はしっかり隠されてきた。しかし、アトラスを通り過ぎるアメリカ人も増えてきて、込み合ったBSCのオフィスに入るので、露見の可能性も相当増した。しかし、われわれが驚いたことに、秘密は長く保たれた。[*7]

地下戦争である以上、厳格な秘密主義が守られたのは当然なのだが、その秘密が一九六〇年代から七〇年代にかけて段階的に明らかにされる。

私はいま、一九六二年にBSCについて沈黙が破られた理由がキム・フィルビーのソ連への逃亡であったことを明らかにすることができる。フィルビーは、イギリスの諜報機関に侵入していた異彩を放つ共産主義の工作員で、第二次世界大戦の終結まで反共部門を指揮しており、あの伝説的な機関の長になることを争う第一級の人物であった。われわれは彼がBSCの存在に関する知識を持って行ったことを知っているが、また彼がイントレピッドの組織の遠大な目的の全容を知らないことも知っている。したがって、フィルビーまたは彼の支持者が明らかにするかもしれない暴露の効果を鈍らせるために、ちょうど必要なだけの真相が公表されたわけである。しかし、一〇年後の一九七二年には、われわれもまた、ソ連がむしろもっと多くを知っており、われわれの友人を打ちのめしたり、歴史をゆがめ、またイギリスと関係のあるアメリカとカナダを傷つけるためにこの情報を使うかもしれないのを知っていた。ついに全部を明るみに出すことが、この脅威に対する、また歴史の要求に対する回答であった。そこでこの書が生れた。[*8]

ここで話をニューマンに戻す。ニューマンがこの〝イントレピッド〟組織に関係していたか、否か。それは知る由は無いのだが、ニューマンがこの諜報戦争における英米共同作戦の本部が置かれたニューヨークから、この作戦が始まった一九四〇年の数年前に東京にやってきたことは単なる偶然なのか。それよりも、〝イントレピッド〟の話をここに長々と引用したのは、ニューマンの沈黙期間との妙な符合が気に掛かったからである。

ニューマンが『Goodbye JAPAN』を著したのは開戦直後の一九四二年春、ニューヨークに戻った直後だった。開戦直前までの日本を天皇、軍部、財閥の「汚れた三位一体」として描いたその抜粋を、本書の付録として末尾に添えたが、ニューマンはこの時、日本に残った自分の記者仲間や友人に累が及んではいけないと、重要な人名をほとんどすべて伏せた。自分が連発した歴史的スクープの内容を誇らしく紹介はしたが、そのネタ元は一切明かさなかった。

そのニューマンが「独ソ開戦日の予告」など特ダネの秘話を、ようやく「今だから書こう」と言う気になったのが、東京を去ってから四半世紀を経た一九六七年、「ヘラルド・トリビューン」紙の論説委員時代のこと。

ここで賢明なる読者はお気付きだろう。この一九六七年というタイミングは、前述した〝イントレピッド〟解禁の時期（一九六二―七二年）とピタリ一致するのだ。そして、ニューマンはこのエッセイ執筆時の肩書きは「ヘラルド・トリビューン」論説委員だったようだが、それが公表された時点には、同紙は解散廃刊の憂き目に。ニューマンは雑誌の仕事にうまく転進したのだが、元東京特派員として、或いは諜報がらみの仕事を〝兼務〟していたとしても、その「守秘義務」の部分解禁の時期と判断したのではなかったか。もっとも、あとあとまでその死因を心配し続けた恩人・渋沢正雄の名前は、このエッセイでもまだ明らかにされなかったが……。

「彼はヘラルド・トリビューンのスパイでもあった」

ドキッとさせられるタイトルが付いたニューマンの一文は本書「プロローグ」ほかで紹介した通りだが、ここで「スパイ仮説」にからむ部分を再度とりあげる。東京時代にゾルゲ・スパイ団のヴケリッチから「ヒトラー、ソ連侵攻へ」の機密情報を耳打ちされ、（もちろんその時点ではヴケリッチを特派員仲間の一人として接触していた）「早く原稿にして送れ」と執拗に督促されたエピソードなどを軽やかな筆致で紹介した後、「ハワイ休暇」からニューヨーク帰還へのクライマックスを以下のように――[9]

ニューヨークの本社は私に早期帰国を勧めてきた。私はもう少しホノルルに止まって事態の推移を見たい、と答えた。そして希望通り十一月中はハワイにおける米国の防衛態勢についての原稿を送り続けた。だが、十二月になると本社も私のホノルル長期滞在に痺れを切らし、定期便の船で本社に戻るよう要請してきた。私は十二月五日とその翌週の便のうち後の便で、と粘ったが、本社は「五日の便に」と命じてきた。〔略〕

さてニューヨークの本社デスクは「真珠湾攻撃」〔現地時間一二月七日〕を知った日、私をつかまえようとあわくってハレクラニ・ホテルに電話した。ということは、私が「真珠湾攻撃」直前にホノルルを出発するのは得策ではないと判断し、私の一存でまだそこに止まっているのでは、と本社は考えたのだ。だが、残念ながらその時、私はすでに船上の人になっていた。

あれあれ、最後の下りはニューマン得意のジョークなのか、それとも、やはりニューマンは「真珠湾攻撃の日」を察知していたのか。少なくとも本社デスクはニューマンが「Xデイ」を知っていた、と判断したようにも読み取れる。私とのインタビューでは「ハワイ休暇」のあとは日本に戻る予定であり、もちろん「Xデイ」は知らなかったはずであったが……。

ここでも間一髪の〝敵前逃亡〟だったのだが、ニューマンはこのエッセイを以下のように締めくくった。

本社に戻って社会部で新たな仕事を始めたある日、一枚の原稿が手元に届けられた。それは、あのブキー（ヴケリッチの愛称）がゾルゲ・スパイ団の有力メンバーとして逮捕された、という発表記事だった。（彼はその後、獄中で亡くなった。）ソ連の諜報機関、ゾルゲ・グループは日本政府や在日ドイツ大使館からの最高機密情報を得ていた。

ブキーはソ連のスパイであったかも知れない。しかし、彼は「ヘラルド・トリビューン」という新聞を通じて、アメリカ国民のためのスパイも演じてくれたのである。

ここで話をゾルゲ・グループに戻すと、ヴケリッチはその信頼するボス・ゾルゲの指示に従って「ヒトラー、ソ連侵攻」の情報をニューマンに流した。従って、このタイトルの「彼」をゾルゲに置き換え〝ゾルゲはヘラルド・トリビューン（アメリカ）のスパイでもあった〟とすれば、ここで前述の孫崎仮説とピタリ焦点を結ぶのだ。

さて、前節で追いかけた「ハワイ休暇」への疑問、さらに、ニューマン・渋沢正雄の「タバコの火を」の出会いは余りに出来過ぎでは、という振り出しに遡る謎、謎。「ニューマン・スパイ仮説」に立てば、これらの謎は何を意味するのだろうか。

前節で考えたように、『グッバイ・ジャパン』のアタマとフィナーレ、つまり、「タイムズ・スクエアの出会い」と「ハワイ休暇」は話が出来過ぎで、いずれもニューマンの脚色がどうしても必要だったのでは、と私は思う。

ニューマンとの「出会い」について、渋沢は前節で触れた「欧米報告」中、直接は言及していない。このことは、もしこのタイムズ・スクエアの場面がニューマンによる脚色の産物だったなら、ニューマンにとって幸運だった。ただ、渋沢はこの報告の中で米国での人との出会いについてこう語っている――「相手は今亜米利加に於て第一流の人物と云ふ許りでなく、次の時代を背負つて立つやうな人物に紹介して貰ひ、大分会いましたよ。独り実業家ばかりでなく、新聞記者とか評論家とか日本研究者等であります」

国際交流、日米親善を重視した渋沢は、外国人の留学生や研究者をただで宿泊させるための「インターナショナル・ハウス」を自宅敷地内に建てたばかりだった。前述の渋沢の説明は、在米中にこの宿舎の入居者探しをしていたことを表している。その結果としてニューマンを選んだとすれば、ニューマン・渋沢の出会いは「街角で偶然」などではなく、然るべき第三者「A」の紹介によって実現した、と見るのが自然だろう。そして、この「A」がもしも米国務省あるいは諜報機関筋の人間であったとすれば、ニューマンにとって公表は永遠にタブーだった。ニューマンがこのエッセイを執筆した時、幸か不幸か、「死人（渋沢）に口無し」という状況も手伝って、ハリウッド張りの劇的場面がニューマンのアタマで創作されたか、と私はいまになって推測している。

一方の、「ハワイ休暇」。この背景は出会いの場面よりはるかに複雑である。ニューマン健在で私がインタビューを繰り返したところ、『グッバイ・ジャパン』復刻版の原稿にうっかり横浜港から「脱出」とし、その翻訳を〝escaped〟としたところ、これを点検したニューマンが烈火の如く怒り「君はまだ僕を信用していないのか」と電話で怒鳴りつけられたことはすでに書いた。「いえ、この〝escaped〟は結果として〝難を逃れた〟というニュアンスで」という私の苦しい説明に、「休暇に出掛けるのに〝escaped〟は絶対だめ、ここは〝left〟（出航した）とせよ」とニューマンがガンとして譲らなかったのを鮮明に覚えている。

このニューマンの「ハワイ休暇」については、彼の親友ヴケリッチの妻、山崎淑子さんが「もう帰ってこない、と夫から聞いた」「夫はニューマンにお金を貸し、（その見返りに）〝部屋の家具をどうぞ自由に〟とニューマンが言った、とも聞きましたが……」と首を傾げていた。それでも「ハワイ休暇」

の疑問に拘ると『グッバイ・ジャパン』復刻計画全体が確実につぶれる。そんな事情を言い訳に山崎さんに沈黙をお願いしたこともあった。その山崎さんも既に亡き人となったが、いまにして思えば、山崎証言にはそれだけリアリティーがある一方、ニューマンの「休暇」へのこだわりは尋常ではなかった。この『グッバイ・ジャパン』のクライマックスを〝escaped〟とされては、ニューマンにとって「蟻の一穴」となりかねない重大問題だったのだろう。

そこで「ハワイ休暇」の真相として考えられるのは——

①ニューマン自身が土壇場で原稿にして送ったように、彼が乗った引き揚げ船「龍田丸」には「日米情勢の危機」を察知した在日米国人が殺到し、「ハワイ休暇」に出掛ける人間が席を確保するには、米国大使館筋など何か特別のコネを使わなければ難しかった。

②ニューマンの「逮捕状の出た日」と「横浜港出奔の日」がピタリ、さらに、ニューヨーク向けホノルル出奔が「真珠湾攻撃」の二日前——これも話が出来過ぎでは？　逃げるニューマンは「近く逮捕」という身の危険を察知する一方、追いかける特高の方は「ニューマン出国へ」の動きを掴んで急ぎ逮捕状を、と考えるのが「捕り物帳」の常識だろう。

③ニューマンがその時「長居は無用」と帰国を考えていたとしても、特高からマークされていたその状況下では「休暇」でなくて「帰国」では日本の官憲から出国許可を取るのが困難だった。

④ここで自分がなにか日本官憲との間で厄介なことを引き起こし、大切な恩人、渋沢に累が及ぶことを、何よりも警戒した。

⑤親友ヴケリッチや米国の特派員仲間達を東京に残し、自分だけが「敵前逃亡」というのは、記者

のプライド、友人との信義から、許されなかった。
などなど、である。
ここで「敵前逃亡」について、補足説明をしておく。
前述の『外事警察概況』第七巻は真珠湾攻撃の朝を次のように記録——

予て非常事態に備えて外諜容疑者名簿を整備し、綿密なる内偵を遂げつつありたるが、十二月八日（米国時間七日）午前七時以降司法及憲兵当局と緊密なる連絡の下に左の如く全国的に一斉検挙を実施せり。

この一斉検挙によって「米英系外諜容疑者」が計一一一人、うち米国人が一六人。その名簿の冒頭に特派員五人の名が。なんと、その内以下の三人は上記ニューマンのエッセイや私とのインタビューに登場した仲間たちであった。その名前は

★オット・デー・トリシャス（原文のママ）（米、三三、男）「ニューヨークタイムズ、ロンドンタイムス通信員」（東京市赤坂区榎町五）
★マックス・ヒル（米、三八、男）「A・P通信員」（帝国ホテル）
★リチャード・エー・テネリー（米、三一、男）「ロイテル（ロイター）及インターナショナルニュースサービス通信員」（東京市渋谷区栄町二の三（？ 解読不能））

ニューマンがヴケリッチから「ヒトラー、ソ連侵攻へ」というとんでもない情報を耳にして、これを記事にするか否かで悩んだとき、トリシュスが登場するこんな場面がニューマンの随筆「彼はヘラルド・トリビューンのスパイでもあった」に。

そして五月初めのある日、モスクワから東京に転任したばかりの米大使館員チャールズ・ボーレンとアメリカン・クラブで昼食を共にした。ベルリンでの特派員生活を切り上げ、東京に転任してきた「NYタイムズ」のオットー・トリシュス、「NYタイムズ」とロンドンの「ザ・タイムズ」両紙のモスクワ特派員を兼務して名声を得て帰国途上のウォルター・デュランティーの両記者もこのランチに加わった。ヒトラー・ドイツとスターリン・ソ連のこれほどの専門家たちが同じテーブルを囲むなどということはとても考えられない幸運だった。

同じエッセイのクライマックス、その「ヒトラー、ソ連侵攻」の日、ニューマンたちは――

そしてついに「六月二二日」がやってきた。この日は快晴、完璧なテニス日和だった。AP通信のマックス・ヒル支局長の住むマンションのテニスコートで、彼といつもの記者仲間を相手にダブルスに興じていた。〔略〕彼のメイドさんがコートに走ってきてけたたましい叫び声を上げた――「ヒルさん、ヒルさん、ドウメイ（同盟通信ビル）から至急の電話です！」。緊急電話は、われわれ米国の報道機関四社がみんな支局を置いている「同盟通信」ビルからだった。マックスは電話を取りに走り、やがてこう叫びながら戻ってきた——「ヒトラー・ドイツがソ連侵攻！　ヒトラーがソ連に侵攻した！」

話はその一年前に遡り、スパイ容疑でロイター通信コックス東京支局長が東京憲兵隊に捕まり、取調べの隙間を縫って憲兵隊本部の三階から飛び降り自殺したのは、「謎・その4」で書いた通り。その時のことを思い出し、ニューマンは私に語った

「私自身はコックスが死んだ後、彼が使っていた部屋で仕事をすることになった。というのは、私の友人だったリチャード・テネリーがコックスの後を引き継いでロイター特派員となり、彼と私がそのオフィスをシェアすることにしたからだ」

こうしたニューマンの東京時代の回想文を読めば、これほど親しかった記者仲間を残して自分だけが抜け目なく「グッバイ・ジャパン」を敢行すれば、後々まで「敵前逃亡」の汚名を着せられるのは必定。そこで、「ハワイ休暇」というシナリオがどうしても必要だった、というのが私の憶測である。

なお、ニューマンの記者仲間、トリシュス、ヒル、テネリーの三人は「一九四一年十二月八日　検挙、判決　懲役一年六カ月（執行猶予三年）、釈放　四二年六月二日」と判で押したように同じ扱いを受けたことが前記『外事警察概況』に記録されている。

ところで、諜報のプロが脚色や作り話を余儀なくされる事情を、前述の『イントレピッド』はこう解説している――

厳重に守られた秘密が、もっとも献身的な調査者の努力さえも妨げたのは当然である。そして皮肉にも、われわれが敵を誤らせるためにでっち上げた、故意に事実をまげた作り話のいくつかが、まだ真正なものとして一般に受け入れられていた。（これは真実のためには役立たなかったとしても、虚栄心のためにはなったのだ！）しばしば冒険とセンセーショナリズムが物語の中に架空的に挿入されたが、本当の事実が知らされたら、その物語はもっと興味をそそるものとなったであろう。強いられた沈黙は、これらの誤った説明を訂正したり、これに穏やかなコメントを加えるのさえ禁じた。これらの確立された誤解や否定されなかった憶測をいまになって、吹き飛ばすことができるだろうか。*10

ニューマンがよく喋ったのは「強いられた沈黙」の裏返しだったか。私が納得いかぬ「?·」をニューマンに尋ねると、「穏やかなコメント」の代わりに、激しい反発の言葉が返ってきたことが多かったが……。たとえば、

――太平洋戦争後、半世紀もの間、あなたが日本を一度も訪ねなかったのが不思議なのだが……。

ニューマン　君は自分の取材した場所へいちいち戻るか。自分はこれまでずっと将来を見て生きてきた。君も記者なら、そういう生き様はわかるはずだ。

確かにニューマンの足跡をたどると、ニューヨークで『Goodbye JAPAN』を書いて一息入れた後は、米ソ冷戦下のモスクワ、ベルリン、ロンドン、それから南米アルゼンチン各地の特派員を勤めた歴戦の大記者。その履歴は恵まれ過ぎではなかったか。だが、それを口に出せばまた彼の怒りを、と質問を控えるなど、心の底を覗き込むようなやり取りもあった。

ところで、英国陸軍学校で諜報の研究を始め、CIA（米中央情報局）やMI6（英軍諜報部第六課、現在の情報局秘密情報部）など世界中の諜報機関にパイプを持つスパイの専門家、孫崎氏はスパイの掟《おきて》とそれを雇う側の鉄則を次のように説明する。

諜報プロの掟は、死ぬまで守秘義務を負うということ。諜報機関のリクルートの鉄則は記者なら記者、外交官なら外交官という現在の職も生活もいっさい変えさせず、死ぬまでその職業を続けさせる。だからスパイと他の職業は背中合わせ、つまり「生涯兼業」を貫かせる。もしも官憲に捕まったら「死」か「黙秘」か。大切なことほど言わず、秘密を抱いたまま死ぬのがプロの所作、だという。

ここで、先にニューマンの恩人、渋沢正雄がイタリアで会見したムッソリーニが「実はスパイだった」という興味津々のエピソードを。「朝日新聞」（二〇〇九年一〇月一五日付）に紹介された英紙ガーディアンの記事である。

「ムッソリーニもスパイだった」（英・ガーディアン紙）

［ロンドン＝土佐茂生］第2次世界大戦時、イタリアの独裁者だったムッソリーニが、ジャーナリスト時代に英国の情報当局から当時としては高額な週一〇〇ポンドの報酬を受け取り、英国にとって有利な記事を書いていた、と英紙ガーディアンが14日報じた。ケンブリッジ大の歴史家ピーター・マートランド教授が、当時ローマで英情報当局の責任者だったサミュエル・ホア卿の文書を調査してわかった。

同紙によると、第1次大戦末期の1917年秋、連合国として英国とともに戦っていたロシアが革命が起きたために戦線を離脱。同様にイタリアも撤退するのを恐れた英国はムッソリーニに近づき、約1年間にわたってムッソリーニが編集する新聞「ポポロディタリア」に戦意を高揚させる記事を書かせたという。

また、ムッソリーニは当時、ホア卿に対し、ミラノであった反戦運動を武力で弾圧する提案もしていた。

報酬一〇〇ポンドは、現在の6千ポンド（約85万円）に相当する額だった。

一国の独裁者にまでのし上がったムッソリーニの例でも分かるように、スパイといっても、検挙されなければ普通の人（記者、外交官、学者など）として、生涯その職を立派に全うする。そんな人々は、ひょっとするとあなたの周りにもいますよ、というわけである。

だから、ゾルゲ、尾崎らは取調べで演説を打つが如く多弁であったようだが、どこまで真実を語ったか。大切なことほど沈黙、ということだから、ゾルゲがアメリカとの関係を重視し、〝最後の命綱〟と考えたなら、果たしてニューマンとの直接接触はあったのか、グルー大使をどう頼りにしたか、など米国との関係はとりわけ口が堅く、従って永遠に謎のままであろう。

そして、自殺したコックスは、もしスパイであったのなら、完璧にプロの掟を守った。人間は誰しも拷問の痛みには弱く、口を割り易いから、自殺によって自らの口を完封するよう訓練を受け、それを活かした、というわけである。

そのコックスが使っていたオフィスを、その後任で、仲間でもあったテネリー・ロイター通信特派員とシェアしたというニューマン。恐らく、受け継いだのはその部屋のみならず、より重要な仕事、つまり、ゾルゲ・グループ情報の「リーク先」の任務も引き受けた、ということだろう。この事は、ゾルゲとニューマンのパイプ役を果たしたヴケリッチの子息、ポールの証言[*11]からも推測される。ヴケリッチとコックスは東京生活数年にわたって家族ぐるみの親交が続き、日米開戦の迫った一九四一年九月末、当時一〇歳だったポールは母親エディットとともに横浜港から日本脱出を果たす直前まで、コックス未亡人のお宅に世話になった、と証言している。

もちろん家族ぐるみの親交が、そのまま仕事上の、しかも諜報がらみの情報のやり取りまで含んだか、否か、安易に決め付けることはできないとしても、この開戦直前の緊迫の時期の、ヴケリッチ、コックス、ニューマンを結ぶ人間関係は、極めて興味深い。ゾルゲ・グループの貴重な共有財産であった重要機密を、ヴケリッチから先ずは英国のロイター通信記者へ、そして、その記者「自殺」の後は米紙特派員のニューマンへと作戦転換。これは、〝イントレピッド〟が公表した国際諜報戦争の大きな流れとも符合するのだ。

ヒトラーの英国本土攻撃を前に、まだ救国の宰相になる前のチャーチルがルーズベルト米大統領に諜報戦争の共同作戦を呼び掛け、ナチス撃退への一歩を踏み出そうとしていた時期であった。民主主義国連合の二人の指導者が、欧州と並ぶ諜報戦争の最前線として東京を重視したとしても不思議ではない。そして、ソ連のスパイ、ゾルゲ・グループ情報の受け手がコックス（英）からニューマン（米）へと移ったこの動きが、英米のグローバルな諜報戦略の一環、というのはあり得ることだったろう。

〝イントレピッド〟の解説に学んで、というわけではないのだが、この話をもう一つセンセーショナルにすれば、ニューマンはロシア系ユダヤ人であった。これは、ニューマンの弟、エール・ニューマンが酒席で私に明かしたことだが、そうであればニューマンがゾルゲ情報を米国に伝えたのも、決して偶然の産物ではなかったのだ。そして、東京を舞台とした国際諜報戦争では「英米ソ」のトライアングル・コネクションが見事な成功を収めた、ということになる。

であれば、第二次世界大戦の究極的勝利は、ベルリンでは米ソの軍隊が、東京では両国のスパイたちが、完結させた。ただし、ベルリンでは米ソ両軍の兵士たちが歓喜の抱擁を、東京ではソ連側は悲劇の主人公を生み、ニューマン・米国の一人勝ちに、と歴史家はこの先記録することになるかもしれない。

さて、ゾルゲ事件の歴史的意味を検証する「ゾルゲ事件国際シンポジウム」[*12]が二〇〇八年九月にゾルゲの生誕地アゼルバイジャンの首都バクーで開催され、筆者もスピーカーの一人として参加。「スパイとジャーナリストの狭間」と題した報告のさわりの部分を再録すると――

『グッバイ・ジャパン』の謎を探る取材を通じて私が得た「ゾルゲ事件の特徴」とは――

①ナチス・ドイツが戦端を開いた欧州戦争が、日米開戦によって「第二次世界大戦」へと大きく転回した二〇世紀の歴史の中で、最も劇的な瞬間に関する最高機密をゾルゲ・グループは的確に捉え、特筆に値する大きな成果を上げた。

②ゾルゲ・グループの重要メンバーで、ヴケリッチをパイプとしたゾルゲ・グループとニューマンの連携によって、ゾルゲが得た機密情報の核心部分がそのまま西側の有力新聞で報道されたことによって、その諜報活動の歴史的意味は飛躍的に拡大した。

③ゾルゲ事件の展開の中ではスパイとジャーナリストの区別が困難で、日本政府の秘密主義、厳しい防諜体制との戦いのなかで、スパイとジャーナリストの違いは何なのか、防諜システムと民主主義の問題を考察する格好の事件となった。

の三点である。

以上のように、ゾルゲ・グループの機密情報を新聞報道によって米国民に伝えたニューマンはゾルゲのグループの歴史的意義を高めた人物だが、同時に日本の特高からマークされ、逮捕寸前に「ハワイ休暇」で横浜港を出航……というスリリングな足跡から、未だに「純粋なジャーナリストだったのか」「ハワイ休暇は日本脱出のための脚色だったのでは……」といった謎を秘めた人物でもある、と『グッバイ・ジャパン』の不思議な物語を紹介した後、次のように締めくくった。

スパイとジャーナリストの関係では、ゾルゲが取り調べに答える中で自分とヴケリッチを比較して次のような興味深いことを語っている――「ヴケリッチは我々の諜報グループに加わるという明確な目的を持って、日本にやって来ました。同時に彼は、私自身と同様に身を隠すために新聞社の通信員となっていました。私は情報集めが本来の仕事だったので、記者生活には熱が入りませんでしたが、ブーケリッチはますます記者仕事に熱中し、……」〔中略〕

ゾルゲのこの証言はスパイとジャーナリストの一人二役について興味深いが、ゾルゲ、ヴケリッチともに一九三〇年代の日本について立派な記事を大量に残していることを付け加えておかねばなるまい。そして、そのゾルゲが「ニューマンは果たして純粋のジャーナリストなのか」との疑念をもっていたことをうかがわせるのは皮肉であり、また、スパイ、ジャーナリスト、そして国家権力の関係を考える上で興味深い。

ニューマンの足跡を追い続けた結果は、確かにスパイと記者の区別は難しい。その言動、情報を取る方法と発表方法、そして業績としての原稿の質などを含めて。例えば映画「スパイ・ゾルゲ」を作った篠田正浩監督が「開戦前の日本をこれだけリアルに記録したジャーナリストが果たしていただろうか」と感服し、この映画制作の強い動機となったというゾルゲの「日本観察」のさわりの部分を最後に再録する。*13

日本は今日その現代史上もっとも困難な局面にある。農業の窮境は、日本人民の力と団結にとって由々しい危険になり始めている。活気に充ちた工業景気と輸出景気は、気がかりな矛盾を含んでいることを示している。たえず増大する軍備支出の渦にとらえられた国家財政は、重大な危機に向って流されている。そのうえに、かなりな危険を内包する重大な諸大国との対外政策上の困難が加わっている。

これほど困難な局面にありながら日本は政治上指導者に欠けている。その政府はもう何年ものあいだ、軍部、官僚、経済界上層、政党などの勢力の内的な力と決断のない混合である。数年前まで大いに力のあった政党は、汚職と内輪の党争のために政治的にまったく堕落し、国民の大部分から軽蔑されている。ますます指導的地位に達しつつある国家官僚は、政党と軍のあいだで行ったり来たり揺れており、あてにできる後継者がない。ファショ的または国家社会主義的な色あいの若い諸団体は、少なくとも今のところ、絶望的に引きさかれている。〔中略〕

注意ぶかく日本を観察するものは誰でも、この対立と内部不団結の状態がもはや続くものでないことを知っている。だが、少なくとも今のところは、新しい道を求めている目に見える唯一の強い勢力である日本の軍部は、これから起こりうる内政上の変動のなかで、決定的な役割を演ずるであろう。この勢力を認識すべき時である。

ゾルゲはこのあと、日本の軍部のほとんど九九％までが貧しい農家の出身であり、将校、兵士を問わず安月給に甘んじ、日本古来の家父長的な絶対服従の関係で固められていることなどを活写。軍事費負担で極度に悪化した日本の財政は、重税に苦しむ農家によって支えられているが、この矛盾は極限に近い、と論じた後、次のように結ぶ。

日本の軍部は、ずっと前から支配的であった日本の政治生活の停滞、それどころか実に泥沼化に、大胆に、揺り動かさんばかりに介入した。民間のほかの勢力は、残念ながらこれまでのところこの役割を引きうけるに足るほど発展していない。（中略）われわれは日本の今後の発展の友好的な傍観者たりうるだけである。それでもわれわれは、内政外交上の重大な危機に陥っている日本が、苦境にあるその国民の負担能力について、対外政策の目標設定の規模について、また軍事的に解決するべき課題の大きさについて力以上のことをやらなければよいがと希望を述べてもよいだろう。（『地政学雑誌』一九三五年、第八号、四七九～四九三ページ）

ゾルゲがこの原稿を送ったのは一九三六年に起った「二・二六事件」の一年足らず前のこと。二・二六事件という単なるひとつの事件に止まらず、さらに五年後の「太平洋戦争」突入までの悲劇の道筋を予見したかのような筆致ではないか。スパイとジャーナリストの二役を演じたゾルゲだったが、その書き残した上記の力作、それにニューマンに機密情報をリークし続けたヴケリッチの記事（本書「謎・その2」参照）を読めば、ニューマンの送った特電や『グッバイ・ジャパン』と比べて、優るとも劣らぬ出来栄えだと確信する。

というわけで、スパイかジャーナリストかの区別は、その言行・原稿の両面からもつけ難い。何よりも本人の意識が最大のメルクマールのはずだが、現実問題としては、その国の時の権力・法律によって決まることも忘れてはならない。開戦前夜の日本におけるスパイ防止の最も端的な法律は「国防保安法」（一九四一年三月）。重要な国家機密を漏らすことを単純明快に禁じたもので、この法が存在する限り、通常の取材・執筆活動、まともなジャーナリズムは存在の余地がなくなる。ニューマンももし逮捕されていたなら、ゾルゲ・グループの正式メンバーか否かを問わず、この法律によって「スパイ」の判決を受け、ゾルゲ、尾崎と同じ運命をたどったかもしれなかった。

前段でも触れたが、日米開戦前当時、仏アバス通信の東京支局長でヴケリッチの上司でもあったロベルト・ギランが「ゾルゲ、ブーケリッチ、尾崎といった勇気ある人びと」と、日本の法律によってスパイのレッテルを貼られた人びとに敬意を棄てず、「ゾルゲ事件にはまだ、研究者や歴史家によって今後発見されてよい多くの側面が残っていると信じている。われわれは部分的で、歪められた真実しかまだ知ってはいないのだ。ゾルゲは裁判の中で、すべては告白してはいないだろうし、裁判そのものがファシズムの政府によってとりおこなわれたのだから」（『週刊朝日』一九七四年一〇月二五日号）

と訴えたその精神に、ジャーナリストとして共感する。

そして、ニューマンに対して日本の官憲が逮捕状を出し、当のニューマンが「その容疑は『国防保安法』違反だったのでは」と語ったように、もしニューマンが逮捕されていたなら、この「国防保安法」違反と言う名のスパイとされたに違いない。それは単に、日本の国家機密を記事にした、というに過ぎない。

こうした経緯から、ニューマンを「スパイだったのでは」と疑うのは特に不思議なことではない。ただし、本稿で私がことさら立てた「ニューマン・スパイ仮説」はそれとは次元の違うもの。ニューマンが記者としての執筆活動とは別に、米国政府に諜報を提供する何らかの任を背負っていたのでは、という疑惑なのである。

追い続けてきた「『グッバイ・ジャパン』の謎」もそろそろ締めくくろう。

私は今も、ニューマンが無垢の記者だった、と信じたい。だが、どうやらスパイ兼務であったかと、正直言って気持ちは揺らいでいる。ただし、私はスパイという表現を必ずしも「汚名」のレッテルをとは考えない。日本語から受ける印象は裏切り、謀略、秘密という暗く、ネガティブなイメージが付きまとうのだが、その歴史的背景やその置かれた状況によって評価も印象も変り得る。本稿執筆に当たって私は、スパイとジャーナリストの区別は難しく、また、人格、職業としても甲乙は付け難い、と考えた。ゾルゲ、尾崎、ヴケリッチらゾルゲ・グループのリーダーたちは、本書で紹介された記事や証言を読み返せば皆それぞれに立派な記者でもあったし、人間として尊敬に価する。

そして、ニューマンがたとえスパイだったとしても、彼自らにとって祖国の国益のための「記者とスパイの兼業」は、その取材活動においてそれほど矛盾することはなく、自らの倫理観に照らしても〝罪の意識〟に苛まれることはなかったのではないか。そう推察できるのは、私にとっても救いである。


ただ、ニューマンが果たして、記者であると同時に諜報関係の任務も背負っていたか、どうか。この問いは、ついに「永遠の謎」として残るだろう。なぜなら、死者に口無し、もはや本人の自白や証言を聞く機会を失ったからである。

その結論を承知の上で、「グッバイ・ジャパンの謎」を追い続けてきた一つのきっかけは、米国国立公文書館入り口の碑に刻まれた次の言葉に出会ったことだった。

〝Study the Past〟(過去から学べ)

私がこの世に生を受けた日米開戦前夜の一九四〇年、日本と世界はどんな時代であったのか。太平洋戦争は不可避だったのか。その時代の真っ只中に東京で情報戦争を戦ったニューマンやゾルゲ・グループのメンバーたちの軌跡をたどることによって、自らが抱き続けるさまざまの疑問に答を見出せるのではないか、と考えた。

が、その日米開戦史の真実を探す私の旅は、残念ながらまだ道半ばである。

長い歴史の中で「太平洋戦争」はたかだか六、七〇年前の出来事だ。その直接の関係者がまだ生存する近過去の出来事だけに、歴史として固まる前の生温かい、ドロドロの状態である。そんな中、この時点までに手にすることができた証言や記事、公文書などで裏付けられた事実の断片を「いまこの時」にひとまず公けにしておくことが、歴史の速記係でもあるジャーナリストの仕事だろう。

「太平洋戦争」敗戦のカタストロフィーの代償に「平和憲法」を手にしたわれわれの国は、いま本当に不戦の国に生まれ変わったのだろうか。『グッバイ・ジャパン』の著者ニューマンは「このグッバイは軍国主義というファナティシズム（狂気）へのさよならだ」と語ったが、われわれはその軍国主義と心底から決別し得たのだろうか。この究極の課題に、後進の読者や歴史家が向き合うときに、本著が多少でも刺激となれば、と願いつつ筆を置く。

＊1　『グッバイ・ジャパン』四三―四四ページ
＊2　内務省警保局編『外事警察概況』復刻版、第七巻（昭和一六年）、竜渓書舎、一九八〇年
＊3　伊藤三郎「開戦前夜の『グッバイ・ジャパン』」（一）～（七）、『朝日総研リポート　ＡＩＲ1』二〇〇八年一月号～七月号、朝日新聞社
＊4　ウィリアム・スティーブンスン『暗号名イントレピッド』、寺村誠一／赤羽龍夫訳、早川書房一九八五年
＊5　『暗号名イントレピッド』五ページ
＊6　『暗号名イントレピッド』一五ページ
＊7　『暗号名イントレピッド』一五―一六ページ
＊8　『暗号名イントレピッド』一八ページ

＊9 Joseph Newma, "A Spy: for the Herald Tribune." 本書「プロローグ」＊7を参照。
＊10 『暗号名イントレピッド』九一一〇ページ
＊11 二〇〇八年三月、東京・四谷で催されたポール・ヴケリッチの会見で。
＊12 バクー・シンポジウム＝正式には「第五回ゾルゲ事件国際シンポジウム」。民間の研究機関、「日露歴史研究センター」（代表・白井久也）主催、アゼルバイジャン共和国外務省後援で二〇〇八年九月二二日、同国の首都バクーで開催。バクーはゾルゲの生誕地であり、旧ソ連時代の一九六四年にソ連がゾルゲに「ソ連邦英雄」の称号を授与したのをアゼルバイジャン独立後もそのまま受け継がれた。同センターが中心となって開かれる「ゾルゲ事件国際シンポジウム」は東京（一九九八年）を皮切りにモスクワ（二〇〇〇年）、ドイツ・オッツエンハウゼン（二〇〇二年）、モンゴル・ウランバートル（二〇〇六年）と断続的に開催され、バクーがその五回目。
＊13 リヒアルト・ゾルゲ『二つの危機と政治――一九三〇年代の日本と二〇年代のドイツ』、勝部元／北村喜義／石堂清倫訳、御茶の水書房、一九九四年、五一二三ページ

あとがき

書き終えた今の実感として、一人で書き上げたとはとても思えません。それほど多くの先輩、友人たちのご助言や、貴重な資料提供などの支えがあってはじめてできた「共著」と考えています。そこで最後に、そうした人びとに感謝を表し、若干の説明を書き添えたいと思います。

話はワシントンでニューマンに初めて会った一九八〇年代に遡ります。

八七年五月、ニューマンから手渡された『Goodbye JAPAN』（原版）の分厚いコピーを背負って自分の職場「朝日新聞」築地本社に戻った私でしたが、その後週刊誌「ＡＥＲＡ」副編集長として創刊（一九八八年）のプロジェクトに追われた後、編集委員（九一年）、国際シンポジウムの裏方役のフォーラム事務局長（九三年）へと身辺の異変にかまけて『Goodbye JAPAN』は手つかずのまま本社内の私の本棚を転々と放浪し続けました。

そんなある日、編集委員の先輩、本多勝一氏と雑談中、何かの拍子に「小尻記者殺生事件」（一九八七年五月）のことを聞いて目を覚ましたニューマンの話を、私が何気なしに口にしました。この事件は、「朝日新聞」の阪神支局（西宮市）に突然、覆面の男が侵入し、執筆中の小尻知博記者（二九歳）を散弾銃で射殺するというひどいテロ騒動でした。この話を聞くや、ニューマンは目をむいて「日本の民主主義は大丈夫なのか」と私を厳しく問い詰めてきました。このエピソードを本多氏は聞き逃さなかったのです――「君は何をしてるんだ。そんな貴重な話、とにかく早く字にしなくっちゃ……」

今振り返りますと、この本多氏とのひとときこそ、埃にまみれていた『Goodbye JAPAN』復刻話に息を吹き返させた瞬間です。

それから程なく、今度は橋弘道・出版局次長が私の仕事場だったフォーラム事務局長室にブラリと現れ、本棚の『Goodbye JAPAN』をスルリと手に取り、「伊藤君、こりゃなんだ！」。別に餌を仕掛けておいたわけではないのですが、昭和史とスパイ問題に強い関心を持つ橋氏の目に触れたとたん、「伊藤君、すぐにニューマンと交渉だ。まだ健在なのか」と一喝され、早速ジョセフ・ニューマンに電話をしてその健在を確かめ、交渉再開したあとは、一直線に『グッバイ・ジャパン』の復刻へと運んだのでした。

ニューマンとの遭遇からすでに六年の歳月が流れていました。

『グッバイ・ジャパン』刊行をめぐるお祭り騒ぎは本著「プロローグ　『グッバイ・ジャパン』とニューマンの奇蹟」に記したとおりですが、出版の後、多くの読者、取材先、社内外の記者仲間から日米開戦当時の回想や、ニューマン評価のコメントなどが寄せられました。それらを丁寧に読み進むうちに〝ニューマンとその時代〟が次第に鮮明に、かつ立体的に再現されて行きました。

その一方で、ニューマン証言への疑問が膨らむのを、どうしてもそのままにはできず、『ゾルゲ事件関係外国語文献翻訳集』（日露歴史研究センター刊）に「ジョセフ・ニューマンの奇跡と謎」（二〇〇六—八年、五回連載）、『朝日総研リポート』（朝日新聞社刊）に「開戦前夜の『グッバイ・ジャパン』」

（二〇〇八年一－七月、七回連載）を書き、『グッバイ・ジャパン』とニューマンの再点検を試みました。本著は前記二編にさらに大幅加筆、手直しを加えたものです。

こうした執筆の促進剤ともなりました復刻版『グッバイ・ジャパン』へのコメントを一部抜粋で以下に紹介します。先ずは、記者時代に何度もインタビューをした作家・小田実氏と森嶋通夫ロンドン大学名誉教授ご両氏からの手紙を生前のご厚誼《こうぎ》への謝意を込めて――

あなたはいい本を世に出しました。まさに「タイミング」がよかった。細川政権（一九九三－四年）の近衛政権への類似、一九二ページあたり[*1]によく出ています。もっとよまれるといいですね。全編たいへん面白かった。どうしてこの本が世に埋もれていたか、日本で記事が出なかったか、ふしぎです。おろかな本はいくらでも出ているのに。〔略〕

小田実

小田氏はこの手紙から六年後に著した『私の文学――「文《ロゴス》」の対話』[*2]の中でニューマンについて以下のように言及されました。

〔日本人と「世界構想」の欠如について論じたくだりで〕日米開戦の直前まで東京にいたアメリカ合衆国の年若い新聞記者ジョセフ・ニューマンも同じように日本人の「世界構想」の欠如あるいは貧弱を

彼の滞在記『グッバイ・ジャパン』（朝日新聞社）の中で問題にしていた。

森嶋通夫氏は、ニューマンの日本分析を格別に評価すると同時に、自らの元海軍少尉の経験[*3]も踏まえて――

書物有難うございました。非常に面白く読みました。ベッドの中で読んだので――すぐねむくなるので――何日もかかりましたが、貴方はあとがきで「日本の軍国主義に対してかなり感情的な怒りの表現や一方的批判も見られる」と書いておられますが、私は実に公正な――もっともっと厳しくあって然るべきほどに感情を抑えた――批判だとすら思いました。

誰がアメリカとの戦争を主張したのでしょう。海軍がイヤだといえば、陸軍にアメリカと戦争出来るはずはありませんから、主張者は海軍にいた筈です。しかし海軍では南雲や草鹿や大西[21]は真珠湾攻撃に反対したのですから、彼らは対米戦に消極的であったはずです。真珠湾攻撃を主張したのは山本[22]だということになっていますから、山本こそが急先鋒――彼はスケ平根性の強い人ですから――であったのかも知れません。それに天皇は平和主義者ということになっていますが、案外戦争好きだったのかも知れません。少なくとも彼が演習好きであったことは事実のようですから。いずれにせよ天皇がやろうと云わなければやれなかったことは確実ですから。まずは御礼まで。

「ニューマンの時代」を彷彿させる生々しい証言も寄せられた。たとえば藤沢市の読者、小原敬氏は——

夕刊四面特集「半世紀ぶり『日米開戦秘史』」[*4]を興味深く読みました。少しばかり想い出を書きます。

〈一九四一年四月　日ソ中立条約〉

三月〔四月の思い違い?〕末頃松岡外相は帰国の途中大連の満鉄本社東隣りの協和会館で講演会をしました。モスコーを出発する時スターリンは列車の出発を遅らせ、駅頭で外相の肩を抱え込んで見送ったそうです。〔略〕

〈一九四一年六月　独ソ開戦〉

ドイツ軍がウクライナからスターリングラードに侵攻していた頃、満鉄中央試験所の講堂で調査部の貝島兼三郎氏の講演がありました。当時、誰もがソ連の敗北を疑わなかった時、ナポレオン戦争の例を引いて独軍の敗北を予測していました。後、満鉄新京支社調査部赤化事件で石堂清倫氏達と共に検挙されました。帰国後九州大学教授や長崎大学長などを歴任されました。〔略〕

〔「特集」にニューマンの言葉として〕「日米開戦は必然ではなかったと思う」とありましたが、日米交渉で〔日本軍の中国からの全面撤兵という米国の条件を飲んで〕妥結させたら近衛首相は恐らく国民の怨嗟の的になって命を落としただろうと思います。〔略〕

この時の松岡外相は、日独伊「三国同盟」（一九四〇年九月）締結後初めてドイツを訪問してヒトラー総統と会見、日独枢軸関係を世界に誇示したその足でモスクワに立ち寄り、返す刀で「日ソ中立条約」を結んだ後、大連に立ち寄った。この時、松岡外相帰国を報じた「朝日新聞」の見出しは「松岡外相颯爽と帰還」（四月二三日付夕刊）「でかしたぞ松岡さん」「日比谷沸く国民歓迎会」（同二七日付朝刊）と、対英米強硬姿勢の外相をあたかも凱旋将軍扱いだった。小原氏の目撃証言が、その帰国途上の同外相の得意満面ぶりをタイムカプセルに詰め込んだように伝えてくれる。

ところで、小原氏の手紙に登場した石堂清倫氏は後にゾルゲ事件の研究にも力を注がれたが、その石堂氏からも葉書によるコメントが——

先日はお電話をいただき、本日は『グッバイ・ジャパン』をご恵与にあずかりまことにありがたく存じます。友人の話でもなかなか反響が大きいとのことでお喜び申し上げます。夏ごろ山崎淑子さんから何か相談したいというお話が手紙の未着で分からなくなりましたが、ニューマン氏やあなたとの面会の心の準備であったかと思っています。[26]

ニューマン氏の日本観は〔一九〕三〇年代の日本についてのまことに貴重な分析を含んでおり、現代史家や戦略家の盲点をつくところが多く、三〇年代日本のゾルゲの見解とあわせこれからまじめに研究するだけの価値をふくんでいると信じ、よい本を公刊なさったことに感謝いたします。

文中の山崎さんはニューマンに極秘情報を与えたゾルゲ・グループの有力メンバー、ヴケリッチの日本人妻。ニューマンを夫の親友として敬意を抱きつつも、ニューマンの離日が「ハワイ休暇へ」という本人の説明と、自分が聞いた夫の証言との食い違いから「そもそも日本に帰ってくるつもりはなかったのでは……」との疑問を私に話されたことがあり、この点にこだわり過ぎると『Goodbye JAPAN』復刻計画全体がつぶれるのを理由に、山崎証言のその部分だけをしばし棚上げにしていただいた事は本書で書いた通りです。お陰で、半世紀ぶりに日本を再訪したニューマンとも快く再会してもらったのでしたが、山崎さんが石堂氏に相談されたかったのは、この問題で自分はどこまで妥協すべきか、ではなかったかと思われます。

「朝日」の先輩記者からも日米開戦前後の個人体験を生々しく記録したものや、重要なコメントを数多くいただきました。例えば私の初任地、和歌山支局の支局長、つまり「朝日新聞」での最初の上司、宮原良雄氏の葉書には——

一九四一年は私が福井支局に在勤中の七月、第二補充兵として召集を受け、北朝鮮にかり出された年です。入隊後すぐ病気を訴えて平壌の陸軍病院に入院し、何とか召集解除をねらったのですが、その年の十二月大戦に突入でパー。結局敗戦の日まで解放されませんでした。しかし、これまで生きてこられたのも、ボチボチ兵に徹していたためと思っております。〔略〕

という、ほのぼのとして正直な回想が。一転、和歌山支局から大阪経済部へ転勤、最初のデスクだった加納安實氏（当時「静岡県民放送」顧問）からは、母校・大阪市大同窓会『有恒会百年史』（一九八九年）に掲載されたエッセイ「この戦争は負けですよ」のコピーが送られてきた——

昭和十六年十二月八日、太平洋戦争開戦の日を、私は杉本町（大阪市、大阪市大の所在地）の学生アパートで迎えた。隣近所のラジオの、ヴォリュームいっぱいの軍艦マーチに目を覚まされ、この時が初めての「大本営発表」を耳にした。

「帝国陸海軍は本八日未明、西太平洋において米英軍と戦闘状態に入れり」

アパートの中は意外に静かだった。食堂に集まった三、四人とも口数は少なかった。とうとう来るところまで来た。今度はオレたちも逃れるわけにはいくまい。

食事が終わって、なんとなく私と川合さんがあとに残った。

「加納さん、この戦争は負けですよ」

川合さんは、ヴァルガの世界経済週報をどてらの懐から取り出して、鉄鋼生産と石油備蓄の数字を見せてくれた。日米の格差はあまりにも歴然としていた。のちに金融論、インフレ論で令名を謳われながら夭折した川合一郎教授は、高商部卒のヒラの経済研究所員だった。この時の一言は、その後のどんな大本営発表にも掻き消されることはなかった。

この川合さんの言葉と、ニューマンの恩人にして開戦当時、鉄鋼増産が思うに任せぬことを気に病みつつ他界した日本製鉄副社長・八幡製鉄所長、渋沢正雄氏の悲劇がピタリと重なり感慨を覚えました。

やはり「朝日新聞」の先輩で、東海大教授に転進された土屋六郎氏からも長文の論評をいただきましたが、そのサワリの部分のみを以下に抜粋します。

真珠湾のとき私は一高の寮にいて、十九歳。反軍ムードの中にありましたが、「日本は実に大変なことをしてしまった」という安倍能成校長の話は分かったものの、戦局の現状や見通しについては、目先真っ暗でした。いま講義をしていて、つくづく負けてよかったと思います。ペリーが明治維新という第一の文化革命の扉を開き、マッカーサーが第二の文化革命を開始しました。ニューマンは、戦前の軍事独裁を幕府と比較していますが、当時の日本人は、明治が文明開化、大正がデモクラシーと思っていたので、幕府と軍閥を連続的に見ることができなかったのです。今後の一課題と思います。

また、大阪・東京両本社を通じて経済部長として私の上司だった三宅正也氏の書簡は――

大兄のコメントも含めて実に面白い本ですね。ニューマン記者が東京で活動していたこの時期、小生は中学の上級から高等学校の学生時代に当るわけで時代の空気はかなり解っていました――馬鹿げた軍人の暴力的独裁の――し、最近、中公新書の「昭和研究会」を読んだところでしたので、この書物を立体的といいますか、ヴィヴィッドに理解することが出来ました。

それにしても、ニューマンという記者は随分とラッキーな人物ですね。ほんのかけだしなのに――だからこそかもしれませんが――ゾルゲ・スパイ団に利用された結果、大変な特種を押しつけられるとは。〔略〕

さすが、「朝日新聞」の元ワシントン特派員、自らの経験に照らしたニューマンに対する「随分とラッキーな」というシニカルな評価が、実はその後私自身の疑問符と重なって肩にズシリと重くのしかかり、本著執筆への一つのモティベイションとなったことはご想像いただけるでしょう。

『グッバイ・ジャパン』へのコメントの中から最年少の一読者、村井典子さんの一文にはこう書かれていました――

戦後生まれで、しかも学校教育の中で戦争に至ったいきさつや歴史の事実についてほとんど十分な学習もしないまま今に至ってしまった者にとりまして『グッバイ・ジャパン』は貴重な一冊となり、自分の中で近・現代史の欠落を埋める上でも大変に役立ちました。また、伊藤さんがお書きになった「自分とほぼ同時代を生きた同じ日本人が、なぜあの戦争を避けることができなかったのか。われわれはその謎を解き尽くしたか、そこから歴史の教訓をしっかりと身につけただろうか、どうもおぼつかない」というくだりは遅く来た日本人として、私自身にもひきつがれていく課題のように思えました。

『グッバイ・ジャパン』解説中の拙文は[*5]──

私が生れた一九四〇年の夏。それは、日本の歴史に深く刻まれる「暗黒の時代」の真っ只中。軍部独走によって坂道を転げ落ちるように太平洋戦争に突入していった、そのさなかだった。

と、まずは開戦前夜に遡《さかのぼ》り──

ただ、幼児体験としてかすかに五感に残っているのは、それから約五年を経た一九四五年春のこと。空襲警報のサイレンの響き、被せられた防空頭巾のうっとうしさ、真っ暗な防空壕の中で、文字通り闇雲に「南無阿弥陀仏」と唱えさせられたその時の恐怖感……それだけである。

舞台は野球の殿堂甲子園球場のすぐそば、兵庫県武庫郡鳴尾村（現在西宮市）。「敵機襲来」が激しくなった太平洋戦争末期。母の手にぶら下がって防空壕の中に逃げ込んだ。長年、この瞬間の記憶だけが「私の太平洋戦争」だった。

という一節の後、村井さんにご指摘いただいたように「自分とほぼ同時代を生きた……」と続けたのでした。

この私のつぶやきが一世代後（?）の村井さんにしっかり受け止められたようです。こうした時代を超えたコミュニケーションの細い糸を丹念に紡ぎ継いでいく努力の産物として、歴史という反物は出来上がっていくのでしょう。

そんなことを考えていたところへ、村井さんと同じ思いを抱いた若い編集者が私の前に現れたのは幸運でした。本著出版元「現代企画室」の小倉裕介氏です。「〝開戦前夜とはどの戦争前？〟と聞く、太平洋戦争を知らない若い人びとに『グッバイ・ジャパン』を読ませたい」——小倉氏の激励と協力がなければ、本書は生れなかったでしょう。

ここでひと言。私信を公表することは、ルール違反かもしれません。が、内容が私ごとを超え、歴史のひとこまとして記録・公表すべき価値を持つと私が確信しましたので、私的な部分はできるだけ省いて紹介しました。この場を借りてそのことを当事者の方々にお断りします。

また、私が前著『グッバイ・ジャパン』でニューマンをあくまで「幸運な無垢の記者」として紹介した結果、そのジャーナリストとしての業績を多くの読者から高い評価をいただきました。その方々に対し、ニューマンという人物とその軌跡が残した謎について、私自らはいまこの時点に立ってどう見るか、説明しておかなければと感じ、今回の「手直し版」執筆に踏み切りました。その機会に、『グッバイ・ジャパン』へ寄せられたコメントを併せて公表することが、果たして私の責めを果たすことになるのか、覚束ないのですが、皆様のニューマン評価の重みもまた、今回の執筆の動機となったことも書き添えておきます。

締めくくりに、『Goodbye JAPAN』を訳し、その復刻版出版で私を支えていただいた翻訳家、篠原成子さん、『東京倶楽部物語』の執筆者にして元日経新聞コラム「春秋」の筆者、石田修大氏、ゾルゲ事件研究家として知られる「社会運動資料センター」代表、渡部富哉氏、「日露歴史研究センター」代表、「朝日新聞」の先輩でもある白井久也氏、「開戦前夜の『グッバイ・ジャパン』」の編集者で「朝日」の同僚、五十嵐文生君、ニューマンの「半世紀ぶりの日本再訪」実現に貢献したやはり「朝日」の仲間だった武藤誠君をはじめ、本著執筆以前から脱稿に至るまで、貴重な助言や得難い資料などの提供によって支えていただいた多くの方々に、深く謝意を表します。

二〇一〇年二月

伊藤三郎

＊1　『グッバイ・ジャパン』「混乱の三位一体」の中で、貴族の近衛文麿と軍部の微妙な力関係が克明に述べられている。

＊2　小田実『私の文学——「文《ロゴス》」の対話』新潮社、二〇〇〇年、四一ページ。武田泰淳、安岡章太郎、ドナルド・キーンらとの対話集。

＊3　晩年の著作『血にコクリコの花咲けば——ある人生の記録』（朝日新聞社、一九九七年）で太平洋戦争末期の日本軍内部の姿を描き、「天皇制の凶暴化」を論じた。

＊4　「朝日新聞」一九九三年一一月二九日付夕刊（本書「プロローグ　『グッバイ・ジャパン』とニューマンの

奇蹟」参照）

＊5　『グッバイ・ジャパン』二三三ページ

付録1　ジョセフ・ニューマン『グッバイ・ジャパン』抜粋（翻訳＝篠原成子）

序文

日本人の間にはこんな言い伝えがある。美しい島国を後にする時、有名な富士山をひと目見ることができなかった者は、二度と日本に帰ってこないだろう。私が戦争勃発直前に横浜から日本を離れた時、空には厚い雲がたれこめ、日本人が清らかさ、静けさ、平和の神聖な象徴と考えるその美しい山の姿は見えなかった。日本が民主主義国への攻撃を開始する前にできるだけ多くの日本人を引き揚げさせるため、日本政府が米国に送った三隻の引き揚げ船の一つで、私は日本を離れた。

あの日富士山が姿を見せなかったことは、極めて重大な意味をもつ兆しだった。というのは、富士山が隠れていたまさにあの日の午後、近衛文麿首相は無念の思いで、あるいは悲しみの中を、あるいは両方の思いを抱きながら、米国、英国、オランダとの和解をめざした最後の内閣を総辞職し、この島国の運命を決めるであろう戦争に日本を導くことになる政権に道を譲る準備を整えていたからだった。

これら最後の船で日本を去ったわれわれのなかにも日本に戻って行く者はいるかもしれないが、われわれが後にしたのと同じ日本には誰も戻らないだろう。それはわれわれにとってばかりでなく、日本自身にとっても「グッバイ・ジャパン」だった。それはわれわれのほとんどすぐ後に、ホノルルとこれまで平和だった太平洋上のアメリカ船を攻撃するため日本を後にした潜水艦、戦艦、航空機に乗っていた日本人にとっても「グッバイ」だった。彼らの魂だけが日本に戻って来て、東京にある戦死した軍人の御霊が祭られる靖国神社に何千という同僚の御霊と共に祭られるのである。

あの晩秋の午後に美しい円錐形の姿を厚い雲の後ろに隠した富士山は、そのまま姿を見せていないと人は思うかもしれない。なんとなれば天皇に帝国の運命を任された者たちが、あの神聖な山が守護神として象徴していた平和と美を完全に破壊すると決めたのがその時だったからである。そして富士山が姿を隠している間に、何千人もの二十世紀のサムライがその大切な富士山の姿を見ないまま、愛する祖国を後にしたのである。

日本人が国や国民に対して「グッバイ」と言う時、彼らは諦め、悲しみ、そしてプライドすべてをその言葉にこめてそう言う。日本人が「さよなら」という時、それは「もしさよならしなくてはならないのなら」という意味である。それは運命論的な諦めのグッバイであり、富士山が象徴している平和を日本人が捨てて、島国である帝国とその帝国を統治するため、天から送りこまれてきた現人神へのグッバイを意味することになるかもしれない危険な冒険に踏み込んだ、その時の気持ちである。

しかし日本人のために最後の儀式を行う前に、われわれは日本人の長所の幾つかを認識し、彼らがそれらをどのように利用してきたかについて認識しておくのが礼儀というものだろう。日本人はナチスの傀儡となり、ナチスによって戦争においやられたという不思議な認識があり、米国でも英国でもこの考えが広まっている。新聞には、日本人ばかりでなく、すべての有色人種を滅ぼそうとしたヒトラーに対する「日本の無邪気な忠誠」に驚き抗議する記事が出ている。しかし、事の真相は、われわれがナチスがなんたるかを理解するより前から、日本人はナチスの本質を見抜いていたのである。日本人はヒトラーが権力の座に着くよりずっと前から、ナチスの民族支配と侵略の路線にそって考えていた。日本はヒトラーが出てくる前から満州への侵略を開始し、国際連盟の機構に最初の大きな穴を開け、そうしてみずから、第一次世界大戦後の平和の骨組みを破壊する動きの先頭を行く権利をかち得たことを、われわれは忘れがちである。

日本はナチスを喜ばすために、あるいは、われわれにとって不可解でアジアの国の行動を説明するためによく出されるハラキリをするために、戦争に加わったのではない。日本が太平洋地域を攻撃する理由を見出すのに、日本人の「仮面」の奥をのぞく必要などない。国際級の日本の役人がこれまで数回にわたって日本の目的をはっきり述べている。それはたとえ米国、英国、蘭印を攻撃することになるとしても、アジア圏確立のために太平洋地域の西側半分に限って掌握するということである。もし太平洋地域への日本の攻撃にわれわれが驚いたというなら、それは日本人が何年にもわたって言ってきたこと、してきたことをわれわれが信じようとしなかっただけだからである。われわれは日本がいつも虚勢をはっていると思うようになってしまったのである。

われわれが侵略者を迎え撃ち、ハワイ沖の水中の墓場に葬るための準備ができるよう、攻撃してくる時間と場所について正式の警告を日本軍が米国の国務長官に提出しなかったのは事実である。しかし、近代の戦争というものは、もはや、そのように戦われるものではなく、時間と資源が足りない国にとっては古典的ルールに従って戦えるものではないのだ。われわれは怒りから、国際的な戦争に道徳性などないものだということを認めることができずに、ホノルルへの日本の攻撃を「裏切り」と言い張ることはできるかもしれない。しかし、だからと言って世界の最強国の二つに対して日本のような国が攻撃してくることが（われわれの思いもよらなかったことという意味で）「裏切り」にすぎなかったことを、われわれが理解できないことの説明にはならない。

われわれは不幸なことに、長いあいだ日本の主張と行動を真面目に受け取る能力にほとんど欠けていた。われわれが総じて日本人を正しく評価できず、彼らの動きに備えられなかったのはこれが原因だった。ホノルルの惨事は主としてハワイばかりでなく、米国全体での物理的というよりむしろ精神的な準備不足の結果だった。

アメリカ人の心には、日本と言うと桜、サムライ、芸者、そして紙の家に住み、畳の上で眠る、不思議で小柄な東洋人の国として郷愁を感じる思いがある。もちろん日本でも産業革命が起ったことは知っている。しかしそのことの結果をあまり真剣に受けとめない。日本人が白人の「野蛮人」の科学から学んだ物の多くは、米国から輸入されたからである。従ってわれわれは、日本人をちゃんとおさえてきたと思っていた。日本人が工場を改良するのを助けるため東京に来た多くの米国の技術者は、次のような態度を取っていた。つまり、日本人に自分たちの知っていることすべてを教えたわけではない、相対的に安全な距離だけちゃんと日本人が後ろになるようにしてある、そしてたとえ最新の米国の飛行機を「ジャップ」に売っても、技術が未熟な日本人は離陸後直ぐに墜落させてしまうだろう。こうした見方は、議員やその他のアメリカ人の心の奥にあったようだ。彼らは東京を地球の表面から吹き飛ばしてやるとか、日本の艦隊など一撃でつぶしてしまうなどと新聞で脅しをかけた時、日本人の背中に震えが走ると思っていた。それはまるで日本にはお金がなく、国民がお腹をすかし、政治的な殺人が行われているなかで艦隊が作られているので、太平洋の真ん中で沈められるために行列行進してくるようなものだとの思いがあった。

日本の海軍は、かなりの力をもつ海軍がそうであるように、世界で最高の艦隊をもっていると思っている。それは多分違うだろうし、日本の技術の全体の水準からして最高にはなれなかった。一方、それは世界で最低の海軍でもないだろう。日本の海軍の将校たちは戦争勃発前には、日本の艦隊が太平洋での対決で米国に勝てると確信していた。日本陸軍の将校たちも、自分達の軍隊を海軍と同じように考えていた。われわれにとっては、そうした信念は信じがたいことである。なんとなれば、われわれ自身がそんなことは考えられないからである。しかし東京で下された決断に関して重要なことは、日本人が信じたということであり、われわれが信じがたいと思ったことではなかった。われわれのプライドを傷つけるかもしれないのと同じだけ、事実は、日本の陸海軍が米国を撃破できると本当に信じ、その信念に従って行動したということである。

もし後日、日本人はナチスの陰謀の、あるいはハラキリのへの情熱を燃やす一握りの狂った軍国主義者たちの悪意のない犠牲者だったとわれわれが信じるようなことがあったら、それはまことに不幸なことだろう。後に指摘されるように、日本は民主主義国に対する攻撃を長い時間をかけて慎重に計画した。日本は攻撃に最善の時と思ったから攻撃したのであり、ナチスが日本に攻撃するよう要求したから攻撃したのではなかった。日本はヒトラーのゲームを演じるもう一つのイタリアではない。日本の軍国主義者らは自分達をナチスと同等とは考えておらず、ナチスより優秀だと思っており、神から託された「神聖な使命」を達成するため、世界制覇に向けていつの日かナチスに挑戦することを望んでいる。

アジアと南の海域を制覇するという彼らの目的は、この使命のほんの一部である。この全体像を把握しないと、真珠湾での仕返しよりももっとすごいしっぺ返しを招くことになる。連合国側はその物質面でのすぐれた力をタイミングよくそそげれば、太平洋での戦いに勝利するかもしれない。だがもし日本の中の勢力を認識し除去することに失敗したら、彼らは戦いの後にくる平和をふたたび失うであろう。日本のそうした勢力は除去されなければ、永久に民主主義国を脅かし太平洋を乱すであろう。

民主主義国は紛争が勃発した時、太平洋で戦争をする準備ができていなかったのと同じように、いま太平洋に平和を確立する準備ができていない。彼らは戦争を戦いつつ、彼らの勝利をふたたび無駄にしない平和に必要な知識を確保することを同時に行っている。そうした仕事にとっては、まず日本の陸海軍が貴族、外交官、政治家そして野心的な資本家たちの支持を得た後に、太平洋での戦争勃発に行き着いた事の展開を検証することから始めるのが一番よいと思う。貴族、外交官、政治家そして野心的な資本家たちはその臆病さと卑屈さによって、軍国主義者と同様に侵略の罪を逃れられなかったのである。

一九四二年三月、ニューヨークにて

第一章 「汚れた三位一体」

二十世紀にヨーロッパで独裁政権が流行ってきた時、日本は海外から他の製品と一緒にその政治体制を輸入する必要はなかった。日本には日本独特の独裁政権があった。それは独裁政権とは呼ばれておらず、立憲君主制と言われていた。確かに日本には憲法があり君主制だが、国民は憲法からも君主制からもほとんど恩恵を受けていない。憲法と君主制は天皇を核にしていて、天皇、憲法、君主制が世界で最強の独裁政権の一つをカムフラージュしている。〔略〕

日本人は世界史上最長で途切れたことのない君主をよく自慢するが、その天皇がまずほとんど統治したことがないことは言いたがらない。日本の君主が国を治めていた将軍の捕らわれ人にすぎなかったと認めることも躊躇する。一八六七年の革命（明治維新）で、独裁体制の徳川幕府が倒されたが、この昔からの根強い慣行は変わらなかった。変わったのは軍事的独裁者の一群が別の一群になっただけで、それまでの独裁者たちよりも天皇を後ろ盾にしたもっといい立場で国が統治できた。

〔さらに、「江戸」から「明治」という新しい時代を生み出した「明治維新」について、主人公は商人と軍国主義者（薩摩、長州などの藩主達）であり、この内戦に勝つのに必要だった資金、物資、鉄砲、軍隊はこれら二つのグループが連合して提供。それらがその後の日本の経済力、軍事力の基礎をなし、急速に発展したその力が海外征服へと向けられた。そして、「江戸」から「明治」に変わっても日本の「軍事政権」の本質は不変だった、という解説に続けて、こう記す。〕

この〔明治維新という〕短い歴史のドラマには、一、二、三特徴がある。第一は主人公が商人と軍国主義者だったことである。戦争に勝つのに必要な資金、物資、鉄砲、軍隊はこれらのグループが連合して提供した。この連合は革命ののろしの中ででき上がり、日本の経済的な勢力と軍事的勢力の基礎をなした。両者の連合は内戦に勝利した後は、海外征服へと国外に向けられた。よかれあしかれ、財閥は軍国主義者と結託した。

この連合と連合によるその後の企てに天皇の賛意が得られるよう、天皇が利用された。軍国主義者と財閥との三位一体では、天皇は今日までずっと神聖な幻である。なぜ幻かと言えば、大政が天皇に「奉還された」時天皇に元来備わっていた権力が、天皇が新居に落着く間もなく消滅したからである。天皇は神ゆえに神聖であり、国民から崇拝される。天皇は、国民に対しては神道と呼ばれる国教の最高位の神官としての役目がある。天皇は日本の生けるエホバであり、一般大衆に関する限り天皇の言葉は法である。名ばかりの統治者として、天皇は軍国主義者と財閥が世界で最も圧政的な独裁の一つを進めていくことを可能にしている。天照大神によって天からもたらされたという、神聖な力を象徴する三種の神器である鏡、曲玉、剣を所有する現人神として、天皇はこれら二つの大きな勢力をもつグループが企てた日本の対外戦争のすべてに対して、神の祝福と魔法にかけられた民衆の黙従を保証しているのである。

即位する天皇とともにある三種の神器については、鏡が真実を、曲玉は慈悲を、そして剣は正義を象徴していると国民は教えられている。もっとうがった見方をすれば、鏡は太陽の光を反射して天皇を象徴し、曲玉は財界を、剣は軍部を表しているのかもしれない。

ヒロヒト天皇は、日本でもっとも人気があるがもっとも孤独な人間である。天皇は敬うが友人にはなれない国民が七千二百万人いるからだ。国民は天皇を崇めたてまつらねばならないが、臣民は天皇を名前で呼ぶことさえできない。言う時は「天皇陛下」と言い、天皇は国民を臣民と呼ぶ。

臣民は天皇に対してお辞儀をすることは許される。臣民が天皇に対してするお辞儀は非常に重要なお辞儀である。それは国家的なお辞儀であり、日本人が言うように、「世界に類がない」。このお辞儀は神聖な統治者に対する臣民の屈従の印である。七千二百万人の国民が天皇にお辞儀し、しかも多くの人が毎日それを繰り返す時、それは日本の七千二百万人の国民が必要とあらば天皇に命を捧げるということである。

ひとりの人間が、背中も折れんばかりの最敬礼をするそんなに多くの国民の命まで捧げさせるなどということが、どうして可能だろうか。それを理解するには、日本で貧困、無知、習慣、圧制が果たしている役割に言及する必要がある。それらは封建時代、そして封建時代よりもっと前から受け継がれてきたものだ。それらこそ、不可思議で孤立した農業国が、海外の領土と国民を征服するため最新鋭の武器で固めた世界で有数の工業国の一つに驚くべき発展を遂げた、その社会的基盤をなしているのである。〔略〕

皇居の前の砂利の敷かれた広場は、さながら日本のメッカである。帝国中の臣民が天皇のおられるところにできる限り近い所から「敬意を表する」ため、いつかその広場を訪れたいと夢見ている。広場は二重橋で道路と切り離された皇居の正門に近づくにつれ、わずかに上り傾斜がついているやたらと広いだけの道路に過ぎない。〔略〕

一年で最大の国民祭日である天皇誕生日とか、新たな領土を征服したことを祝う示威行動などの特別の際には、大観衆が殺到しあふれんばかりにいっぱいになる。そこに臣民たちの断面図を見ることができる。制服を着た子供たちは学校の鞄を肩に斜めにかけ、手には日の丸の小旗を持っている。彼らは将来の戦争と産業機構を支える人材である。それから二人ずつ、あるいは大きなグループの陸軍兵士と水兵たち。愛国会のメンバーであることを示すためのたすきを胸に対角線にかけるか三角旗を持った愛国会のメンバーたち。彼らは国粋主義者のグループである。古風な太鼓を持ち、満たされない狂信的な表情をした僧侶たち。彼らは兵士や水兵たちを祝福する神の保護者である。

「天皇のために万歳を三唱」。愛国者かあるいは兵士が叫ぶ。すると皆いっせいに両手を三回高く挙げ、挙げるごとに「万歳」と叫ぶ。万歳とは万能の神のために一万歳あるいは長寿をという意味だ。もし陸軍による征服が大規模で血もかなり流された時は、神であるヒロヒト天皇本人がそれを正当化するため自分の白馬に跨がって橋の上に立つ。歓声が沸き起こり、宮城をめぐる中世の時代からのお堀の緑色の水をふるわす。

天皇が普通の人間と同じように生れてきたという事実については、秘密にされていない。天照大神が日本列島の最西端の九州ののこぎり状の山の上に孫を遣わした時代、天皇の祖先たちが降臨したと考えられているように、天から降りて来たんだとは、日本人もさすがに主張しなかった。天皇が庶民と同じように近眼で、これまでに何度も度をあわせるため作りかえた眼鏡をかけなくてはならないことは周知の事実だった。

また天皇がスポーツや趣味を楽しむことも知られていた。天皇は、初代台湾総督の息子で米国で教育を受けた樺山愛輔伯爵らお気に入りの貴族仲間とテニスをしたり、皇居内にある馬場で馬に乗ったり、葉山の御用邸前の海岸でひとり泳いだりした。葉山には天皇の避暑用の別荘があり、海中実験場があって趣味である海洋生物学の実験に勤しんだりした。〔略〕

天皇と異なり、これら軍国主義者たちは天皇の権力を不法に使っているが、神聖な権利で統治しているのではなく、戦争に勝ち、力のあるグループからの支持を維持する能力を裏付けとして統治する。もしどちらかに失敗すれば、すぐ交代させられ、主要な地位にある将校の間の失脚率は高い。任期は定められておらず、地位確保のために贔屓にしてくれる、当てに出来る上司もいない。彼らの国内で最高の地位を目指す人間は定期的に増えていくようになっているので、下からの圧力で常に彼らは危うい立場にある。報酬は高いがそれを手にするための競争はきつい。日本の陸海軍のヒエラルキーの、この流動的で常時変わっているところが強さの理由の一つである。役立たずはすぐに排除され、最も優秀な者がいつも頂点に昇るのである。

権力への激しい競争が、シーザーとかナポレオンとか、世界的なスケールでなく国内的なスケールでさえ、日本にひとりも独裁者がいない理由である。ひとりもいないなんて、不思議な気がするが、軍国主義者がそれを許してこなかったのだ。軍国主義者は権力志向があまりに強く、それをひとりの人間にすべて委ねることができないのだ。陸海軍それぞれのなかで対抗意識が強いが強いばかりでなく、陸軍と海軍の間での競争もすごい。

軍部内での権力闘争と権力を一人の人間の手に握らせたくないという思いが、陸海軍の内部での支配の分割を生んだ。これは表面的には他の国々に見られるのと似ているが実際にはもっと重大な意味がある。日本では、民主政府の最高責任者あるいは全体主義国の独裁者のように全権を掌握している最高司令官がいない。理論的には天皇がその権力を有しているが、憲法のなかでだけのことであり陸海軍のなかではもっていない。日本の陸海軍は自律的な組織で、独立したグループとして協力するという形で動く。海軍は陸軍の規則には従わないし、その逆もしかりである。両軍を統率する最高司令官がいないばかりでなく、両軍それぞれを統率する最高司令官もいない。日本では陸海軍の最高司令官の仕事を三つの部分に分けた。陸軍参謀総長、あるいは海軍軍令部総長、陸軍教育総監あるいは海軍省教育局長、そして陸相あるいは海相である。彼らはそれぞれがついている部署の長としての権限より大きい権限をもつ。各人が陸軍あるいは海軍の最高司令官の役割の三分の一を担っている。日本人が皇室について述べる時のように、軍組織についても「世界に類がない」と言えるだろう。

みかど、軍国主義者、財界人というすべてを包み込む三位一体のなかにあるこうした二つの三人組のなかに、日本の独裁者の席が見いだせる。

陸軍や海軍の内部抗争の詳細はわれわれには分からないが、その結果は目に見える。それによってわれわれは、日本の国家としての行動の責任を負う人達の名前が分かる。これらの人達が、世界のほとんど半分を巻き込んだ死の戦いに、七千二百万人のまさに催眠術をかけられた臣民を投げ込んだ張本人である。彼らとは次にかかげる日本の主要な独裁者である。東条英機陸相、杉山元参謀総長、山田乙三教育総監兼防衛総司令官、永野修身軍令部総長、嶋田繁太郎海相。東条は陸相に加えて首相と内相のポストも兼務し、戦争の指揮系統では軍部の次にある権力も掌握した。

彼らの手下であり彼らと同じように八幡の敬虔な信者である者たち——これらの指導者達がもし粉砕されなければ、将来アジアの主要な独裁者になると予想される人物——の名前も分かっている。その一人が寺内寿一陸軍大将で、天皇の御旗を南太平洋地域に翻そうとしている南方軍総司令官である。寺内は一八六三年に米国船をはじめて焼き討ちしたあの長州藩の出である。寺内は若いころドイツに学び、ナチスの軍隊の優秀性に惚れ込んだ。一九三九年、ニュルンベルク・ラリーに出席するためドイツに行ったが、ポーランド侵略後間もなく前線でヒトラーに迎えられた。野心的な寺内に海軍で相当したのが山本五十六海軍大将で、連合艦隊司令長官だ。陸海軍のヒエラルキーの主力を形成しているその他の軍国主義者たちが横須賀、呉、佐世保、台湾の海軍根拠地の、朝鮮、満州、そして中国ほか日本が占領している地域の陸軍の司令部にいる。〔略〕

日本の経済的支配者が誰であるかは明確だった。かれらの名札は日本帝国中のオフィスや工場にかかっている。大手の四つは三井、三菱、住友、安田である。もう少し規模の小さいものは、大倉、久原、浅野などたくさんある。しかし「四大」財閥が圧倒的で、彼らの間で日本の経済の少なくとも半分を掌握している。彼らの名前（岩崎家が使っている会社名の三菱を除いて）は個人ではなく一族の名前である。日本の陸海軍に広まった封建的な藩制度が、日本の経済構造の基礎をも提供した。しかし、もともとの軍人系の藩の系列が弱体化したのに対し、経済グループの系列は強化された。その理由は、軍事的な勢力はブレーンに頼り、ブレーンは年をとって衰えていくのに対し、経済的な勢力は資本に頼り、資本は時とともに輪をかけて大きくなっていくからである。だからと言って、経済力の行使にブレーンが必要でないというわけではない。しかし、経済的な一族にとってはブレーンをいつでも雇えるのに対し、軍にとってはそれができない。経営と資本（所有）は産業界では分離できるが、陸海軍では分離できない。金融一族は、商売のために元の大蔵大臣だった池田成彬のような部外者を雇えたが、軍人たちはそうはいかなかった。日本の将官たちは自分たちで統治でき、他の人のために運営するのではないトップの地位をめがけて進路を開拓した。そしてそのトップの地位は、そこにたどり着けるほどに十分優秀で、他の者を追い出すのに十分強い人間に開かれた。財閥の場合、あまりこういうことはなかった。〔略〕

彼らは軍部がアジアの征服をもくろんでいることを、誰よりもよく知っていた。そして日本が「大東亜」を支配するという考えに全く反対というわけではなった。ただ彼らは、それが災難に行き着くかもしれないとおびえ、従って「穏健な」やり方を模索した。日本の領土防衛に必要な範囲を大きく逸脱した「不穏な」戦争機構を建設している主要なメンバーであるのに、三井家や岩崎家がこっそり外交政策では「穏健」路線を願っているとはまことに皮肉なことだった。彼らの「不穏な」戦争マシーンが実際には日本に「穏健」な政策をほとんど取れなくしてしまったことに彼らは気がついていたが、それを認めようとはしなかった。民主主義国に売った絹の代わりに、彼らは原料と、原料を供給してくれる国々に向けて使用するための軍事モンスターをそれらの原料から作る技術を採り入れた。

軍部と財閥の反目はかなりのものだったが、それはいつも両者の共通の目標のために覆い隠された。共通の目標とは「汚れた三位一体」の頂点、つまり東京の中心にある皇居の中で神の役目を果たしている孤独な人間、その人によって祝福された海外の征服である。

第二章「八紘一宇」

日本政府は「大東亜共栄圏」を建設する意思をしばしば表明してきた。大東亜の大がどの位の「大きさ」を意味するのかは分からなかった。分からなかった理由は、「大東亜」についてはどこまでという限界が設けられず、つまり日本の現人神の御旗を世界中に翻すのに必要な資材と人材すべてという以外はなんの説明もなかった。これは奇想天外に聞こえるが、日本政府による他の声明に比べればたいしたことはない。たとえ直接征服しようとしている地域がどこからどこまでと定めなくとも、日本の最終的な目的がなんであるかはちゃんと世界に明確にしていた。

公式の出版物や、上は最高位にある軍国主義者から下は下級官僚による公式の発言によって日本は、世界に日本の目的は「八紘一宇」である、その意味は「世界の八つの角を一つの屋根の下に集めて世界を一つの家にする」と述べていた。これが、過去、現在の日本の外交の基本である。もし民主主義諸国、つまり連合国側が、地球は丸くて角なんて一つもないからそんなことは奇想天外と主張したら、どんな目にあうか分からなかった。それは真珠湾攻撃と同様、日本にとっては少しも奇想天外ではないのだ。〔略〕

日本人は国教である神道のバイブルはもったことがない。神道は古の昔から語り継がれてきたもので、きちんと書いたものはない。神道の教科書というものがなかったので、一九四一年までは人それぞれに異なる解釈をしていて、はっきりしたものがなかった。当時日本政府はヒトラーの『わが闘争』がナチスを助けたように、うろたえている国民の助けとなるなにかが必要と感じて、「日本国民のバイブル」と表現した『臣民の道』と称する小冊子を発行した。それは近衛内閣からの指示で文部省が書いたものだった。初版は三万部で、全国の学校に配付された。学校では、これから卒業していく日本の若者がなんのために戦場に送られて死んでいくのかよく理解できるように、バイブルが早急に必要だった。

『臣民の道』では三つの章で易しくその答えを述べていた。天皇の忠実な臣民の生と死に関するカギを見つけるの

に一日にほんの数分、数日かけて読めばよかった。〔略〕
民主主義の思想が神聖な統治という封建的な神話を損ない、それが軍国主義者らの侵略政策を妨げていることを明らかにして、バイブルは忠実な臣民を第一章に導く。そこでは、軍国主義者の計画している世界新秩序について説明しそれに都合のいいやり方で世界史を要約している。第一次世界大戦で勝利を収めた国々（日本は除く。というのは第一次世界大戦に日本が参加したとは説明されていない）は「弱肉強食の正常観、享楽的欲望の際限なき助長、高度物質生活の追及となり、植民地獲得及び貿易戦争を愈々刺激し、これが因となり果となって世界を修羅道に陥れ、世界大戦といふ自壊作用となって現れたのである」。実のところ、あまりに複雑なので、バイブルの筆者は南京での強姦だとか中国の他の多くの都市での出来事については、殺害とかまさに地獄をみるようなひどいことはもちろんのこと、詳細を語りたくなかった。

満州事変は日本の「世界史的使命に基づく国家的生命の已むに已まれぬ発動であった」とバイブルは説明している。そして、ここでバイブル全体の核である「八紘一宇」が登場する。〔略〕

世界の八つの角は、最近の歴史が示しているように、きちんと定まってはいない。日本が海外の領土に楔を打ち込むことに成功し、神々に対して彼らの子孫がまどろんでいるわけではなく、民主主義国の性根のない唯物主義に堕落しているわけでもないことを示す証として神社を建てた所が、すべて世界の角である。ロシアに対する日本の勝利が（アジアの）諸国に自由への希望を膨らませ、中国人の間に新たな民族運動をかきたてたと説明した後、バイブルは続ける。「かかる澎湃《ほうはい》たる亜細亜の覚醒気運の中に我が国民は東亜の安定を確保することが日本の使命であり東亜諸地方を解放することは懸かって日本の努力にあることを痛切に自覚したのである」。〔略〕

開戦直前の米国に対する日本政府の最終回答をコーデル・ハル国務長官が理解に苦しんだとしたら、そしてそれを「……これほど恥知らずな偽りとこじつけだらけの文書を見たことがない。こんなに大がかりな嘘とこじつけを言い出す国がこの世にあろうとは今の今まで夢にも思わなかった」と考えたとしたら、それはハル長官が「八紘一宇」を理解していなかったからである。それが、ここに記すのは残念なことだが、米国の日本に対する外交政策がかくもうまくいかなかった理由だった。日本の政策のこの基本的な原則を推測できなかったので、ハル長官もルーズベルト大統領も、交渉打ち切り通告の前に米国政府に提出された数々の文書の中の他の「恥知らずな偽り」を、認識することが困難だったのかもしれない。

日本政府のように大真面目で「八紘一宇」のような概念を信奉する政府とは、米国人から見れば「恥知らずな偽り」しか発言しない政府であると、東京にいるわれわれの多くには分かっていた。われわれが東京で仕事をしていると、ほとんど毎日そうした偽りの洪水のなかにいた。東京の特派員はこの「偽り」が分からないと、なにを信用したらいいのか、いかなる基準をもってしても仕事をするのは不可能だった。「偽り」は至る所に見つかった。公式のスポークスマンによる話、新聞での大臣のインタビュー記事、日本の役人との会話、日本の政府公認の通信社である同盟の記事など、どこにでもあった。東京に駐在している記者の仕事は、それらが米国の新聞に載った時に正しく認識されるようにそれらを変形させ、解釈することだった。これは日本に駐在する「お客」にとっては極めて困惑する仕事だった。しかし、われわれの多くはできるだけそうするようにした。もっともそれで日本政府の役人にはにらまれたが。〔略〕

ナチ党員が日本のバイブルをアメリカ人よりよく理解したはずなのはごく当然だった。ナチスはみずからも世界制覇のドクトリンをもっていたので日本のそれを真面目に受け取ることができた一方で、アメリカ人が手にしていたバイブルは全く種類の異なるものだった。大抵のアメリカ人はどんな人間にしても、世界制覇という考えを抱けるなどということが信じられなかった。東京にいたアメリカ人の一般的な感じ方は、日本のバイブルは思考力の鈍った日本人の頭にとっては組織的な宣伝活動より多少意味があるのかなというものだった。しかしナチスが気がついてわれわれが認識できなかったことは、まさにそうした混乱した頭から世界のつわものが育ったという事実だった。〔略〕

今考えてみると、ナチスは日本の動きをもっとずっと現実的な目で見ていた。「南進」のどの動きにも、ナチスには日本が南進続行政策に必然的にコミットするようになっていくのが見て取れた。そしてどの動きにもナチスは日本が最後の決定的な瞬間の準備のため、よりよい地位を確保していくのを見てきた。つまり、ナチスは日本の仏印占領をドイツのチェコ占領と同様のものと解釈し、一方アメリカ人の全般的な受け取り方はミュンヘン協定を結んだイギリス人と同じだった。〔略〕

日本の大東亜の夢は、台湾と言う豊かな南の島を舞台として生まれた。海軍の、そして経済的な事業としての台湾の成功は、陸軍の、中国での目的のないお金のかかる遍歴が総じて失敗だったことと、特に四年以上に及ぶ実りの無い戦いの後では、著しい対照を成していた。日本は台湾に、南への温かいドアを開けて中国で行き詰ったみかどの軍国主義者らにとっての出口を与えてくれる魔法のカギとして、ますます期待を寄せるようになった。

海軍は極東でもっとも素晴らしい海軍根拠地の一つを台湾に建設したばかりでなく、南方諸島の詳細に精通している数多くの技術者や海軍の専門家を作り出していた。台北にある二つの大きな官立学校によって、台湾は南方諸島への攻撃を最終目標とする訓練の場となっていた。ケールが英語を教えていた台湾官立商業学校では、海軍が攻撃を開始する前に必要としていた種類の情報を間違いなく提供する少年隊を訓練していた。一九二九年に創設された帝国大学では、海軍の企てに必要な技術者を訓練した。両校の生徒はオランダ語、スペイン語、ジャワ語など、南方諸島で使われている七つの言語の中から一つあるいはそれ以上の言語を教えられた。帝国大学では生徒より教官の方が数が多く、全員が勤務時間の大半を南方地域の開発プロジェクトのために費やした。大学の理事たちは海外の公使より地位が高く、ということは南方への大攻勢の準備に携わる人間に与えられた名誉と重要性を示している。台湾の日本当局は彼らの行く先についてはしっかり掴んでいた。

一九三七年にケールは、一九四六年に独立することになったフィリピンを祝う仮面舞踏会が台北で開かれたのだが、それに出席した彼の生徒何人かの写真を日本当局から渡された。〔略〕

そう、今年は他の年とは違った。日本海軍は大攻勢に向けて最後の準備をしていて、松尾〔台湾の米国領事館に働いていた日本人で、日本の官憲によってスパイ容疑で逮捕〕が米国政府のために仕事をしているより監獄に入っていてくれるほうが都合がよかった。島全体に新しく病院を建てていると か、以前使われていた野球場を今後の行動に備えて水兵の練兵場にさえしているなどの、海軍の熱心な活動を暴露して松尾が米国政府を何らかの形で助けることになるというわけだった。台湾での日本海軍の記録を見れば、「過激主義者」と言われていた陸軍とは対照的に海軍が「穏健派」であるとの間違った一般認識は、とうの昔にぶち壊されていたはずである。これまで海軍が「穏健」だったなら、それは過激でなくてはならない機会があまりなかったからであり、陸軍と結託して政府と日本国民を支配するという神聖な使命について陸軍ほど熱心でなかったからではない。重慶やその他の都市の酷い爆撃には海軍も加担した。それから間もなく連合国への攻撃を拒んだというなら、それは海軍の準備が整うのにもっと時間が必要で、極東で海軍がもくろんでいるように優位に立つためには、米国海軍が大西洋でもっと勢力を使ってしまうのを待つ必要があったたからに過ぎなかった。

海軍の提督たちが陸軍の将官より着こなしが上手で、英語もうまく話し、公衆の面前では行儀も良かったのは事実である。しかし、頭にいただく、前面がそそり立つブレードのついた制帽は、確かに西洋式だが、その頭の中には陸軍の軍人たちと同じサムライ精神と南方の海を征服しそれを大東亜に組み入れるという神聖な使命の達成への狂信的な熱意が潜んでいた。十億の人口をかかえ、その計りしれないほど貴重な南方の資源を台湾と同様に一生懸命に開発し、そしてかつてないほどの大きくて強力な艦隊で世界の八つの角を一つの屋根の下に置くという、神から与えられた使命の達成を邪魔する者に対しては、果敢に突き進み挑戦するというわけだった。

第三章 「人形の学校」

大阪にある文楽劇場、この手の劇場はここしかないが、この劇場を訪れた者は皆美しい着物を着て舞台を気取って歩き、ほとんど人間かとみまごうほどに演技する人形にうっとりしてしまう。文楽の人形はかなり大きく、少なくとも本当の人間の三分の二位はあり、その動きはプロの俳優の動きが全部できるほどで、プロ以上と思える時さえよくある。これらの人形に命を吹き込むことは決して易しいことではなく、人形をちゃんと操れるまでには何年もの学習と練習が必要である。人形一体に一人の中心的な人形遣いと二、三人の助手がいる。彼らは人形と一緒に舞台にあがるが、かなり後ろに控えて黒い頭巾と着物をを着て観客からは見えないようにする。他の国の大抵の人形には紐がついていて、時に紐がからまったり壊れることもある。文楽ではそうした危険はなく人形の遣い手がしっかり人形を捕まえている。中心の遣い手が人形の着物のしたから背中に沿って手を入れ人形の頭に届いた形で操作するのだが、あたかも人形が自分で考えて動いているかのごとくその動きは見事である。

日本人は人形を本物の人間のように作るのが得意なばかりではない。人間を人形のように操ることも大変うまい。そしてこの技術についてはまさに日本のオリジナリティーを堂々と主張する権利があるだろうが、日本はどの国よりもこの手の国際的操り人形の大きなコレクションをもっている。中国、蒙古、ロシア、マラヤ、ビルマ、タイ、インド、そして現在日本が直接関与しているその他の国々からの人形である。これらの人形の多くは文楽タイプで、つまり頭をしっかり(日本に)抑えられており、もし行儀が悪ければいとも簡単につぶせるようになっている。通常それらの人形は無作法をしない。この人間の人形を操るという新しい人形術の遣い手は日本の軍国主義者で、彼らはもともと自国内でこの技術の開発に大成功を収めていた。

おそらくアジア大陸でこの技術が最初に行われたのは朝鮮で、一八九五年朝鮮の王妃殺害に朝鮮人の一味を動かした時だろう。テロと腐敗によって朝鮮の国力を徹底的に損なった後、日本は朝鮮を併合したが、王室を滅ぼしはしなかった。王家は朝鮮の怒り猛る民族主義を懐柔するため利用された。朝鮮の王家を日本人に近づけるため、将来の朝鮮の王家に日本人の血が入るよう、朝鮮の皇太子の李垠に日本人の妻が与えられた。

この操り人形術は朝鮮から疫病の如く中国へ広まった。満州ではあらゆるタイプ、種類の代理人が日本人によって作られた。満州ではこういう時のためにとっておかれた中国の前皇帝の溥儀がついにすべての人形のトップに据えられ康徳帝となった。

日本帝国の伝説上の建国二千六百周年（紀元二千六百年）に際して、溥儀の上位にある人形、ヒロヒト天皇に敬意を表するため一九四〇年に東京を訪問するよう要請された時、溥儀は承知した。東京駅で溥儀は天皇に会ったが、溥儀は百八十センチと背が高かったので、小柄な天皇を見下ろす格好となり、日本の臣下たちを困惑させた。日本では現人神を見下ろすことは失礼なことで、天皇が通る時には大抵の日本人は天皇を見上げることさえしない。東京では八階より高いビルの建設は皇居を見下ろすことになって天皇に対して失礼な行為というわけで許可されない。飛行機は皇居の周辺を飛ぶことはあっても、真上は飛ばない。

しかし東京駅では溥儀が天皇を見下ろす形で天皇に向かって微笑みかけた時、そこにいあわせた人達全員は苦笑するしかなかった。これは溥儀が東京滞在で愉快な思いをした瞬間の一つだったろう。東京駅での会見の写真が夕刊に載った時、身分の上の神と下の神の背丈の違いにはほとんどの日本人は気がつかなかった。

しかしながら、溥儀は天皇が臣民から受けるのと同様の敬意を日本国民から受けることができ、神聖な天皇家の一員としての扱いを受けた。天皇が街を通る時は、通り道に当たる沿道のアパートの住民は天皇を見下ろすことのないよう日よけを閉めるよう警察から言われた。同じようなはからいが溥儀に対してもなされた。私たち外国人が多く住んでいた文化アパートでは、溥儀が東京に着いて間もなく英語でタイプされた次のような貼り紙がドアに貼り出された。

お知らせ

現在日本をご訪問中の満州国の皇帝閣下が来る三十日、日曜日にこの文化アパートの前をご通過の予定です。つきましては下記の時間帯は東、西、南に面した窓のすべての日よけをお閉めください。

午後二時―二時五十分

午後三時三十分―四時十分

なお部屋から閣下ご一行を見下ろすことはご遠慮ください。

管理人

最初の時間帯は溥儀が皇居から何かの催しに出席のため目的地に着くまでの時間で、後半はそこから皇居への帰路の時間だった。溥儀の車がアパートの前を通る予定の時刻のおよそ一時間前に、警察官が部屋のドアをノックして中に入れろと要求した。彼らはいわば日本の文民の統治者で、天皇よりもっと直接的な支配権を行使する。部屋に入るのに令状は要らず、従って彼らが入りたいと言えば、拒めなかった。二人の警官は、外国人たちが管理人の指示通りにやっているか見に来たのであった。窓の日よけはいっぱいに引いてあった。しかし警官は満足しなかった。窓をどうして閉めないのか聞き、春は気まぐれな風が吹くので、ちょうど溥儀が下を通るまさにその時に日よけがめくれるかもしれないと、明らかに不審の顔つきだった。そこで窓も閉め、日よけをもう一度下ろした。警官たちはしょうがないという感じで、なにやらボソボソつぶやきながら次の部屋を調べに行った。もっとも、外国人の住民ががっかりしたことには、溥儀は「お知らせ」通りにアパートの前は通らず、横を通過して行った。〔略〕

アジアの舞台で日本人が操った人形の三つ目は汪兆銘。この人物は狡猾で口先のうまい革命家をよそおった裏切者で、南京で（日本軍の）いわば捕らわれの身になりたいばかりに蒋介石を見捨てた人間である。チェスター・ホルコームというニューヨーク・ロチェスター出身の若い記者が、一時東京で仕事をしていてその後上海へ移ったのだが、南京へ出かけて行って、日本軍がしっかり見張っている汪兆銘にインタビューする許可を日本軍からうまく取ることができた。インタビューでは、汪兆銘は日本が支配している政府の「長」としての仕事なんかちっともうれしくなく、実質は囚人と変わらない、とホルコームに述べたそうである。ホルコームはこのインタビューの記事を書いて、それが上海で発行されているアメリカ人がオーナーの珍しく勇敢な週刊誌「ザ・チャイナ・ウィークリー・レビュー」に「南京の囚人」という見出しで掲載された。この記事に上海の軍国主義者らは激怒し、ホルコームは即座に、日本人の銃剣の下で勇敢にも発言する他のアメリカ人と共にブラックリストに載った。

汪兆銘は、自分があのような話をすれば日本の軍国主義者らの面子がいささかつぶれ、自分ら一味への日本軍の支配が緩和されると願ってホルコームへ話を意図的に「つかませた」ということも十分ありうる。汪兆銘一派が抱いていた全般的な不満と、重慶との取引で日本に裏切られるかもしれないとの不安を彼らが抱いていたことから、日本は翌年の一九四一年の夏、汪兆銘一派の懐柔策として、南京政府の操り人形を作り直すため東京へ招いた。汪兆銘は恭しく遇され、皇居で天皇自らのもてなしを受けた。汪の身分は、軍国主義者らが選んだ神聖な皇居への訪問客としてはもっとも低かったが、汪に神聖の印を与え、今後蔣介石との和解があるにしても汪が見くびられることはないと保証する意味があった。

〔汪兆銘の日本招待の最後に記者会見が開かれた。その席で〕前奏が終ると、主役の汪兆銘自身が舞台に現れた。後ろの楽屋からおおまたで歩いて出て来た時拍手はおこらなかったが、現代中国史のなかでもっとも奇妙な経歴の一つを持ったこの人物を見ようと皆きちんと座った。汪はかつて漢口の左翼政府と結び付きのあった熱心な革命家だった。その後憎き敵の蔣介石から命がけで逃げ、抗日戦線で蔣介石と合流し、最終的には中国が共通の侵略者と戦うため手をつなぐことがことのほか必要だった時に、日本側に加わるため重慶から密かに逃げて蔣介石を見捨てたのである。われわれは皆、裏切り者がどんな顔をしているのか見たいと思った。

汪は勢いよく演壇に上がると、補佐官のやや左側に立った。きちんと背広を着て、水かポマードだかで黒い髪を額から真っ直ぐ後ろになでつけた汪は、童顔のせいで実際の年よりかなり若く見えた。がっしりした体躯で、中国でよく知られ、かつては尊敬もされた顔は魅力的でそれでいてがっしりした特徴を失っていなかった。南京の人形は立ったまま記者団の方をしっかりと向き、それは自分に挑戦したい者あるいは敵方に逃亡したことについて質問したい者には受けて立つ用意があるとでも言っているかのようだった。汪は英米の記者たちが自分のことをどう思っているか、そして彼らが自分のしゃべることを聴くというよりは単なる好奇心からここに来たことを知っていた。準備万端の答えを書いた紙の束を手に持って、汪はよく訓練された役者のように完璧に自分の役を演じた。緊張した補佐官はいやに甲高い英語で質問をスラスラしゃべると、汪が洗練された中国語と思われる言葉で答えを読んだ。その英訳が司会者によって読まれた。全部の質問と答えが終るまでこの形が繰り返され、汪は答えの英訳が終って次に進むまで待っている間真剣な顔をしていた。

汪の答えは誰もが予想していたものだった。中国への外国からの関与について聞かれると、汪は「友好国」だけの「合法的な」権利を尊重すると答え、これには明らかに米英はふくまれていなかった。しかしそこには枢軸諸国はふくまれていて、南京政府は「世界新秩序」を実現するためこれらの国々とは「密接な関係を保って」いくと述べた。日本政府が欲していたのは蒋介石ではなくて汪兆銘だとの確証を得ていたので、汪は重慶が南京の自分の政府に加わり日本への抵抗を止めることを望むと言ったソ連に対して汪がどういう態度をとるのかについての質問には興味があったが、汪は日本の公式の答えをきちんとしただけだった。日本と一緒に汪の政権が取っている反共政策と中ソ関係とは別のものだと言った。中国に革命を起すのを支援するために派遣された共産主義者のスパイだったボロディンと行動を共にした漢口時代の革命思想はもはや失われていた。汪が演壇から降り、用意された答えの暗唱が終るのを日本の軍国主義者らが待っていた部屋に戻った時、汪の自主と自由も失われていた。

汪が日本のためにわけもわからず繰り返し、日本政府のスポークスマンが発表すればすむような答えを数行打電するため会見場を後にする時、傀儡を護るために建物の周囲に配置された護衛隊をふたたび目にした。門を出た直ぐの所に無線を装備した米国製の警察車が止まっていた。これは東京の町ではそうたびたび見かける車ではなく、特別の時だけ使用される車である。汪は（中国だけでなく）受け入れ国である日本でさえも身の危険があると考えられていたようである。汪は行く先々で十分な警護が付き、汪の車が通る道路はずっと前から他の車は通行止めとなり、護衛隊に囲まれて通過していった。

〔ニューマンは中国本土の取材で天津から北京に入った。そこで北京の日本陸軍幹部に会い、中国の現状、満州国など北支那方面、いわゆる北支における日本軍の支配と傀儡政権がどのように作られるか、などをつぶさに取材した〕

北支那方面軍は結構なものを手に入れ、これを中国人に返還する気など無いことは分かっていた。われわれは汪兆銘政府が北支那の行政をうけつぐのか高田大尉に尋ねた。大尉は答えをはぐらかすことはしなかったが、北支那方面軍は汪あるいは汪政権のやり方に同意できないとはっきり述べた。日本軍の支配の下ですべてがうまくいっているし、汪一派が同様にうまくできるとは思わないと大尉は言った。

北支方面軍は明らかに自分たちで傀儡を選びたいと思っており、汪一派は彼らが選んだものではなかった。北支方面軍に対し傀儡を選ぶこと、あるいは推薦することさえもがその主権を侵害するにほぼ等しかった。満州の軍のように、彼らもまた、東京や自分たちの帝国をもっている中支や南支の軍隊から干渉されるのを嫌った。

内蒙古の傀儡や満州の白系露人の傀儡との仕事ぶりに触れずして、中国にいる日本人の支配地域を去るのは公平でないだろう。李垠、溥儀そして汪兆銘らの傀儡は主に国内用の目的で使われているが、内蒙古や満州北部など将来の対ソ作戦の根拠地では、日本軍は対外用の操り人形を開発した。支那事変が勃発して間もなく、日本軍はいわゆる蒙古連合自治政府の主席として旧王族の徳王を擁立した。徳王の地位は汪兆銘のそれと似たところがあって、徳王は時々「新秩序」への正しい協力について教わるために蒙古の軍隊と一緒に東京へ連れてこられた。恐らく徳王よりもっと重要なのが、内蒙古の首都張家口にあった中央学院院長の常岡寛治中将が率いる特務機関だろう。日本の軍人による訓練を受けてこの軍事学校を卒業した後、彼らは日本の発表によれば「内蒙古の各地にリーダーとして配属」される。彼らが引っ張る集団はもちろん、ソ連や外蒙古にある前哨地に対して将来破壊活動やスパイ活動をするために使われる者たちの集団である。「ジャパン・タイムズ」によると「内蒙古は反共回廊を構成しており、政治的、軍事的、民族的に極めて重要である」。〔略〕

中国から日本に戻って間もなく、「大東亜共栄圏」を設立するとの軍国主義者たちの計画が明確になってきた。これらの計画の中には何年にもわたって製造過程にあった幾つかの新たな操り人形がふくまれていた。それらは仏印、タイ、フィリピン、ビルマ、マラヤそしてインドの傀儡だった。

大半はそれぞれの国で調達された。日本の手先たちは仏印、ビルマ、マラヤでは土着の人々が外国の統治者に対して反旗を翻すような試みに力を入れたのに対し、タイでは日本に都合がよくそして民主主義国に敵対する政府を樹立する陰謀や汚職を企んだ。太平洋戦争開始直後ビルマのバー・モウ首相が日本と取り引きした疑いがあるとして英国に捕らえられたとの発表は、戦争よりはるか前に日本軍が深く浸透していたことを示すものだった。フィリピンに反乱派の将軍、エミリオ・アギナルドの下に傀儡政府を樹立した時の手際よさにも、日本軍が深く浸透していたことがうかがえた。

一九四一年八月という早い時期に、太平洋戦争勃発の四カ月前のことだが、シンガポールの対岸でマレー半島の南端に位置する重要な州であるジョホール洲のサルタンが日本に寝返ったとのニュースが東京で流れた。「ジャパン・タイムズ」は「ジョホールのサルタン、英国の支配を嫌う」との見出しでこの話を伝えた。サルタンは英国人が嫌いで、彼らのことを忘れるため虎狩りに出かけたのは「勇気があって正直な性格」と報じた。サルタンが一九三四年に訪日した時、大変友好的で、天皇は旭日大綬章を授与し、たくさんのお土産と日本人への温かい気持ちを胸に帰国したとも報じた。

日本がタイを侵略すると同時にタイの軍隊が民主主義国との戦争に参加したことは日本が何年かにわたって訓練してきた傀儡をいかに速く仕事につかせられたかを物語っている。バンコクを支配してしまうと、日本軍はいわゆる英米派を排除し傀儡にとってかわらせることが難なくできた。一九四一年初めに仏印とタイの国境紛争解決のための交渉に参加するためタイの役人が東京に来た時、日本は彼らを「大東亜」ドクトリンに引き入れようとそれは熱心だった。「新秩序」をお客に気に入ってもらえるよう、日本側は毎晩彼らを気前よくもてなした。

日本の野心はタイを越え、そのための準備もタイを越えた。日本はインドから東京に、特務機関員の仕事と傀儡の訓練に恐らく単一では最大のグループを集めた。このグループはインド独立連名という名前で動いた。会長はラシュ・ビハリ・ボースで、日本はインドの傀儡政権のトップにしようと画策した。ボースを将来インドの汪兆銘にできるとふんでいる。ボースを重視していることは、彼が右翼団体・黒竜会のリーダー頭山満の子分だという事実から見て取れる。黒竜会は日本と中国のための有力な操り人形を一体ならず生み出した。日本にいたインド人のナンバー2の人形はA・M・サハーイで、英国のインド支配に敵対する「新秩序」を支えるため神戸と大阪のインド人をまとめて組織した。

占領した地域の征服と支配の道具として、日本は疑いもなく世界のどの国よりも傀儡をよく活用した。「八紘一宇」の教義の場合がそうであったように、人形を作り操る技術は日本自体の軍国主義者の才能で開発され、彼らはヒトラーやムッソリーニが世界の舞台に登場するずっと前からそのエキスパートになっていた。そしてその操り人形術の成功あるいは失敗ゆえに、日本の軍国主義者は賞賛を受けねばならないだろう。

第四章　「侍セレナード」

一九四一年春、民主主義国側が太平洋での日本の意図に疑念をもちはじめたころ、皮肉屋の伊藤述史は内閣の情報局総裁として日本に在住している外国人、特に特派員と外交官を情報局のオフィスがある建物で開催した音楽会に招待した。戦時中で娯楽に飢えていた者たちに、魅力的なプログラムを提供してくれた。大勢の人達が招待に応じ、会場のバルコニーはほぼ満席だった。英国大使のロバート・クレーギー卿と夫人が一列目の真ん中に座り、両側に日本の高官たちが座っていた。

プログラムは封建時代の侍にとって、その後は国粋主義者らにとってとても大事な日本の古典音楽がほとんどだった。日本帝国で古典音楽の第一人者である、盲目だがとてもすぐれた箏曲家の宮城道雄が十三弦の日本のハープ、琴をひいた。もう一人が三味線といって三本の弦からなる日本のバンジョーを奏で、奇妙な沈んだ音色が会場を満たした。最後は私がこれまでに聞いた最も美しい日本の現代音楽、百人の子供の混声合唱で壮大に歌われるカンタータだった。カンタータは日本の伝説上の最初の天皇、神武天皇の東方遠征に捧げたものだった〔紀元二千六百年奉祝交響曲「海道東征」〕。

音楽会がはじまる前に、ホストの伊藤博士は演壇に上がり、われわれを招待したわけを説明した。博士ははじめ完璧なフランス語でしゃべった。彼のフランス語はフランスの外交団からも賞賛されたにちがいない。日本はほんの数日前に仏印とタイの国境紛争を仲裁し、日本の取り分が大半を占めたが、タイのために仏印から幾分かの土地を割譲させた。それから博士は英語でしゃべった。これもクレーギー卿から賞賛されたにちがいない。そしてクレーギー卿の、つまり英国の東アジアでの領地が、日本の次の目標だった。フランス語と英語で博士が言ったことは、世界は戦争と混沌の真っ只中にあるが、日本は大変静かに、穏やかに自分たちの仕事をしているので、外国からのお客のために音楽会を開くことができるということだった。

何人かの外交官や大半の聴衆にとっては、博士のスピーチはカンタータのように心地よく響いた。新聞記者たちの多くにとっては三味線が耳に心地よくないように、皮肉に響いた。博士が音楽会を主催していた間、松岡外相は、音楽会ではクレーギーが代表していた大英帝国を死においやるヒトラーの企みのため、密かにベルリンへ急いでいた。そして外相が留守の間、東京の日本の海軍はやがてはじまるであろう対米戦争の、戦略の研究を続けていた。

音楽会は、ゲストとして迎えた幾つかの国への侵略計画を軍国主義者らが密かに練っている一方で、日本がその平和的な意図の証として提供する唯一の公式のエンターテインメントではなかった。ここ数年、日本は侍の歌を世界に短波放送で四六時中流しては、世界を眠らせようとしていた。海外に配付する出版物に載っていた広告は、外国でラジオを聞いている人達が「もっと受信し易く、よい番組を長い時間聞けるように」するためラジオ東京の設備を拡大すると知らせ、「ますますお元気で」と言っていた。

この拡張は一九四一年初めにはじまった。それは軍国主義者の計画が拡大をはじめた時だった。将来の軍事作戦の舞台である南アジア地域のために、ラジオ東京はこの地域で理解されるさまざまな言語――英語、オランダ語、フランス語、中国語（三つの方言）、マレー語、タイ語、日本語――で毎日放送すると発表した。南西アジアと近東――ここも将来の作戦の舞台となりうる――には、毎日ビルマ語、ヒンドスタニー語、アラビア語、英語、フランス語、日本語の番組を提供した。ホノルルの基地で知られていたハワイには毎日、番組が英語と日本語で送られた。

他にも毎日番組が幾つかの言語で特に欧州、中南米、北米の東部や西部、南米、オーストラリア、ニュージーランド、そして中国に送られた。ラジオ東京は世界中をカバーし、誰にでも音楽を提供し、誰も差別せず、料金をとらなかった。

日本は世界に自国の放送を聞いて下さいとサービスしたが、世界各国が自国の放送番組で日本に応えることは許可しなかった。日本では世界の番組が聞けなかった。ラジオ東京の聴取料を払っている臣民は短波ラジオの所有が禁じられていた。ラジオ東京が言うところの「日本の声」（ボイス・オブ・ジャパン）は海外で聞くことができたが、日本で海外からの声を聞くことは違法だった。〔略〕

ラジオ東京は独自の番組に加え、政府管理下の同盟通信が提供するニュースも放送し、外国の人達が一番聞きたかった歌も流した。民主主義国には平和な話題が放送された。他の枢軸国には戦争への協力をほのめかす話を流した。南アジア地域には、大東亜の計画にこの地域の国々がちゃんとふくまれていることを知らせた。真珠湾の日が近づいた時、ラジオ東京はすべてがうまくいっておりハワイの島々では暑い砂浜と海水浴が楽しめるとハワイ人の人達に断言した。太平洋の戦争をなんとか回避しようとした最後の内閣が総辞職したその日に、米国本土とハワイの新聞は次のような同盟通信の記事を掲載した。「近衛内閣は今日総辞職した。外交評論家はこれが日本がドイツを支援して対ソ戦に向かう前兆だと見ている」。

ロシアと戦争、へえ、まさか。民主主義国側と戦争、そんなばかな！　ホノルルは同盟の記事をこんな風に受け取った。もしホノルルが同盟の記事を信じられなかったとしたら、それは新しく外相になった東郷茂徳の発言があったからだった。日本の目的は世界平和の促進と維持であると東郷が発言したと米国中で伝えられていた。こうしてラジオ東京は、平和の歌と共に、将来日本の爆撃の犠牲者となる人々を誤解させ、また危険の警告を発しようとする東京発の外国人記者の原稿を損なうことが多かった。〔略〕

日本の侵略的な政策の結果米国に反日感情がどんどん高まってきた時、日本は米国国民に直接働きかけることを躊躇しなかった。米国の一定の階層に知られている日本の役人やビジネスマンが、無料で親善のためのスピーチをするようになった。日本郵船社長――この会社はそれこそ多くの親善セールスマンを日本からそして日本へ運んだが――の大谷登は東京から米国への特別短波放送で、「われわれ日本国民は従いまして意思に反して日華紛争にならざるを得なかったことを、米国の友人にご理解いただきたくお願いするものであります」と述べた。ここには日本郵船を支配している三菱財閥の声がよみとれる。軍国主義者たちのいわれのない侵略を、正当化する声である。しかし三菱の支配下の日本郵船社長は、日本の侵略を正当化しただけではなかった。彼は二つの理由からも米国のビジネスマンに訴えた。一つは、日本の対中戦争は本当はソ連の共産主義に対する戦争だというもので、これは明らかにアメリカ人の偏見につけこもうとしたものだった。二つは、門戸開放の原則に沿って、東アジアでのより大規模な貿易を約束するというものだった。しかし、三菱の代弁者は、日本の兵隊がその門戸を守り、誰かが示唆したように、アジアを出ていく民主主義国にたいしてのみその門戸を開放する、とは言わなかった。

もうひとりの宣伝マンは須磨弥吉郎で、ワシントンの日本大使館の参事官で後に外務省の情報部長になった人物だった。日中戦争が勃発して間もなく、須磨は日本政府のための宣伝ミッションとして米国をまわることになった。もしアメリカ人が米国政府のために日本でおなじことをしようとしたら、日本政府は驚いただろう。東京は短波放送と同様の理論で宣伝マンを操作した。日本が海外宣伝に携わる人間を送りこんだのはあくまでも日本側からの一方通行であり、日本に在住する外国人が日本人と自由に話をすることさえ嫌った。

歯切れがよくウィットにとんだ須磨は一九三七年から一九三九年のほぼまる二年間、東洋で展開されていることについての米国の考え方に闘いを挑んだ。三九年に須磨はワシントンから東京に戻り、東京在住の米国の記者たちと闘った。須磨は国のはしからはしまで何千という無邪気なアメリカ人に大学、クラブ、協会などで話をして歩いた。

オハイオ州クリーブランドの外交政策協会の学のある会員たちには、須磨はこう語った。「中国は本当の意味の国家ではありません。それはむしろ『伝統』あるいは『歴史』とでも申せましょうか……四千五百年もの長きにわたって中国は専制政治をおこなってきており、それが大衆が理解できる唯一の政府の形態であります」。しかしそれは、日本が中国人に理解してほしい唯一の政府形態でもあった。というのは、日本が主に関心があるのは中国の軍閥にとって代わることだということを中国人が見抜いていることがはっきりした時、侍の子孫たちはすかさず全力で中国を攻撃したのである。「中国人が必要としているのは法と秩序であります」。スポークスマン須磨はクリーブランドの聴衆に話し続ける。「反日の状況がかなりでっちあげられてきました……われわれは、例えば、世界を征服するつもりなんかありません」。米国の大衆はまだ「八紘一宇」を学んでいなかったし、真珠湾についても何も聞いていなかった。須磨がよどみない演説を済まして腰かけると、聴衆は拍手した。須磨が奏でた流れるようなセレナード（小夜曲）は、日本の真珠湾攻撃直後にハル国務長官に渡された日本からの「最後通牒」よりなお上手《うわて》とさえ言える「恥知らずの偽り」から成りたっていた。

須磨の最大の成功は、恐らくデトロイトの経済クラブでの演説だったろう。須磨はクラブの会長に暖かく迎えられた。会長は須磨を紹介した時、アメリカ人も国境を広げるのに武力に訴えたと指摘した（この主張は日本が「八紘一宇」の政策を進めていく際の侵略を正当化するための宣伝で繰り返し使われた）。それから会長は次のように言ったそうである。「日本が目的を達成するためどんな手段を使うにしろ、恐らくわれわれの理解を超えた理想主義——それは日本の生活、宗教、そして国民に浸透している——が動機となっていることがお分かりでしょう」。須磨が、日本政府から指令され支払いも受けているいつもの通りのスピーチを終えると、会長は再び次のように述べたという。

「われわれデトロイト市民は、西側のわれわれ同盟国がかかえている困難の一つについての、おそらくはじめての正当なご見解を拝聴しました。もし気をつけてお聞きになっていたなら、われわれが前世紀に直面した問題の多くを今世紀に日本がかかえており、それは恐らくわれわれが解決したのと同じやり方で解決しなくてはならない、つまりわれわれが正しければ武力で、正しさに問題がある時は外交で解決しなくてはならないことがお分かりになると思います」

須磨が外務省のスポークスマンになってから、彼みずから東京在住の記者たちに配布した米国での講演集のなかでこれらの発言を読んだ時、それらがアメリカ人の発言であることが信じられなかった。日本が中国の市民や兵隊に対する無慈悲な攻撃をおこなった後に、アメリカ人、あるいは西洋で教育を受けた者が、自分に理解さえできない理想主義が日本人を動かしていると心底思い、公衆の面前で他の人達にもこの考えを押しつけるなどということが、私には信じられなかった。そしてアメリカ人を、とどまることのない征服計画を進めている独裁的で軍国主義的な国の同盟者呼ばわりをすることは侮辱であり、日本人はこんな侮辱を犯すほど無作法ではないだろう。ともあれ須磨の宣伝歌はきちんと聴かれ、日本帝国政府のお金は無駄にはならないことが証明された。私は東京でスポークスマンの須磨をよく知っていたし、母国語でない言葉で外国人を欺く彼の才能はすごいと思った。〔略〕

第五章　「空洞化された新聞界」

十二月七日〔日本時間八日〕、太平洋の早朝の静けさをぶち破った爆弾によって祖国が日本との戦争に突入したという事実にアメリカ人は目覚めた。日本がすでに米国と戦争状態だったとは、ほとんどの米国人は認識していなかった。日本は爆弾を落とす前から民主主義国との戦争をはじめていた。米国を驚かせた奇襲の成果は、一日で達成されたのではなかった。

十年以上にもわたって中国で続けてきた爆撃を太平洋へと拡大する以前から、日本は米国と狡猾な取引をしていた。それは捕らえにくい狡猾さだったのだろうが、とても効果的だった。これまで見てきたように貿易で日本は柔らかい絹を硬い金属と交換し、それを武器の姿に変えてたっぷりお返しをしてきた。報道の分野では、日本は比較的公正で自由な（われわれの）報道とひきかえに、腐敗し虐げられた報道の産物を差し出した。日本は米国から貿易と情報でどんなものを得ようと、それを征服と支配の企みを進めるのに利用した。その見返りに日本が与えてくるものは、どんなものであれそれによって将来の敵を腑抜けにし、混乱させることを狙っていた。〔略〕

日本政府は、東京がなにをしようとしているか不必要に情報をもらして民主主義国に疑念を起こさせたり、彼らが欧州の戦争に没頭するのを妨げたりしたくなかった。外国人記者への情報源を狭めることにした。陸軍省、海軍省、そして外務省は――この三省に外国の記者はもっとも関心があったのだが――記者が接触するそれぞれ独自の情報部をもっていた。しかし、これらの省の仕事の重要性が増すにつれ、つねに疑り深い日本は好奇心の強い外国人をこれらの部から遠ざけておく方が賢明ではないかと考えた。さらに、各情報部から出てくる話がいつも一致しているわけではなかったので、情報を「一本化」する時期だと考えた。ことは単純化された。記者に外務省と陸軍省の侘しい木造のバラックと海軍省のもっとがっしりした煉瓦造りの建物にそれぞれ行かせていたという面倒なことをやめて、一つにまとめた情報源、それは内閣情報局として知られていたかの悪名高き真空地帯を訪れればよくなった。記者たちは時に政府の各情報部から何らかの情報を得ることがあったが、中央の情報局からはなにも得られないことは確かだった。中央の情報局は意味のないドラマを演じるのにまことに相応しく、以前劇場だった所に設けられていた。

ナチスの宣伝省にならい、情報局は内外すべての宣伝を一手に引き受けた。総裁は小柄で皮肉屋の伊藤述史博士だった。穏やかでほとんどはげあがった小柄な紳士の伊藤は、パリとジュネーブでの長い勤務で欧州、特にフランス文化から多くを吸収したキャリア外交官のひとりだった。伊藤は英語よりずっと上手にフランス語を話した。日本に極端なナショナリズムが台頭してくるにつれ、国際連盟とあまりに深く関係した外交官は「旧秩序」に汚されていると考えられて形勢が悪くなっていた。伊藤はしばらく忘れられた存在だった。しかし情報局ができた時、伊藤は欧州での長い体験から、適役と考えられた。伊藤は棚からおろされ埃を払われて、軍部のための立派な引き立て役になった。しかし伊藤は外国人記者とはほとんど、直接には関係しなかった。その仕事はシャイで正直な外務官僚の石井康の役目だった。

石井はニコニコしたとても心の優しいスポークスマンで、前ニューヨーク領事でもあり、ニューヨークには友人も多かった。週に二回外国人記者のための会見が行われる時は、朝十時に石井は記者で混み合った部屋に気取った足取りで入って来ると、記者の前におかれた長いテーブルの真ん中に腰を下ろしたものだった。石井の両側には少なくとも十二人を数える補佐役が並んだ。石井は「皆さん、お早うございます」と爽やかに挨拶すると、ミルクをいれない紅茶に角砂糖を二個入れ、かきまわしながら誰かがなにかを言いだすのをまちながら考え込むように紅茶のカップを見つめた。「今日はなにもご質問が有りませんか」。カップから目を上げるとニコッと笑って尋ねた。質問は沢山あったが、石井がニコッとする時は、質問に答えない、あるいは答えられないというサインだった。日米開戦直前の両国の話し合いが進められていた。しかし石井はこれについての質問には答えられなかった。記者たちはお茶を飲むと元劇場をぞろぞろ出ていった。「外国人記者はなにも聞き出せず」。「ジャパン・タイムズ」はこの日の会見をこう描写した。〔略〕

しかし、記者が石井にくいさがると、補佐役と相談した後、石井が本音を言ってしまうことも時にはあった。ある会見で津軽海峡と宗谷海峡の航行の自由について質問された時がそうだった。米国から軍事物資をウラジオストクに運ぶ船が通ろうとしていたのが、これら二つの海峡のうちの一つだった。当時、日本はこれらの海峡を封鎖してソ連への輸送を止めるかもしれないとの恐れがあったので、日本の態度が国際的に大きな関心を呼んでいた。それ故、私は会見でポーツマス条約の条文を正確に条文通りに読み上げた。ポーツマス条約は一九〇四年から一九〇五年の日露戦争の後に締結され、ロシア革命後に再確認された条約である。条文では、日本は津軽、宗谷両海峡を公海と見なし第三国の通商のための通過を認めることになっていた。

これはやっかいな問題だった。ポーツマス条約は依然有効であり、日本は独ソ戦では中立の立場を取ると言っていた。従って、石井は表向きは友好国であるソ連との条約を破るとは言えなかった。同時に石井は、これまで何回か、米国からのウラジオストクへの軍事物資輸送が日本への「脅威」だとの理由で、日本は非常に「憂慮」していると繰り返していた。石井が返答に窮した時、いつもの喜劇が演じられた。補佐役全員が石井の周りに集まるとこそこそと相談に入った。補佐役のひとりは法律に詳しいようで石井にラテン語でなにか言った。それからそのラテン語が石井の返答に出てきた。「日本による国際協定の遵守は『条約の締結当時の事情に重大な変更が生じない限り原文のまま』(リーバス・シク・スタンタバス)の原則に基きます」と石井は言った。

これはニュースだった。これは日本政府が対外公約を、国際状況が変らぬ限り遵守する、という意味だった。この時石井も補佐役たちもそうは思っていなかったが、それは結局国際法を廃棄することだった。石井の説明に従えば、日本が十年間の協定を結んでいたとしても、もし状況が変化したと日本が判断すれば、その時点で協定を破ることができるということだった。石井の発言はこの時期には特に重大だった。それは日本がポーツマス条約の内容を無視し、友好国と考えられていた国との協定を破ってもいいと考えていることの公式な発表だったからである。これにはさらに重大な意味が含まれていた。もしこの発言を新しく締結された十年間のドイツ、イタリアとの三国同盟に当てはめれば、日本は状況が変わればいつでも枢軸同盟を破棄できることを意味していた。そして国際状況はほとんど毎日変わっていた。この発言は国際協定に対する日本の本当の態度を正確に表しており、石井が政府の真意を正直に喋ってしまったのだった。

会見が終了すると、米国の記者たちはニューヨークの朝刊に載せようと、いつもよりずっと早足で社へ戻った(ガソリン不足ゆえか、当時流しのタクシーはほとんど見つけられなくなっていた)。しかし、情報局から米国の記者たちのオフィスがある同盟ビルまで歩いた五分間に、石井たちは自分たちが認めたことの重大さに気がついた。この発言が掲載されたら世界中の政府が、枢軸国も反枢軸国もみんな憤慨するだろう。掲載はすみやかにやめさせなければならなかった。

こんな時の情報管理体制は完璧になっていた。東京から外への通信をストップせよと本部に電話するだけで十分だったのだ。記事の送信には同盟ビルについてからほんの数分でよかった。いつものようにニューヨークのヘラルド・トリビューンに電話送稿する許可をもらうために検閲官に私の記事を電話で読み上げた。私が読み終わると、検閲官は例によってしばらく待つよう指示した。検閲官は記事をOKする前に恐らく石井と同様、大勢の顧問からなる委員会に相談しなくてはならなかった。

二、三分して検閲官は電話をかけてきて、もう一度最初のパラグラフを読むよう求めた。それはこんな文章だったと記憶している。「日本は今日国際法についての新しい解釈を発表した。政府のスポークスマンの石井康が外国記者団に語ったところによると、日本が国際協定を遵守するか否かは、協定が締結された時と国際状況が同じであるかどうかによる、というのである」。これは石井がリーバス・シク・スタンタバスというフレーズの意味を説明したときに石井が言ったことをほとんど逐語的に述べたものだった。「石井さんがそう言ったんですか」。検閲官はゆっくりした英語で訊ねた。私はその通りと答えた。「それはよくないです。記事からそこを削除して下さい」という答えが直ちに返ってきた。

なにがあったかは明瞭だった。以前にも同様のことが数回あった。発言について神経質になって、情報局はそれが海外に送信されることを防ごうと決めたのだった。そこで電話と電報の検閲官は記事をストップするよう言われたのであった。国際電話を使うと有利な点が一、三あるが、そのうちの一つは検閲官がなにを削るか即座に分かることだった。大抵の記者たちは電話でなく電報を使っていたので、検閲官と接触せず、従ってどこが削除されるのか知る方法がなかった。〔略〕

検閲全体の問題は七月末に頂点に達した。この時、電話電報いずれの検閲も、重慶で米国の砲艦ツツイラが日本軍に爆撃され、それに怒った米国のジョセフ・C・グルー駐日大使が抗議したことについての記事を米国に送信することを認めなかった。また、日本の外相豊田貞次郎海軍大将が遺憾の意を表明したことについても伝えることができなかった。ここで米国の記者たちははじめて行き過ぎの検閲に抗議するためまとまった。記者たちはグルー大使に接触し、米大使館は六時間に三回も外務省に抗議した。大使館の役人たちは、こうした状況下でできる限り外交的に話をして、日本政府の遺憾の意を米国の国民に報道しないのは愚かであることを示した。やり過ぎの検閲官たちは砲艦の爆撃の報道そのものを抑え込んだと錯覚しているが、爆撃の一件はすでに重慶から世界に発表されており、彼らは日本の遺憾の意の表明を抑えこんで米国での（日本に対する）憤慨を増幅させているだけだと指摘した。

日本はついに米国の見解を受け入れたが、それも初めに二つの誤った対応をして、APのマックス・ヒルとUPのロバート・ベレールが普通の料金の二倍で一連の緊急の記事を電報局に提出し、没にされた後のことだった。電話できる時間はすでに過ぎていた。ニューヨークへの回線はすでに閉鎖されていたが、この夜送稿を希望する記者のために欧州向け回線を経由して米国に送稿する特別の措置がなされたのである。

罪を認めるということほど日本人が言うプライドを傷つけられることはなかった。八百万の神々を信ずると共に、日本人は自分たちは決して間違わないという確信を先祖から受け継いだようだった。〔略〕

この哲学は日本の検閲の背景にもなっていた。ツツイラ事件や遺憾の意の公式な表明についての記事は、米国が公式に抗議した後は海外に送信することが許されたが、日本国内での報道は禁止のままだった。米国に遺憾の意を表明することは、日本の飛行士、つまり死の使命をおびている天皇の使いが間違いを犯したということを暗に示しているんだと、国民が受け取るようなことは日本の支配者は一切しなかった。天皇は間違いを犯さないというわけである。

〔略〕

軍部と文民警察は、外国人記者の集団と接触するのに外国人の手先だけに頼っているわけではなかった。彼らは公に認知されている警察官と特高から成る正規のスタッフを抱えていた。警察官はほとんど毎日われわれの仕事場を訪ねてきた。ニコニコした気さくな文民警察官が部屋を出て行くとすぐまた別の陽気な警官が入って来た。ふたりとも酒を飲み話をするのが好きだった。彼らは大半の外国人記者が支局を構えている同盟ビルの七階を決まって担当していた。民間人が着る灰褐色の服を着ていたが、何者かは分かった。われわれは親しくなり、会話を交わしているうちに彼らが考えていることがよく分かった。彼らは、アメリカ人よりドイツやイタリアの記者の方がずっと怪しいと思うと率直に言った。枢軸国の記者は新聞に記事を送るため日本に派遣されて来ているばかりでなく、ドイツ大使館のために集められる機密情報はなんでも収集するためにも来ていると、彼らは理解していた。また彼らは、アメリカ人と一緒にいる方がくつろげると感じていた。そんなわけでわれわれはこうした警察官たちととてもうまくいき、特にわれわれのところにお酒があった時はそうだった。

しかし、特高は面倒だった。彼らはわれわれが仕事場をはなれている夜に机を調べ、昼間留守にしている間に家捜しした。電話はオフィスでも家でも盗聴されていた。ある日家に戻ると、台所の床が剥がされ板が乱暴に取り替えられていた。

ホテルのロビー、バー、その他公衆の場所などあちこちに配置された、眠そうな感じの特高は、外国人はすべてスパイである、そうでなければ日本にいないはずだ、という論理で動いた。ソ連から来た者は敦賀に上陸した瞬間から危険人物だった。ソ連に在住した記者は誰でも要注意人物だった。そのためウォルター・デュランティーが一九四一年の春にソ連から米国に帰る途中に日本に立ち寄った時、彼は思ったよりずっとしつこく、見張りをつけられた。帝国ホテルのロビーで、一般の人達や警察官からよく見える状態でデュランティーと席を共にし、ビールを飲みながら彼の面白い話を聞いたわれわれの多くが、いかにスパイの嫌疑に「巻き込まれたか」を知ったのは、彼が日本を去った直後だった。日本の新聞社の友人は、私が数回「スパイのデュランティー」と会っているところを見たと警察から知らされたと言った。私がデュランティーと一緒にソ連、英国、米国あるいはこれらの国全部のためにスパイ活動をしていると警察は疑い、その友人にもそう思わないかと質してきたという。

警察がスパイを捜していない時は、いわゆる「国家機密」の違反者を探していた。これは極めて難しい仕事だった。というのは、彼らは国家機密とはなにかについては決して適切な説明をうけていなかったからである。彼らは外国人の違反者をつきとめるという仕事の前に機密とはなにかをつきとめることに時間の大半を費やさねばならなかった。一九四一年夏におかしなことが起った。一人の警察官が、私の送った記事が国家機密を暴露したかどうかを探ろうと米国人の記者に近づいたことがあった。日本が米国との戦争勃発直前の最後の交渉を開始する少し前に、私は日本が東アジアと南方の海域全体を網羅する米国との協定のための予備交渉を開始したという記事を送った。そのころ日本人のなかには、米国が中国での日本の支配的地位を認めるのと引き替えに、米国による日中戦争の仲裁ができるのではないかと考える者がいた。彼らはまた、欧州の戦争の行方を見ながら時間をかせぎ、米国との貿易再開と引き替えに南方で現状維持をしながら、原料の備蓄を増やしたかった。

この話がニューヨーク、ロンドン、ベルリン、モスクワにいる日本人記者によって東京に送稿されてきたが、日本では掲載が禁止された。外国から入ってきたこの話を日本で掲載すると、国民を正しい情報から遠ざけている政府の抑圧政策に対する不満をまた吹き上げさせるだけだろう。その上、日本の軍部は、日本が米国に日中戦争の仲介を頼むかもしれないとの示唆に不快感をあらわにした。外務省やその他の省はその気だったが、軍にはそんな用意はなかった。

警察がこのニュースがどこから出たか探す一方で、機密を暴露したことでこれは国家に対する犯罪を犯したことになるのかどうか決定する仕事をおおせつかった者もいた。ほとんどみんながこの話を忘れた頃、「ジャパン・ニューズ・ウィーク」の勇敢な米国人社主W・R・ウィルズがアメリカン・クラブのラウンジに入ってきて、いま警察官が訪ねて来たと私に知らせてくれた。私が送った記事が本当なら、私は犯罪を犯したので警察は動くが、本当でないなら、機密はなにも侵されていないので私は無事だと、警官がウィルズに言ったという。警官がウィルズから知りたかったことは、話が真実か真実でなかったのかということだったのだ。私が十月に日本を出る前には、警察は明らかに真実かどうかをまだ決定できないでいた。

この件については結局なにも起こらなかったが、ニュースを東京から報道するのにあまり勝手気儘にやると危ないとの警告にはなった。記者が「機密」を暴露するだけでなく、日本にとって不都合な反応を引き起こすような原稿を海外に送ることも犯罪であるとする法律〔「国防保安法」一九四一年三月交付〕が、自立性を失くした帝国議会を通過した。この法が厳密に適用されると、アメリカ人の記者は皆五、六年の実刑となっただろう。というのは太平洋戦争が勃発する前年には、日本政府のほとんどすべての行動が米国では反発を受けるようなものばかりだったからである。外国人記者の言論を抑圧しようとするこの法律そのものの報道が、海外ではただ敵意だけで迎えられたであろう。しかしこの法自体が余りにも非常識だからといって、記者が知ったことを自由に報道できるということにはならなかった。反対に、法の適用はあいまいだったが、出来事を報道しようとして軍なり政府なりの公の怒りをかったものは誰でも、何年も黙らせるために使える道具を警察は手にしたのだ。ウィルズを訪ねた警察官は、自分が訪ねてきたことをウィルズが私に知らせることは分かっていた。それは、私が危険なラインにやっかいにも近づいたことを、私と第三者に知らせる間接的な警告だったのだ。

英ロイター通信記者、ジェームズ・コックスの死を招いたような逮捕と罰という警察の脅しを使い――コックスは一九四〇年、軍の刑務所の三階かた飛び降り自殺をしたと発表された――、活発なスパイ網を張り、効果的な検閲制度と中央に一本化した情報局とによって、日本政府は外国人記者の仕事の空洞化に成功した。しかしながらこのような方法は、いつか世界を征服したいと望み、その世界を騙すことに没頭している国では予想できることだった。

第六章 「混乱の三位一体」

財閥が軍部のためにより大きくてより優れた武器を作り、軍部の中国での戦果をますます小さく少なくなる一方で、日本の国民の天皇へのお辞儀はますます長く深くなっていった。中国での戦争もほぼ三年が過ぎ、国民の好きな白米は混ぜられる雑穀がどんどん増えて粘っこく不味くなっていき、炭も運良く手に入ったとしてもパチパチはじけ、もくもく煙がでた。しかし、日本人は我慢強い民族で外国人には理解できない程の苦難も耐え忍ぶことができた。こうしたことよりもっと耐えがたかったのは、東京駅へ度々出かけて行かなくてはならないことだった。駅で彼らはまたお辞儀をした。でも天皇にではなく、天皇のお呼びに応えて中国へ出征していく自分の息子たちを見送るためだった。長男が、次男が、そして恐らく末っ子が出て行く時には、長男と次男から最後の消息が届いていた。家族がどんどん減っていくにつれ、彼らには天の教えがますます必要になった。

啓発の必要もまた増えた。衆議院で代議士の一人が軍国主義者にそれを要求した。一九四〇年二月二日、じめじめした東京の冬が最も厳しくなったころ、小柄な老人が議場の演壇に上がり、数分後議会と国中を大騒ぎの渦に巻き込んだ。民政党の長老、斎藤隆夫が政府を詰問して、中国での戦争で多大な犠牲を出して国民はいったい何を得たというのか、と聞いたのである。中国への侵略以来軍国主義を初めて公然と批判されて、陸海軍の将校たちは緊張し、怒りで顔が真っ赤になった。聖職の美名に隠れて軍部は国家をとりかえしのつかない混乱に陥れたと斎藤は怒りを露にした。汪兆銘を傀儡と非難し、斎藤はむなしい企てをおしまいにするため蒋介石と交渉を始めるべきだと要求した。

斎藤の発言は軍部に反対する最後の声であった。斎藤の発言の四分の三が議事録から削除されおじけづいた民生党は斎藤とのかかわりを否認し、斎藤に離党を迫った。軍部にこびへつらう帝国議会は、明治天皇が承認した憲法で言論の自由が保証されていたのに、斎藤の除籍を決めた。

この裏切りによって――斎藤の罪は彼がエール大学の

学生だった時学んだ民主主義の原則の幾つかを自分の国で採用しようとしたことだった――、年老いた議員は失意のどん底に突き落とされた。友人が慰めようと斎藤の家に立ち寄ると、彼は暖房の不十分な部屋で神経をピリピリさせ、びくびくしながら寒そうに小さな金属製の火鉢の周りをうろうろしていた。私がたずねた時は斎藤は気が動転していて、自分はもう歳をとっているし三十年間自由と自由主義のために戦ってきたんだから、死ぬ前に最後に自分の思っていることを言おうと決心したんだとしか言えなかった。

斎藤の辛辣な非難に陸海軍は機嫌をそこねたが、国民は斎藤と同じ不安な気持ちだった。議員たちは軍の怒りが自分たちに向かってくるのを恐れ、「聖戦貫徹議員連盟」なるものを結成して軍部のかき乱された感情をなだめようと必死だった。

帝国議会がびくついて出した敬意のしるしなど、帝国議会を馬鹿にしていた軍部にとってはほとんど意味がなかった。軍部は彼らを公然と攻撃した政治家の大胆さより、斎藤の発言が全国に広がる国民の不安を反映していることに心を乱されていた。「聖戦」への関心がうすれ、中国軍に対する勝利のニュースも東京の新聞では中のページに追いやられていた。軍部は力のない帝国議会から予算を無制限に引き出せたが、疲弊した国民の軍部に対する信頼もほとんどみな引き出してしまった。財閥も全国に広がるフラストレーションに気が付いていた。天皇は国事を行うため夜遅くまで働き、朝早く起きていると伝えられた。天皇も明らかに不安だったのだろう。天皇への国民の礼拝は目にもまして数が増え、それはあまりに長く深いお辞儀だった。

天皇、軍、財閥の三位一体は、もしこのまま危機の兆しが大きくなっていくのを許すと、三位一体の構成メンバーみんなが危うくなることを感じとった。斎藤を除名した帝国議会が国民の心の中の大きな疑問に応えていないことは明らかだった。いつ中国との戦争は終るのだろうか、日本はそれから何を得るのだろうか。四カ月後、斎藤の騒ぎよりもっと国をゆるがした事件が勃発した。それはフランスの陥落だった。中国で絶望的な泥沼にはまりこんでいた陸軍にとって、ナチスの勝利は救いへの路を示している天からの明かりのようだった。陸軍に比べればまだ先がはっきりしていなかったが、中国の泥沼の解決にやはりかかわっていた海軍にとって、それはより大きな栄光への希望を与えてくれた。同じように支那「事変」に投資と軍需産業の拡大でかかわっていた財閥にとっては、明らかな損失をこれまでになく大きな利益に転換できる新たな可能性をもたらした。

「電撃戦」のセンセーショナルな成功と民主主義国の信じられない崩壊に誰もが強く印象づけられた。民主主義国が西で弱いなら、東では比較にならないほどさらに弱いに違いなかった。ドイツが世界の一方であんなすごい成功を収められるなら、日本がもう一方で同じような成功を収められない筈がないように思われた。欧州での民主主義国の崩壊に、日本の軍国主義者は東アジアでの白人支配の終焉と、抑圧された国民が心にいだいている解放への道筋を見た。

しかしどちらを達成するにしても、帝国議会での斎藤事件がふたたび起こらないように手をうち、大衆の信頼を回復し、全東亜の征服に必要な武器の生産に欠かせない全面的な経済統制によってさらなる犠牲を国民に甘受させる必要も分かっていた。軍国主義者はすでにこれまでの三年間に出した犠牲に対して、何ら満足できる見返りを国民に与えることができなかった。そこへさらなる犠牲と引き替えにもっと大きな勝利があるからと国民に言うというきまりの悪い仕事を引き受けるほどおろかではなかった。普通の官僚や政治家ではそれは無理だった。ひとりこの仕事に適任な人物がいた。背が高くぱりっとした近衛文麿公で、歳は五十一歳の名門貴族の後裔だった。近衛家はあの有名な藤原家の子孫であり、藤原家は代々の天皇に配偶者をさしだして天皇家と姻戚関係を築いた封建時代以前の独裁者だった事実からして、近衛文麿にはヒロヒト天皇とほとんど同じくらい直系の血が流れていた。

フランスが崩壊した直後、軍部は近衛に政府を率いるよう示唆した。近衛は初め、軍国主義者のための政府をふたたび治めていくという考えに懐疑的だった。彼の頭の中には第一次内閣の時の経験がまだ鮮やかに残っていた。第一次内閣は一九三七年六月に発足して一カ月後、北支事変という形でうれしくない贈り物をもらった。この時近衛は戦争の是認を強いられ、国民と世界に向かって悪いのは中国の方であり、彼らが日本との「協力」をいかにして拒んだかを語り、天皇の軍隊が中国人をこらしめてもっと友好的な関係にしなくてはならないと述べた。それは繊細な近衛にとっていやな仕事だった。近衛はもっと楽しい気晴らしをしながら時を過ごす方を好んだ。

しかし、近衛公も最後は折れて、第一次内閣当時よりもっと引き受けたくない状況だったが、ふたたび首相になることに同意した。近衛は幾つかの理由から、少なからず罪の意識から、ばらばらになっている国を一つにまとめようという割の悪い仕事のために自分の個人的な楽しみは諦めることにした。軍部は中国との戦争が勃発してからの事の展開に近衛が個人的な責任を感じていることをさっさと利用した。もっとも近衛は中国との戦争が勃発してから後の状況に直接関係していたわけではないし、中国との戦争をせきたてる軍部の陰謀をなにも知らなかったのだが。ノイローゼ気味の近衛は中国との戦争で何十億というお金と何千という命を犠牲にしたことを天皇と国民に詫びるという形で議会という場で自らに鞭《むち》を打つというほとんど異常な喜びを選んだのである。「これはひとえに私の責任でありまして」と近衛は自分を罰する気持ちで叫んだ。近衛のこの言葉に感動して涙を流したのは海相だけだった。この脚の長い貴族は、自分が中国での酷い企みを許して間接的に開始を助けた戦争ゆえに、自ら蒔いたタネは自分で刈り取らねばならない、との論理に圧倒されたのである。

近衛はまた、極東と南太平洋ですぐにも陥落し日本の支配下にはいりそうな地域を記した軍の地図にも心が残った。これは国家の災難を、己れ自身と帝国にとっても栄えある勝利に転換できるかもしれない望外のチャンスだと近衛は思った。このフランスの驚くべき崩壊と、それに続いて英国を直ちに侵略すればこれまた崩壊するかもしれず、そして米国はうろたえてなにもできずにただ中立を保っているだけという状況が、日本にとっては大きな意味があることを近衛はすぐに理解した。

しかし、軍部による東アジアと南海の英蘭領地の恐らくはたやすいであろう征服に備えて、国全体を武装キャンプに変えようという致命的な決断を近衛がしたのには他の理由もあった。その一つは近衛が代表する貴族と天皇あっての自分たちであるその天皇とに全く関係なく、軍部が勝手に新たな企てを始めることを許すのは危険だということだった。議会と天皇を取り巻く政治家を脅して軍部が好き勝手をするだけでも大いに困ったことなのに、軍部が彼らをすべて一掃してしまうことになれば最悪の事態だろう。近衛がふたたび政府を引き受けようと渋々ながら決心したのには、自分の保身の意味もあった。第一次内閣の時のように軍部に引きずられるのではなく、自分が軍部を引っ張っていけるという無邪気な信念もあった。全く新しい国内体制を作り上げ、それに軍部もはいらざるを得ないようにする。そうすればこれまでの政治家に誰も達成できなかったことをなしとげられると近衛は考えた。つまり陸軍と海軍も政府に入れ、内閣の意思に従わせるということだった。これまでよりもっと豊かな、それでいて防御は手薄な南アジア地域を征服するという新しいこれまでより展望の明るい企てに備えて、国を戦時体制下に置くことに近衛が同意するのと引き換えに、新しい国内体制の建設では近衛を支援すると軍部が約束したので、近衛はこれができると信じていた。

新しい内閣の組閣を前に野心的な近衛は東京のうだるような暑さを逃れ涼しい軽井沢に行って、別荘で新構想を練った。意見を聞くために、近衛は自分の「知恵袋」を軽井沢に呼んだ。知恵袋のリーダーは後藤隆之助といって、一橋、京大のクラスメートとして寝食を共にした竹馬《ちくば》の友だった。後藤は後に昭和研究会という、急進的な全体主義の日本の将来の政治的リーダーを育てるための組織の会長になった。日本の記者は後藤のその風貌から「ゴリラ」とか「ノートルダムの傴僂男《せむし》」（日本で上映されていたアメリカ映画から）に準《なぞら》えた。

知恵袋のもうひとりも政治に関心の深かった近衛の、やはり子供時代からの友人だった。有馬頼寧伯爵で、自分の率いる農業組合とのかかわりから急進的な改革の試みに関心をもつようになっていた。学生時代、有馬は後藤や近衛がそうだったように、急進的な思想に興味をもったが、マルクスを読むだけでは満足できず、京大の教授に十九世紀のドイツの哲学者マックス・シュティルナーの無政府主義について説明してくれるよう求めた人物だった。これら昔の仲間が大人になって、かつての急進的な考えの幾つかも盛り込んだ新しい日本の政治組織の大構想を考えるため知恵を寄せあった。

彼らの計画はどちらかと言えば単純なものだった。経済面では、実業家の収益を厳しく制限し課税して資本家、労働者、農民の間での富の分配をもっと平等にする。労働者と農民のために生活コストの今以上の増加を防ぐのが大きな狙いだった。地主による抵当権の行使を禁止して土地の賃貸料を制限し、農民が自分の土地を買えるよう政府による低金利の貸付をおこなって、抑圧されている農民の負担を軽くしようということだった。カルテル組織を通して産業への政府の管理を強め、各種産業への原材料の割当と完成品の分配と価格をコントロールしようというものだった。この計画では産業の国有化はもくろんでいなかった。というのは軍部を抑える重要な地位を財閥に負わせるのが近衛の意図だったからだ。個々の労働組合は全部廃止し、労働者は政府が管理する全国組合に組織されることになった。

政治体制の青写真では政党を全部廃止し、欧州の独裁者らの単一党組織と同様の中央化した全国組織の樹立を目指していた。この新政党が議員の選挙と立法過程を管轄するというものだった。その意図は、政府の計画への全面的な支持を確保するためすべての政治的な反対勢力を抹消することだった。それは党首としての独裁者が不在だったので、ナチスやイタリアのファシストの単一党とは異なるものだった。独裁者に代わるものとして近衛が提案したのは、首相が任命権をもつ、組織としては穏健な幹部会、というものだった。

近衛が政治経済の国家統制計画を練っている間、東京の軍の取り巻き連中は政党や労働組合を解散させることに忙しかった。一九三六年二月の二・二六事件に関与した軍国主義者に資金を提供したとして逮捕され、後に無罪となった久原房之助は、新しい政治分野の救世主である近衛公が政府を取り仕切るため軽井沢の山から降りてきたというような意味の発言をした。正式な発言とか指示は一言もないままほとんどすべての政党があたかも日本の木と紙の家が嵐で倒れるようにたちまち崩壊した。民政党だけが解散を躊躇していたが、それも長くは続かなかった。民政党のリーダーたちが解散について話し合っている時に国粋主義者の狼藉者の一団が民政党の本部に押し入り破壊したため翌日、同党はもはや政党たり得ないとの声明を発表した。他の政党のように「自分から進んで」解散をしなかった日本最後の政党を抑圧するため、最後は暴力を使ったと報じることを新聞は禁じられた。〔略〕

近衛が組閣前に軽井沢に行った理由の一つが、軍国主義者らが近衛たちの準備に干渉してくるのをきらって、これら「掃討作戦」の間は東京にいたくなかったということは、十分考えられることである。どちらかというとデリケートで神経質な性分で、貴族の子孫に相応しく、近衛は物理的にしろそうでないにしろ力による示唆を嫌った。近衛はまた、かの有名だった明治天皇が裁可した憲法を最後にほうむりさるのに自分が手を貸したと言われるのは嫌だったに違いない。東京から八十八マイル離れた軽井沢の別荘の方がそうした不愉快な思いから逃れ易かったのだろう。そこで近衛は、軍部が仕事を終えるのを待ち、自分には全く責任がないいまの混乱から日本国民を救うため降りてくる救世主として東京に降り立つまで待つ、というわけだった。

近衛が東京に戻り一九四〇年七月に第二次内閣を組閣するため懸命に努力した結果出てきたものがあるとすれば、それは次のような近衛の本質をさらに明らかにするものだった。ハンサムな近衛の思考力がまるで弱く、確信と明晰さに欠けていること、子供の頃から研究の機会がほとんどなかった官僚と軍部の本質を見抜けなかったこと、官僚と軍部が自分を混乱させるにまかせ、自分の弱い意志を完全に駄目にさせた稀なる才能、その結果近衛は床につかねばならないほど心身共にまいってしまうことになる。そして最後に、自分の最も信頼する友人と彼らと共有していた理念とを裏切ることになった、その素質であった。

近衛が組閣にとりかかる用意ができたころ、軍部は内閣から陸相を辞任させるという簡単な方法で米内内閣を打倒した。それから軍部は、国内では新しい全体主義的な計画を、国外では新たな拡張政策の実行を助けるため近衛に三人委員会を提供した。それは軍国主義的・社会主義的な満州の傀儡国家で自分たちの実力を立証していた、いわば三つの性能のよい発電機だった。無情で残酷に見える東条英機陸軍大将、彼は満州国と北方の拠点を建設した関東軍のトップのひとりである。傲慢で小柄の松岡洋右、彼は満州での戦争の開始に続いて日本が国際連盟から脱退した時、世界の顔面をピシャッと叩いた人物である。満州国の急進的な建設者と意見が一致し、南満州鉄道がまだ中国の産業界に広範囲に強力な支配力をもっていた頃の社長だった。そしてものぐさでむっつりした星野直樹は、満州で軍の全体主義的な支配を設計した人物だった。そもそも満州の征服の成功を見て、ヒトラーはヨーロッパを力で席巻した際に日本の例にならったと日本人は自慢する。そうだとすれば、この東条ら三人の満州国の建設者はヒトラーの先生に当たるのだが、これらの先生をはるかに凌いでしまった生徒に、今度は日本が追いつくために先生たちの手を貸してくれるよう要請されたのだった。東条は近衛新内閣の陸相になった。松岡は外相に、そして星野は日本の新しい経済構造の建設に携わる企画院の総裁に就任した。

この新しい独裁的な政府で大企業の代表として、東京電灯（後の東京電力）の会長小林一三が商工省の大臣に、住友財閥配下の大阪商船社長、村田省蔵が逓信大臣に就任した。両者とも近衛の新しい全体主義の政治経済計画を支持し、支配的な財閥の考え方に重要な変化が起こったことを反映していた。一九三二年と一九三六年の暗殺と軍事的蜂起によって被った二つの凄まじいボディ・ブローと、これらと時を同じくして起こった中国への二回の侵略の結果、資本家グループは軍部の要求に屈するか、それとも永久に三位一体から追い出されるかの選択をしなくてはならないことを認識した。彼らは前者を選び、アジア大陸での新たな征服の企みで軍に加担する必要に屈したのである。その結果、まだ中国の侵略していない部分を侵略するのに軍が必要とし、やがては全アジア征服のために必要となる銃、戦車、飛行機、船を製造するため軽工業から軍需工業への急転換を進めた。小林はヒトラーの大変な崇拝者で、ドイツ訪問後新聞とのインタビューでヒトラーを非常に褒めていたことがあった。村田と小林はアジア征服という軍部の計画への資本家サイドからの支援の象徴であり、近衛のように、軍部の海外侵略政策を抑制するため新内閣に参画したのではなく、そのような対外政策の遂行には不可欠の国内の全体主義体制を軍だけに完全に掌握されるのを阻止するために参画したのである。〔略〕

近衛公と、元首相で有名な国粋主義者の平沼男爵は二人とも海外侵略政策には賛成で、この点で両軍国主義グループと意見が一致したが、軍事独裁の国内問題ではふたりは右派を支持した。彼らは両軍国主義グループに対する経済的武器として主要な財閥を支持し強化することさえもして、自分たちの地位の強化に努めた。しかしながら、近衛は左派グループの理論のある部分には心情的にも学術的にも関心があったので、財界、軍部、貴族からなる独裁体制を構築すれば、大衆に多くの社会的利益が与えられるとして、すべての派の見解の折衷案を作ろうとした。それは軍部左派と関係がある後藤に農民と連携した有馬を加えて、近衛が作成した全体主義的な青写真でおこなわれた。

第一次内閣の時と同様に、近衛は最初から軍部に騙された形となった。新しい体系を支持するとの軍の約束があったのに、それを破って陸軍も海軍も正式には参画できないと言った。これは全体主義の計画全体に対する近衛の関心を無視した一撃だった。新しい軍事独裁の危険を無くし海外への無茶な拡張を抑えるのに不可欠なことは、新しい全体主義のヒエラルキーに軍国主義者が参加し、ここでの決定に彼らが従うことだった。陸海軍は実業家と貴族も加えた新たな独裁体制に軍を巻き込むことで軍の手を縛ろうという近衛の意図に気が付き、誘いを断った。彼らは新しい体制の「支持」に同意したのは「外から」の支持であり「内部に入っての」支持ではないと説明した。その違いは近衛を支配するのと近衛に支配されるのとの違いだった。軍部は当然前者を狙ったから、正式には「外部」にとどまったのである。

軍部をなんとか騙して責任を負わせようとした近衛は、逆に彼らに騙されて二度目の首相となり、軍部の海外侵略政策への反対を一掃する計画に自らコミットし、全面戦争へ向かって国を組織化ことになった。近衛はこの仕事に最適の人物だった。というのは最初の首相の時に独裁的な戦時立法を気の進まぬ帝国議会を強引に通す手腕をすでに実証していたからである。軍部がすでに「大東亜」征服を決めていた第二次近衛内閣の時期に軍部が近衛にしてほしかったことは、国家総動員法と呼ばれていたこの法律を摩擦を最小限に抑えて行使することだった。

一旦動きだせば、近衛はそれ自体の勢いでころがり続けるボールのようだった。軍部が一九四〇年七月にした約束を九月に破った時、近衛は辞職する勇気もなかった。まだ首相になって二カ月しか経っておらず、そんなに早くやめては面子がたたないと近衛は考えた。政党はすでに解散しており、新しい全体主義体制ができ上がっていたので、過激派や軍国主義者の独裁を目指すグループからの危険は一層大きくなっていた。天皇、貴族階級、経済界をこれまでにないほど大きい危険のなかに置いて、近衛は彼らがのみこまれるままにしておくもできず、自分で組成した危険なマシーンをできる限りうまくコントロールしなくてはならなかった。一方、友人の後藤と有馬は国内で軍部を抑えることより社会主義の理論に関心があったので、新たに作ったものに取り組むことに熱心だった。彼らは近衛の不運を慰めたが、偉大な社会的実験への興味を新たにすべきだと説いた。

　しかしながら、近衛の困難は始まったばかりだった。近衛が嫌気と失望から全体主義の実験から身を引くやいなや、陸海軍の大きな銃に向き合っている自分を見出した。軍部がドイツ、イタリアと軍事同盟を締結する時期が到来したと告げたのである。約一年前、当時の首相だった平沼は陸軍から同じ要求をつきつけられ、それを退けた。平沼は陸軍の中国への侵略政策を支持したが、ナチスと組んで英米との戦争にみずから突っ込むことはしたくなかった。平沼は枢軸国との反コミンテルン協定を反ソ連合に転換する用意はあったが、民主主義国に対峙する同盟に転換する気はなかった。一九三九年の夏、ドイツは反ソ連合には関心がないことを明確にし、もし日本が民主主義国に対抗する枢軸国に加わるのがいやなら、ドイツはソ連と協定を結ぶかもしれないとベルリンの日本大使にほのめかした。当時欧州戦に戦力を割けないアメリカ艦隊と太平洋で対峙したくなかった海軍の支持を受けて、平沼はドイツの脅かしにも怯まず自分の意見を通した。だが、ナチスがモスクワで独ソ不可侵条約に調印して約束を果たした八月末、平沼は足元をすくわれて内閣は総辞職した〔平沼はこの時「欧州情勢複雑怪奇」という名言を残した〕。

　平沼の失脚から近衛の再登場までの一年、国際情勢は欧州戦争の勃発とフランスの崩壊で大きく変化した。日本海軍の態度も変化し、枢軸同盟への加盟の要求で陸軍と歩調をあわせる方向に動いた。日本の首相は誰ひとりとして陸海軍共同の要求をおしとどめられなかった。特に近衛のような弱い意志の持ち主には無理だった。協定をめぐる交渉がしばらく続き、近衛は協定を締結しなくてはならなくなる可能性に十分気付いていた。しかしフランスが崩壊した直後の七月に首相に就任した時、英国への侵略はまぢかであり、「大東亜」への拡張、――当時それは仏印、タイ、香港、シンガポール、マラヤ、ビルマ、蘭印を意味した――は実際は「平和的な」ものであると近衛は軍部からはっきり言われた。ナチスの英国への侵略がちっとも実現せず、陸海軍と近衛はやや心配になった。ナチスはベルリンと東京で心配には及ばない、英国はすぐ叩けると断言した。しかし日本駐在ドイツ大使のオットー陸軍大将は、「共通の敵」に対する仕事すべてをドイツがやってしまうのは日本の「武士道」精神に反すると指摘し、日本に同盟を結ぶよう主張し、そうすれば少なくとも米国の援軍を太平洋へ分散できるのでドイツの英国侵略がやりやすくなるだろうと述べた。

軍部が三国同盟の問題に最終決着を迫った九月の間、近衛はやきもきし、いらいらと本当に気をもんだ。近衛はフランスの崩壊直後、民主主義国は完全な敗北も近く、英国は降伏するか侵略されるだろうし、米国はまごまごしていて力はなく、日本は「大東亜」の計画を僅かな「現地」の反対を除いてはたいした妨害もなく実行できるだろうとの了解のもとに内閣を引き受けることに同意したんだと、短気な陸軍の将軍たちと冷静な海軍の提督たちに念を押した。あれからわずか二カ月しか経っていないというのに、いま、近衛は世界で最強の国の一つである米国を敵にまわす協定を締結しろと迫られていたのである。

英国への敬意がいまでは米国へ移っていた天皇から、アメリカ人と商売をしたことのある小規模な商人に至るまで、最後に残っている民主主義大国との戦争にみずから突っ込んでいくことには反対した。大企業や貴族階級は東アジアでの大英帝国と蘭印の残り物を拾うことで軍部に同調する気持ちがあったが、米国の工業力を十分知っていたので、米国と戦うとなるとこれは全く別の問題だった。近衛の三国同盟への反対は彼らの見解を反映していた。

陸海軍の将校たちは協定が米国との戦争を意味するものではなく、米国との戦争を意図しているわけではないとその立場を説明した。それは勝利に欠かせない新しいタイプの「電撃」外交の一端にすぎないというわけだった。米国で教育を受けたという事実から米国通と考えられていた松岡外相は首相官邸に再三足を運んで、近衛が理解できない電撃外交について説明した。協定の主要目的は戦争することではなく、日本に関する限り米国が英国を救うことに全精力を集中している時に東アジアでの戦争に米国を巻き込むぞと脅すことによって戦争を阻止することであると、松岡は主張した。この脅しは、松岡が個人的立場で何回も日本人の友人に打ち明けていたものだが、日本の「大東亜」政策を米国が黙認するか、あるいは日本の主張に挑戦するため米国の英国への援助が東アジアに一部まわる結果英国が敗北するだろう、と確信させるに十分だったのだろう。後者の場合、米国の挑戦はたいしたことはないだろう、米国は勝利を収めるドイツと無敗の日本に挟まれるのだからというわけだった。近衛は協定の結果、米国が日本に報復してくる恐れがあると述べたが、松岡はもちまえの雄弁さと米国通という評判とでもって、「退廃的な」米国は三国同盟の発表に驚き混乱し意見が完全に割れてしまい、せいぜい通常の抗議をしてくるくらいでそれ以上のことはあえてしないだろう、と近衛に断言した。

こうした議論の結果、近衛と天皇の反対は最終的に抑えられたが、軍部の要求に屈し三国同盟を裁可したのは不幸な近衛公と、これまた同じように不幸な天皇だった。三国同盟の調印までの何週間にもわたる激しい討議の間に、気をもみ興奮し心配やら不安で、近衛は心身共にまいってしまい、日本の軍国主義者と枢軸国の大使らとのシャンパンでの祝宴に出席する気になれなかった。同盟が調印された夜、近衛は帰宅すると、床についても悶々と眠れず苦悩に涙した。天皇とてその夜は、固い枕で同じ思いだったろう。

軍部は近衛を脅して三国協定をとうとうのませ、同盟を正式に認可する詔書を天皇に出させるよう誘い込んだ。詔書が出された後は三国同盟を批判することが、実際には日本人にとっては犯罪行為になったわけである。こうして軍部は生気も新たに全面戦争へ向けて生産機構を動かす問題にとりかかった。近衛一派が書いたものとは対照的な経済組織化の実際の青写真を作る仕事をまかされた陸軍の手下である星野直樹は、帝国議会に突如として提出し大急ぎで通過させるための秘密の草案を完成させた。財界を代表していた小林商工相は議会が開かれる前にそのコピーを入手することができた。大阪に行った折、小林はそれを実業界の友人に見せた。国中の主要な財閥から文句が出て大騒ぎとなった。それは政府のカルテル組織を通して産業の国営化をねらった計画によって、日本を社会主義化しようとする試みだと星野を非難した。財閥はすでに自分たちのカルテルを作っており、それによって格差を調節し産業界みずからの自主的な組織化といわれるものをなし遂げていた。軍部の社会主義者らはこれらのカルテルを接収し、それによって産業を支配しようとしていた。〔略〕

この新たな結合をこうして祝福したのはなにも陸軍の将校ひとりだけではなかった。真珠湾攻撃と南方侵略に続いて、三井、三菱、住友、安田その他の主要な財閥の働き振りを軍部は祝福したばかりでなく賞賛した。政府管理下の同盟通信は、米国、英領、蘭領への攻撃が成功したことを喜びながら、新しく就任した木村兵太郎陸軍次官が「量質ともに世界の水準より優れた」武器を生産したとして財閥を賞賛したと報じた。三井、三菱その他の財閥は「白い野蛮人」から速やかに、そしてよく習得したというわけだった。経済独裁者が自分らの上にいる軍事的独裁者から賞賛をかち得たという図であった。

近衛公というあのひときわ目立つ政治的に動きの鈍い、

弱虫な人物が、汚れた三位一体の二つのメンバーの幸せな再結合と、三国同盟を認可したことによって新たな戦争に突き進む道を開くことを可能にしたと言わなくてはなるまい。近衛の心は混乱しうろたえて病んだが、その病める心が貴族の最後を飾ったのである。近衛の仲裁によって現代の財閥と軍部間の紛争が解決し、ここでふたたび、近衛が血筋的に極めて近い現人神に祝福されて、彼らは海外の征服という天皇からの使命を遂行するため共に歩むことができたのである。

第七章 「国賓」

〔略〕

英米人が大挙して日本からの脱出をはじめたのは、国務省がアメリカ人に東アジアを出るよう初めての警告を出した一九四〇年十月だった。その時からほぼ一年の間、日本政府が日本人を引き揚げさせるために米国に最後の三隻の引き揚げ船を出した一九四一年十月まで、一八五三年のペリー提督の来日で始まった日本の歴史の一つの章の最後の場面が上演された。それは八十八年間、日本で圧倒的だった英米の影響力がなくなっていく最後の幕だった。この時日本にいたわれわれは、チェンバレンがその始まりを見た劇的な時代の終焉を目撃した。それは東アジアでこれまでに起こったどの悲劇より大きいものだった。それは壮大であるがゆえに、また悲しみにあふれていた。大半の大悲劇がそうであるように、それは死をもって終ったのである。

中国人社会を除けば日本にあった外国人コミュニティーでは最大で、その数およそ二千五百人を数えたアメリカ人コミュニティーの引き揚げは国務省の警告に従って次第に数が増え、最後まで日本に残っていたのは約三百人という小さな集団だった。それは日本の美しい島々で、いまでは敵となった日本人の中で孤立し、世界の他の地域との連絡も絶たれた集団だった。

こうした状況を象徴するかのように、日本で唯一発行されていた米国の新聞が廃刊になったのが一九四〇年十月、引き揚げ開始と同じ月だった。私はほぼ三年間ずっとその「ジャパン・アドバタイザー」で仕事をしてきたが、同紙が日本の支配者によって接収された最後の最後まで一握りのアメリカ人と共に私は残った。どこの新聞でもそれがなくなることは、そのスタッフにとっては家族の一員が亡くなるようなものである。そんななかで「ジャパン・アドバタイザー」の最後はとりわけ重大だった。というのは、それは一つの時代の終わりを意味し、太平洋に長く続いた平和の時代の終焉を意味したからだった。従って、われわれが最後の新聞の編集の仕事を印刷まぎわまで続けた後に日本人が接収のためオフィスに入って来た瞬間、記者たちはいつもより緊張した。フィラデルフィア出身で極めて優秀な報道部長だったドン・ブラウンが、アドバタイザーのビルの三階の酷くちらかって乱雑な編集室の中央に置かれた彼の大きな机の向こうにいたのを思い出す。わが社のビルは帝国ホテルの近くにあり鉄道の高架線路に面していた。ドンの机はいつもはバリケードのように新聞がうず高く積み上げられていたが、それまでもなにか特別な日がそうだったように、この最後の日にはきれいに片付いていた。ドンにとっては恐らく、編集室の誰よりもアドバタイザーを失うことが大きな打撃だったろう。ドンはそれほど長くそれほど多くの時間を、東アジアで最高の英字紙の一つだったアドバタイザーにうちこんできたし、世界中に友達がいたからだ。〔略〕

アドバタイザーは朝刊なので、通常われわれは真夜中から午前一時の間に仕事を終えたが、最終日は夕方早めに片付けた。日本の役人が入って来た時、われわれは二、三の個人的な書類と本をまとめ、陰鬱なおんぼろの編集室に最後の一瞥をしてから、喉をぐっと詰まらせ気分をまぎらわせる冗談を言いながら編集室を出た。がたの来ている階段を一階まで下りて、もう帰って来ることのない建物の外に出た。通りに面した印刷室の引き戸になっている日本式のガラス窓には「アドヴァタイザー」とペンキで書かれた見慣れた片仮名の文字があった。

この新聞の廃刊は広告部のクラレンス・デイビーズやアル・ピンダーも含めた社員一人ひとりにとって大きな損失だった。だがそれにしても、日本に着いて間もなく買い取ったわずか四ページの新聞を半世紀という人生の大半を費やして今日のアドバタイザーにまで築き上げたあの偉大な老人のB・W・フライシャーにとって、その痛手《いたで》は比較にならないほど大きかった。今は亡きフライシャー夫人と息子のウィルフレッドにとっても大きな打撃だった。ほぼ五十年間愛読してくれた日本の外国人社会にとっては、それは日本での自由なジャーナリズムと思想の自由の終りを意味した。

日本がアドバタイザーを実際に接収した後は、検閲と脅しによって独立した米国の新聞の発行を続けることが不可能となり、日本の米国人社会は急速に求心力を失っていった。アドバタイザーの外国人スタッフの多くは翌月米国に帰って行った。だが、テネリーはNBC放送とロイター通信兼務の東京特派員になった。ダウンズはインタナショナル・ニューズ・サービスで働き、クロムリーは「ウォール・ストリート・ジャーナル」の記者として残った。私は「ヘラルド・トリビューン」の特派員としてウィルフレッドの後釜となった。私は八幡丸に乗り込む最初で最大の米国への帰還者を見送りに横浜へ行った。八幡丸の出発は日本からアメリカ人社会が撤退して行く何度かの悲しい航海の始まりだった。多くの外国人と日本人が乗船して、日本で最後の自由な新聞の発行者だったフライシャーに最後のお別れとともに賛辞を送った。B・Wとして知られていたフライシャーが片足を失って不自由な体を車椅子に沈ませていた船室には、緊張した空気が流れていた。髪は白いが元気な、七十を超えた老人は毎年恒例の里帰りをするかのように、陽気で落着いていた。元気がなかったのは日本の友人や同僚の方で、これが最後のお別れだというので何度も何度もふかぶかとお辞儀をしていた。そして最後のドラが鳴ると、下船するため通路を急いで戻る間に、彼らはこらえ切れずに泣き出した。

八幡丸の出帆は、それが意味する国際的な重要性を桟橋にいた誰もが表に出さなくともはっきり認識していたが、それとは別に、私にとっては個人的にも大きな損失だった。友人のジム・チュー〔「アドバタイザー」の同僚で、著者と一緒に中国を旅行した記者〕が乗船していたのだ。彼に別れを告げた時、私は二度と彼に会えないだろうとの悲しい予感があった。チューが英航空隊に入隊することを私は知っていた。この章を書き始める直前、そして中国へチューと出かけたことを書いた章が印刷に回された後、私は新聞でチューがマルタ上空で戦死したとの記事を読んだ。ジムは米国が無関心から目覚め東西両面から迫っている脅威を十分認識するのを待てなかった。ひとびとを解放するにはもう待っている余裕などなく、それなら遅すぎたとなる前に飛行士としてできることをした方がいいとチューは考えたのだ。彼こそ古い米国を葬りさり、勝利を収めるために新しい米国を建設する資質を備えた人物だった。古い米国は、己の地位を守るにはあまりにも愚かだとの考えでわれわれふたりは一致していた。

八幡丸の出航が暗示している最終的な結末を見届けるために、ディック・テネリーと私は重い心で日本郵船の桟橋を後にし、憂鬱な東京へ戻った。

第八章「転がり始めたボール」

アメリカ人の引き揚げは日本政府と国民を不安にした。日本が一九三一年に熱心にアジア征服の計画に取り組み始めてからほぼ十年間ではじめて、米国政府は東アジアについて単なる威嚇をしているわけではなさそうだと思えることをやったのである。それまでは米国政府は憤りを公式に表明したり、中国での米国の資産や国民への攻撃に対して抗議するだけだった。これらを外務省は何百という他の声明や抗議と一緒にうやうやしく書きとめファイルした。米国政府が九カ国条約や同様の「形式的な」文書の違反について言ったり、抗議している限りは、すべてが順調にいっていて、軍隊は都合のいい時に中国にある米国の資産を爆破し、アメリカ人を殴っても平気だと日本人は思った。「感情的な」アメリカ人はちょっと怒るだろうが、しばらくすれば彼らは東アジアの腹の立つ状況にも慣れるだろうと日本は考えていた。〔略〕

しかし、国務省が日本政府にだけ言うのではなく、米国の同胞に向かって警告しはじめ東アジアから引き揚げよと勧めるところまでくると、日本の財閥と軍部もさすがにはじめて米国政府の（日本にとって好都合と思っていた）意図が本当に不安になった。米国は経済封鎖の措置を採るための準備態勢をとっているようで、そうなると企画院の軍事生産計画に支障をきたすことになる。従って外務省は、米国の抗議をファイルだけしてのんびり構えているわけにはいかなくなった。米国の「好戦性」を攻めるには二つの方法があった。一つはけんかっぱやい大使をワシントンに派遣して、締結したばかりの三国同盟をもちだして民主主義国との戦争に枢軸国が共同で応ずると脅して米国内の孤立主義者の身の毛をよだたせ、米国のはむかう姿勢を抑えることだった。これが松岡外相の最初の意図だった。松岡は近衛首相と一緒に米国に対して日本が本気であり、ワシントンの出方によっては戦争も辞さないと警告する発言を新聞に載せていた。

もう一つは米国政府を尊重し、東アジアの危機を解決するための交渉をして米国の敵意を鎮めることができないかという「穏健派の」大使を選ぶことだった。経済界は後者を選んだ。彼らは、米国での経験が豊富だったにもかかわらず米国の心理を掴んでいない松岡より、米国の心理が分かっていた。外務省で松岡のチーフ・アドバイザーをしている白鳥敏夫のような枢軸派の扇動者が任命されたら、米国を一段と反日行動へと駆り立てるだけと経済界は認識していた。軍にいる友人を通して多くの財界人――ここには米国との融和を心底望んでいた、米国で教育を受けた樺山伯爵も含まれていた――は「穏健派の」大使をワシントンへ派遣するよう軍部を説得した。穏やかで人当たりのよい野村吉三郎海軍大将が候補にのぼった。

日本の外交官につけられた「穏健派の」という説明に、それが米国で発表された時に「無意味な」という解説がつけられなかったのは不幸なことだった。最後の十年間も日本には伝統的な「穏健派」がまだ沢山いたのは事実だが、たとえ彼らが存在していても、国粋主義者や軍国主義者に暗殺されたその他の多くの「穏健派」と共に、彼らの影響力は一掃されていた。彼らの多くはほとんど毎日東京倶楽部で見かけることができた。東京倶楽部は日本からすっかり消えてしまった昔の英国の権威を彷彿させる、見事な記念碑的建造物だった。私もメンバーだった東京倶楽部のお歴々は警察には評判が悪かった。警察は東京倶楽部を、東京に数えきれないほどあるスパイ・センターの一つと考えていた。というのは多くの外国の外交官やかつての日本の「リベラル派」がビールを飲んだり、スヌーカーといってテーブルの上でやるビリヤードのような英国のゲームをしに集まって来ていたからだった。スヌーカーに使われるテーブルはとても大きいので、アメリカ人にはフットボールのグラウンドみたいな気がした。有田八郎、野村海軍大将（二人とも元外相だった）、元駐仏大使の沢田廉三、貴族院議員で「米国の友人」として知られている樺山伯爵、衆議院議員でやはり「新米派」と見られている笠井重治らがよく倶楽部にやって来た。しかしながら、新しい軍国主義国家日本への彼らの影響力は取るにたりないものだった。彼らはもう存在しない古い日本の幽霊であり、一九四一年の日本について彼らが延べる見解は啓蒙的であるより、得てして人をミスリードするものであった。

従って、堀内謙介の後に米国大使としてもうひとりの「東京倶楽部の人間」を選ぶことに軍が同意したことは重大だった。もし米国政府が、一般に言われていたように、「幽霊」あるいは「もはや過去の人」たちと同じ見解をもつ人間が任命されることに安心するなら、軍部は得たり賢しとそうした人間を大使にした。新大使を選んだ財界人や新大使が繋がりをもっていた「穏健派」は、軍国主義者が侵略をカムフラージュしたり弁解するのによく利用された。野村にはこのことが十分、分かっていた。野村は外相の時に軍に騙された経験があった。揚子江の河口地域を外国貿易にふたたび開放するとグルー大使に約束する権限を野村は与えられたのに、米国がすぐにそれに答えて「善意」を具体的に示してこなかったという理由でたちまちこの約束を反古にされたのである。そんな苦い経験から野村は駐米大使になることを固辞した。軍にせっつかれた松岡は野村に引き受けるよう迫ったが、意志強固な野村は自分の立場を守った。三度目の説得も失敗した。ついに、財界の友人や東京倶楽部のほかのメンバーに何度も口説かれて、野村は、米国との合意に到達できるよう努力する自分を陸海軍とも支援すると確約するなら、との条件でやっと承諾した。〔略〕陸軍は自分たちの誠実なところを見せようと、ワシントンに野村を支援する特別の代表を置いた。代表には岩畔豪雄陸軍大佐が選ばれた。岩畔は、最近の日本の侵略を中心になって推し進めている若い過激主義者のリーダーのひとりだった。

野村が米国へ発つ前に私は彼と四、五回話をした。一九四〇年十一月に正式に米国大使に任命される前にわれわれは東京倶楽部で日米の状況について長いこと議論した。私は野村任命の意図を知っていたし、野村が陸海軍から得た確約がどんなものかを一番知りたかった。野村は確約を披露することは拒んだ。野村の発言から私が得た一般的な印象は、彼がワシントンでうまくいくかについてはあまり楽観的ではないということだった。野村は自分の仕事を「愉快でない」仕事と表現し、とても引き受けたくはなかった。が、もしこれ以上拒み続けたら自分が愛国者でないと見られるほど強い圧力におされていたために、引き受けたのだった。日米の通商条約〔「日米通商航海条約」〕を米国政府が廃棄したから日本は原料を求めて南進策をとらざるを得なくなったんだと米国政府の廃棄を非難し、野村はワシントンへの赴任を推しつけられた身の不幸を嘆いた。米国は自国民を東アジアから引き揚げさせた後、軍需物資の輸出禁止に踏み切るだろうというのが、日本人の、特に軍部の間に広がっていた不安だった。

われわれが石の階段をおりて東京倶楽部を出る時、野村はこれまでで最も印象深い言葉を残した。私は彼の言葉を覚えているし、その意味は決して忘れることができなかった。それは次のような意味の言葉だった。「すべてはわれわれの手をはなれた。結末は神のみぞ知る」。野村が日本人とはいえ、これはワシントンへの任命の前夜に外交官が口にした、いつにない運命論者的な言葉として私には衝撃的だった。それが生来陽気な野村のような人間から出たことが、言葉の意味をより重くした。

私が「ヘラルド・トリビューン」の記事を書き終えると、野村が電話をかけてきて、私が翌朝ニューヨークに送稿する前に読んでおきたいので、海軍倶楽部まで原稿を持ってきてくれないかと頼んできた。野村の海軍の友人が大使に任命されたお祝いと別れを告げに、大勢倶楽部に集まっていた。野村は一団から抜け出し、記事について話し合うためわれわれは部屋の角におかれた小さなテーブルを挟んで座った。野村は一九三二年、中国への攻撃に参加した艦隊の司令官をしていた時、上海で襲われ片目の視力を失っていたので、読み終えるのに時間がかかった。野村は鼈甲《べっこう》ぶちの眼鏡をかけていたが、それを額まであげて眼鏡無しで読んだ。最後に野村は全部自分がさっき述べたことだが、記事の頭の部分を削除してくれと私に要求した。冒頭には野村の例の運命論者的な発言が含まれていた。それは活字にするには余りにも悲観的過ぎると野村は思い、代わりに野村は日米間に合意が生まれる「可能性」を確信したのでワシントンに行くと書くように私に示唆した。彼は私が見せたタイプされた原稿の裏側に英語で自分の言いたいことを書いて見せた。

私は野村の要求通りの記事を送った。野村が僅かではあったが、合意の「可能性」を確信していたことは明白だったからである。しかし私は、野村がインタビューの時に言ったことが決して頭をはなれなかった。そしてこの野村の運命論者的な言葉が「ヘラルド・トリビューン」への私のその後の記事に少なからず影響を与えた。私は翌朝ニューヨークへ電話送稿した記事を次のように締めくくった。野村は「偉大なる英雄かそれとも悲劇的な失敗者として戻って来るだろう」。日本と米国の平和がほとんど一年もつまいと「天」がすでに見通していた一九四〇年十一月二十七日にいたっては、このような言い方をしてもそれほどの危険はなかった。

野村の使命への見通しが明るいものでなかったことをさらに示す必要があったなら、それは帝国ホテルで日米協会が催した新大使への歓送昼食会で示された。この時のメーン・スピーカーとして、松岡外相は米国人と日本人を一堂に集めて協会が作りだそうと願ったいかなる善意をも踏みにじったのである。松岡はべらべらとよく舌がまわり、それを存分に駆使して雄弁さと、きつく執念深い性格を披露した。松岡は臨機応変の才に乏しく、これが彼が最後には転落していく主たる理由の一つだった。この時、松岡はまことしやかに見える善意のジェスチャーをアメリカ人に示しながら、中国での日本の「道徳的な聖戦」に米国が干渉していると非難し、日本が邪魔だてされずに仕事を遂行できるようほっておいてほしいと要求したのである。これぞ国粋主義者のスタイルとばかりに短く髪を刈った小柄な外相は日本が枢軸国に忠実であることを繰り返し、日本の外交政策は三国同盟を軸に回っていくだろうと述べた。松岡には昼食会の趣旨をこれ以上見事にぶち壊す方法はなかったであろう。しかし、もしこの野心家の外交官に代わってなにか言えるとすれば、それは松岡が軍部の指導者たちの見解を余りに見事に反映させていたので、軍国主義者らが松岡にもっと上手に外交的にずるくゲームを演じてほしいと願う段になってもその本音を隠せなかったことである。

野村海軍大将が船で出発する直前、そしてドイツ大使館が野村の米国への出発を阻止しようとできる限りの圧力を外務省にかけたがうまくいかなかった後、天皇は野村と特別に会うため皇居に呼んだ。宮廷の周辺からの情報によると、天皇は日米が合意に達するようできる限りの努力を野村に頼んだ。野村は最善を尽くすと約束した。検閲はこのニュースを私が送ることを許可しなかった。この話は本当だと信じる十分な理由がある。というのは、天皇はわずかながら「自由な」伝統を体験したことがあったので〔大正十年にヨーロッパ外遊〕、民主主義国との戦争で天皇の座とともに国民の運命を危険に曝したくなかったのであろう。しかしながら、天皇も野村も軍国主義者が戦争を取ると決めたなら、それを阻止するのに自分たちがいかに無力か気付いていたに違いない。野村は、ワシントンで軍国主義者の隠れ蓑として利用されるのでは、との強い不安を間違いなくもっていた。それは野村が演じたくない役回りだったが、彼には最後のチャンスを幸運にかけてみるだけの勇気があった。そして幸運はこれまでに繰り返し彼の期待を裏切ってきた。

野村がワシントンに到着した後、陸軍からの助っ人の岩畔大佐が野村と合流するため三月に出発の用意ができていた。樺山伯爵は初め岩畔と一緒に出発するつもりだったが、今後の進展具合を見守ることにした。樺山伯爵は陸軍省での岩畔とのインタビューを私のためにアレンジしてくれた。陸軍次官の許可を得て岩畔が話したことは、陸軍が「日米間の現在の布告なき経済戦争を停戦する」用意があるということだった。野村がワシントンの特派員とのインタビューで、日本が南方への拡張計画で武力に訴えないと明確に言えなかったと私が指摘すると、岩畔は自分は「武力に訴えることは絶対ない」と言える立場にあると言った。日本は緊急に南方の海域から原料を必要としているが、それらを確保するのに平和的手段しか使わないと岩畔は続けた。岩畔は中国問題に関する米国との和解についても、楽観的な見通しを述べさえした。

陸軍の過激派のこのメンバーが表明した突然の穏健路線は、大いに疑わしいものだった。ワシントンへ野村を遣わすよりもっと重大なことが進められていると私はすでに聞いていたし、陸海軍が南方の海域の攻撃の準備を隠すため新大使と岩畔を利用するのではという疑いが出てきた。一九四一年二月十八日、私はできるだけ言葉を曖昧にして、松岡が翌月ベルリンとモスクワに向けて出発するつもりであり、モスクワでは外相は不可侵条約の締結を期待しているとの電報による原稿を「ヘラルド・トリビューン」に送った。翌朝、私は電報が無事送られたかどうかを知るためニューヨークに電話を入れ、いつものように検閲済みの記事を一本読み上げた後、特別のメッセージを加えて確認しようとした。私がメッセージを読みはじめるやいなや、検閲官の丸山が電話を切った。おりかえし丸山が電話をしてきて私が言おうとしたことをたずねたので、私は説明した。丸山は私に前夜の原稿を読むよう要求し、松岡が欧州へ出かけることについてはなにも言ってはならないと告げた。それについてはなにも何も言わないと約束して、私はふたたびニューヨークと話ができ、私の電報は日本の検閲に半分に切られたので理解できなかったと言われた。その同じ日に、私はこの事件についての私信を書き、検閲がこのニュースを送ってよいと許可する一週間前にそれがカリフォルニアに到着した。外相の訪欧の発表がこんなに遅れると分かっていたなら、船便でも記事をニューヨークに送ることができたのに――。発表後に東京から送られたより早く、ニューヨークで活字になったことだろう。

私が電報局に電報を申し込んだ日、日本は英米の新聞にこれまでのなかではもっとも賢明なトリックの一つを仕掛けた。それは全部松岡の仕業で、その功は全部松岡のお蔭と言わねばなるまい。外国人記者との会見で、情報官の石井は予め用意された声明を読み上げた。これまでこういうことはほとんどなかった。声明は日本が世界のどこの紛争であろうと喜んで仲裁すると述べていた。この話は当然英米に詳しく伝えられた。英米では大きな見出しで日本が英国とドイツの戦争を仲裁する用意があると大々的に報道された。松岡のモスクワとベルリンへの訪問が差し迫っているとの情報を考えれば――この情報は他の記者達にももれていた――石井の読み上げた声明は全くばかげていたので、私は完全に無視することにした。私は代わりに外相の訪欧のニュースを、もしこれが検閲を通ればの話ではあるが、なんのための訪欧かその企みを暴露できるので、送ろうとしたのであった。

日本が仕掛けたトリックのねらいは二つあった。先ず、仏印地域で日本の陸海軍が移動しているとの無数の噂と英米が東アジアに危機が差し迫っていると警告の声明を繰り返し出した結果、次第に大きくなる太平洋での戦争の不安をかき消すことだった。そして二つ目は、近づいている松岡のモスクワとベルリンへの訪問について英米を混乱させるためだった。トリックは英米の新聞に大々的にとりあげられたことから見て大いに成功だった。この話は日本の「平和的意図」の証拠としてあげられ、従ってそれは日本が南方を攻撃するとの噂と相いれなかった。英国のイーデン外相が、石井が読み上げたのと同様のメッセージを松岡から受け取ったとの報告が英国の下院でなされた結果、さらに宣伝が行き届く結果となった。〔略〕

民主主義国をたぶらかそうと、松岡のした演技はやり過ぎだった。ドイツ政府は日本が戦争の仲裁を喜んでするとの発表にカンカンに怒っていた。英国が賢明にも松岡からのイーデンへのメッセージを発表したため、ドイツが同盟国日本に欧州の戦争の仲裁を頼んだかのような印象をうわぬりする格好となったからである。松岡のイーデンへのメッセージについて不幸にもドイツは事前になにも知らされていなかったので、英国の発表はドイツの弱さを暴露するような格好になってしまった。ドイツのオットー大使は外務省に駆けつけ、松岡に撤回を要求した。そこで外相は二度にわたって特別の記者会見を開いた。そのなかで外相は、欧州戦争の仲裁を英国に提案したわけではないと否定し、同時に米英は太平洋で日本の攻撃に備えて軍事的な準備をすることによって日本を刺激しているとして、米英に警告した。こうして外国の報道が松岡のために伝えた声明の本当の意図の一つを、外相みずから暴露する結果となった。

松岡のもっとも手ごわい政敵である平沼男爵は、大政翼賛会のなかの左翼の運動を粉砕し財閥と軍部との新たなパートナーシップを築こうと最近内閣に入閣していたのだが、この外相の大失態を機に外相の立場を悪くしようとした。しかし軍部からの強力な支持のあった松岡は、翌月欧州への極めて重要な使命を軍から任せられ、松岡を内閣から追い出そうとの平沼の試みは失敗した。私が松岡のベルリン、モスクワ訪問をはじめてグルー大使に話した時、大使は本気にしなかった。それは明らかに最近野村がワシントンに赴任し、米国と合意に達したいと軍が公言した姿勢と相いれなかったからだ。私が会う前に、岩畔は大使館の参事官で大使の一番の相談相手でもあったユージン・ドゥーマンと大使館で長時間話をしていた。大使館は岩畔の発言をその後のことの展開より重要視していたようだった。その後の出来事こそ重要視するに値することが証明されたのだが……いまになってみると、松岡が英米の報道陣をたぶらかそうとしたように、岩畔は外交官達を騙そうと意図的に大使館へ出かけて行ったことがはっきり見てとれる。多分、米国の外交官より記者の方がうたぐり深かったからだろう。われわれの方が日本がこれまでより大きな騙しと裏切りをやるかもしれないと用心することができたのである。軍部は東京では米国の役人を喜ばす発言をし、ワシントンには野村を送り込むことで平和のマントで身を包む一方で、米英との戦争も企んでいたのである。松岡の欧州訪問は軍部のこの策略と直接に繋がっていた。〔略〕

仏印とタイの仲裁に成功し、自分と天皇に栄光あれと大得意に浸るのもそこそこに、日本の精力的な外交官松岡洋右は、もっと重大な仕事——まさしくスターリン、ヒトラーという大物との仕事——に取りかかろうとしていた。これより重大な使命を受けた日本人はこれまでいなかったし、これほど海外に混乱をまきおこした日本の代表もなかった。けんか早い小柄な外相は日本の政策に関して米英を混乱させるということではまれに見る成功を収めたようだが、政策の実行面ではまれにみる不運にみまわれたようだ。日本政府は松岡の出発時点まで訪欧を秘密にしておくつもりだったが、日本の多くの「国家機密」がそうだったように、世界は日本国民が正式に知らされるずっと前に松岡の訪欧を知った。しかし訪欧の目的についてはずっとよく秘密が保たれ、その重大さの全容が分かるのに数週間かかった。正式の発表では松岡は同盟国の指導者を儀礼的にたずね、欧州情勢をちょっと視察するということだった。私がこれまで日本にいて、日本政府がたいそう重大な訪問についてこれほどその目的をぼかした発表をしたことはなかった。同盟国の指導者への儀礼的訪問では、松岡は米英に対するドイツとの共同戦線を可能にするであろう確約をヒトラーの口からとってくる腹づもりだった。そして、日本が長いことチャンスを待っていた南進を開始する際に、北方の境界については安心が保証されるためのソ連との「中立条約」を締結することになっていたのである。〔略〕

一九四一年春の侵攻戦略は、日本の軍事独裁に反対している日本の私のシンパからの情報でその輪郭が分かった。それは、初め仏印全土、それからタイを占領して段階的に南方に拡大していくのではなく、台湾、海南島、中国沿岸の基地から直接シンガポールと蘭印を正面から攻撃するというものだった。米国は介入してこないと希望的観測をしていたのでフィリピンは攻撃対象に入っていなかった。ある情報提供者が外相の訪欧からの帰国前に言ったように、「松岡がしなくちゃならないのはボタンを押すことだけ。そうすりゃ作戦ははじまる」のであった。

四月、松岡が帰路モスクワに立ち寄るためベルリンを発った後に、私は内閣の決定と松岡の訪欧の全容を知った。初め私はそれを真面目に受け取らなかった。だが（本当だという）裏付け材料が増えはじめ、各方面の情報源からそれが入ってきた。最後には真面目に受け取るしかなかった。この時が、世界でもっとも退屈で事件のないところに思えた東京にいて私がはじめて、そして唯一本当に慌てた時だった。私は日本人の友人に日本を出た方がよいと思うか聞いてみた。友人は松岡がヒトラーからどんな回答を貰ってくるかまだ分からないので、助言はできないと言った。外交官と議論してみると、以前と同じように意見が分かれた。若い人たちはこの話を信じたが、他の人たちは私自身が最初そうだったようにむしろ懐疑的だった。まことに奇妙なことに、太平洋で本当に戦争になるとはじめて私が不安に感じたことが、海外ではほとんど気付かれずに時は過ぎてしまったのである。海外では二月に新聞が書きたててはじめて高まった不安も、すでに収まっていた。東京にいる記者としては危機を仄めかす以上のことはできなかった。内閣の決定を世界に向けて暴露したら、それは直ちに刑務所行きを意味した。

数日後、松岡はモスクワで中立条約に調印し、日本のシンガポール攻撃が差し迫っているとの話は外交官仲間ではこれまでよりずっと真面目に受け取られはじめた。危険を知らせる警告がすべての民主主義国の首都に送られ、われわれは皆松岡の帰国を息を殺して待った。近衛公が日本は枢軸国ともっと緊密に連携することに決めたという声明を突然出して危機感を増幅させた。日本政府は「実際の行動面」においてドイツとイタリアとの関係を強化するつもりであると近衛は述べ、「すべては松岡の帰国後相談しなくてはなるまい」との近衛の発言で、私が事前に入手していた情報が確認された。

松岡が四月の後半にやっと戻った時、報道陣に言うことはなにもなかった。外国人記者は松岡に会うため長いこと待たされたが、松岡は天皇に報告のため皇居に急がねばならないと言って五分で片付けた。松岡は約一カ月の間にアジア大陸と欧州大陸を二度も横切る長旅をしたため顔色がとても悪く疲れていた。また出発の時に東京駅で見送った時より元気がないようだった。後で分かったのだが、松岡の疲れた神経質なようすは単なる長旅だけが原因ではなかった。

松岡のベルリンとモスクワ訪問についての話は、彼に同行した者や報告を受けた他の役人から聞いた。松岡のために催された素晴らしい宴会で出された御馳走を食べ終わるやいなや、松岡は別の部屋に案内され、欧州戦争が勃発する前にヒトラーを訪ねた他の外交官たちのためにしばしばこのナチスの独裁者が演じたいわばヒトラー流のドラマを見せられた。つまりお客にきちんと答えるのではなく、ヒトラーは狂乱状態になって英米両国に対する敵意を露わにし、小柄な松岡の前でテーブルをドンドン叩き、米英は粉砕されねばならず、日本は世界の様相を変えるであろうこの素晴らしい仕事をドイツと一緒にせねばならないと叫んだのだ。松岡に同行したメンバーで東京に戻ってからこの時の状況を説明した永井八津次大佐が言うには、ヒトラーは「話しているうちに興奮してしまい、最後にはあんまり夢中になってしまって誰に話しているのか分からないようだった」。

松岡はヒトラーに向かって弱々しく叩き返し、退廃した民主主義国は偉大な二つの国、日本とドイツによって粉砕されなければならないとヒトラーに同意した。しかし、松岡は日本が首を長くして待っている英本土攻撃をヒトラーがいつはじめるのか、スエズ運河の掌握はいつの予定なのか、日本政府は知りたいと思っていると説明した。それらはやがて手をつけるとヒトラーは松岡に請け合ったが、いま重要なことは米国が力をこの戦いに注ぐことができる前に日本がすぐに大英帝国の攻撃に参加することだと言った。松岡が自分にはいかなる約束もする権限はないことを明らかにすると、これが総統の怒りをなおさらかき立てた。

話が独ソ関係に及ぶと、ヒトラーの態度がまた曖昧になった。ドイツとソ連の間に緊張があることをヒトラーは認めたが、はっきり戦争になるという印象は与えなかった。ヒトラーが後に独ソ戦の勃発を発表した時に自分で明らかにしたように、ヒトラーは松岡がモスクワに立ち寄る際に、スターリンに行動にもっと注意するようにとの警告を伝えるよう、松岡に頼んだ。当時のドイツとソ連の間の緊張から考えて、松岡がモスクワでソ連と協定を結ぶつもりだと言ったことにヒトラーがあまり熱意を示さなかったことは、大いにありうることだった。

偉大な独裁者と、その信奉者で小柄な男との会談結果は、松岡にとって不満足だったと伝えられた。松岡はいろいろな考えがぐるぐる頭の中をかけめぐり、それでいてなに一つはっきりしないままベルリンを後にした。ドイツは英国を侵略するのか、スエズ運河を掌握するのか、あるいはソ連と戦うのか、松岡には確信がもてなかった。松岡にとってヒトラーは全く訳が分からなかったし、ヒトラーの大言壮語は松岡を感銘させるよりぎょっとさせた。ドイツと日本の陸海軍、外交官の幹部による会合が何回もベルリンで開かれたが、なんの明確な決定にもいたらなかった。

松岡のベルリン訪問は失敗だったが、モスクワ訪問は大成功だった。東京を出る前に、松岡は内閣からソ連との中立条約を締結する権限を与えられた。ベルリンへ行く途中、外相はモロトフ〔ソ連外相〕とスターリンの意向を打診するためモスクワに立ち寄った。ふたりは松岡に、ベルリンからの帰りに話を続けましょうと言った。松岡がモスクワに戻って条約の締結を依然望んでいると告げると、ソ連の指導者達は松岡を温かく迎えた。松岡がヒトラーから託されてきた警告は、ヒトラーがソ連を攻撃してくるかもしれないとのモスクワが感じていた不安を確認させただけだった。松岡自身の説明では、ソ連の指導者たちはわずか十分で条約の締結に同意したというが、それも当然だった。スターリンは日本の外相をわざわざ見送りにモスクワの駅まで行ったが、スターリンがこんなことをしたなんて聞いたことがなかった。日本との中立条約にスターリンがいかに満足したかがうかがえた。

松岡がヒトラーのことで頭を混乱させて東京に戻ると、軍部は欧州がおかしくなっていることを即座に悟った。彼らは独ソ戦という最悪の事態を心配しつつも、それが起こるという予測には拒否反応を示した。松岡は独ソ戦の可能性についてソ連からはほとんどなにも聞き出せなかった。ドイツとソ連間の緊張が高まっていることを示す公式、非公式の情報がその後何週間かの間ずっと東京に入ってきた。五月の初めには、私は独ソ戦が起こるかもしれないという大きなスクープを書くのに十分な材料をすでに集めていた。しかし、「ヘラルド・トリビューン」に記事をすぐ送るのは躊躇した。両国に一度も行ったことがない私よりはるかにドイツとソ連のことに精通している外交官や新聞記者が、独ソの衝突の可能性が少ないと見ていたからである。モスクワから東京に着いたばかりのウォルター・デュランティー、ベルリンに長く駐在していた「ニューヨーク・タイムズ」のオットー・トリシュス、それにやはり最近モスクワから来てソ連の事情に詳しい米国大使館の書記官チップ・ボーレンの三人がそろいもそろって独ソ開戦には懐疑的だった。しかしながら、五月の末には、外務省にさらに情報が入ってきて、日本の役人たちの心配は大きくなっていった。私は記事をあたためておくのをやめ、ついに五月三十一日にニューヨークへ電話で送った。ドイツの攻撃がともかくあるなら、それは六月の終わりまでにあるだろう、ナチスはウクライナ地方の小麦の種蒔きの時期の前に攻撃を計画しており、収穫期である冬の到来前に終らせたいと考えているからである、という内容だった。日本が入手した数字では、ドイツとソ連はそれぞれ国境沿いにおよそ二百万人の軍隊を集結させており、ソ連はウクライナ地方に約四千五百機の飛行機を集めていた。

私の記事が載った「ヘラルド・トリビューン」紙が米国から私の手元に届いた六月二十二日に、ドイツがソ連への攻撃を開始した。これは何とも不思議な偶然の一致だった。ナチスがなぜソ連を侵略するのか、私の記事で説明した理由がヒトラーの対ソ開戦声明で確認された。それはナチスが英本土攻撃に踏み切る前に、欧州大陸に存在する唯一の巨大な陸軍の脅威を取り除くためだった。しかし、ヒトラーは自国の産業が人手を必要としているのでソ連に対する防御のために東部戦線にただ配備しておかなくてはならない数百万の軍隊を解除できるようにしたいこと、ウクライナ地方の小麦をソ連の言ってくる代価を払わずに確保したいこと、そしてウクライナの労働力を西部戦線で必要な新たな展開のために確保したいこと、などの他の理由については触れていなかった。

独ソ戦の勃発のニュースに日本の官界の足元は掬われた。日本が一番起こってほしくないと思っていたのは、日本が欧州の同盟国から引き離され東アジアで完全に孤立させられることだった。ドイツに対する憤りがあらゆる方面で高まった。特に松岡の憤激はすごかった。松岡はヒトラーに信用されなかったばかりか、あのドイツの独裁者が日本をまたもや騙し、わずか二カ月前にソ連との中立条約を結んだ自身がまるで道化に見えることになってしまった。もしもドイツがソ連を攻撃することを知らされていたなら、松岡はモスクワで中立条約に調印など、明らかにしなかったであろう。三国同盟の条項では、日本はドイツの対ソ攻撃を援護する必要などなかった。というのは、ソ連は三国同盟の標的からはっきり除外されていたからだった。一方、ソ連はドイツと戦争しているので、もし日本が南方で行動を開始して米英との戦争にはいれば、ソ連は日本との中立条約を守る必要がなくなるのに、日本の北方での行動は日ソ中立条約に拘束されるというわけだった。従って、考えられるすべての点から、この条約は外交上の最大級の失敗だったというのが日本の見方だった。〔略〕

一週間のうちに、つまり六月の終わりまでに、軍部は政府と軍幹部との数多くの緊急会議の後にようやく決定を下した。それは明らかに日本の歴史の上で下された最も重要で、最も不誠実な決定だった。どうして最も重要だったかと言えば、それによって日米の戦争がほとんど不可避となったからだった。どうして不誠実だったかと言えば、それは「ソ連の領土を尊重する」という調印したばかりの中立条約を破ってソ連を攻撃すべしとしていたからだった。日本は北と南の両方を攻撃すると決めたのである。軍部の決定を認めるために召集された七月二日の御前会議で起こったことは、一八九五年の日清戦争後に見られたシーンの驚くべき再現だった。あの時陸軍は北への展開を主張し、海軍は南への攻撃を主張した。そして明治天皇が南北両方への拡張をよしとしたではないか。一九四一年七月二日、明治天皇の孫である天皇裕仁が同じことをしたのである。

この決定を報道することは危険なことでもあり困難なことでもあった。われわれの多くは決定にいたった日に知ったが、この決定は国家機密のうちでももっとも機密性の高いものと考えられた。この決定の一部始終を知っていることを見せてしまってはまずいので、最初は決定の重要なところだけを送るのが最善だろうと思った。つまり独ソ戦の勃発にもかかわらず、南方への拡張を続けるということだった。御前会議が開かれる一日前、検閲官が決定に関する情報の送信を阻止せよとの指示を受け取る一日前の七月一日、私は幸運にも次のような記事を電話でニューヨークに送ることができた。「いわゆる大東亜共栄圏を実現するための新たな展開が計画されている。共栄圏には仏印、タイ、フィリピン、蘭印が含まれるであろう」。ヒトラーのソ連侵攻についての記事と共に、これは私が東京から送信に成功した一番重要なニュースだった。翌朝、私がこの決定についてふたたび記事を送ろうとした時、検閲官の丸山は許可せず、これについては以後報道してはならないと言った。この時までに丸山は指示をうけとっていたというわけだ。それから間もなく、私は明治天皇の御前会議で下された決定に従って南北両方へ拡張していく日本の昔の政策についての記事を見つけた。私はこの記事全文をニューヨークへ電話し、通常料金の二倍以上の百ドル余りを取られた。私はいつも記事の送信を電話でしていたが、この時を境に日本側は法外な料金をふっかけてきてとうとう私は電話による送信を諦めざるを得なくなった。

御前会議での決定は、仏印全土を占領し、そこに南方の海域への総攻撃を開始するための根拠地をつくり、同時に北に軍隊を動員してドイツがソ連を撃破するのを待つというものだった。ソ連への日本の攻撃はドイツ軍がモスクワの東側のボルガ川に到達するやいなやはじめられることになっていた。ソ連の崩壊に続いて、民主主義国、特に米国はナチスの英国への侵略が差し迫っていることが心配で東アジアには関与してこないと考えられ、日本は大きな抵抗も受けずに南方海域の領土を掌握できるだろうとの期待があった。そこで御前会議の直後、陸軍は総動員への命令を密かに出し、政府はその後国を完全な臨戦体制に置くため国家総動員法のすべての条項を行使した。満州のソ連との国境沿いと仏印の軍隊も増強され、仏印を七月の終わりには完全に占領した。

かねてから松岡外相の失脚をねらっていた平沼男爵は、ソ連との中立条約が引き起こした外交上の混乱に乗じて、その責任は松岡にあるとし、外相の辞任を要求した。松岡は辞任要求を拒否し、それも一理あるところで、内閣が条約の締結を許可したのだから責任は内閣が負うべきだと反論した。そこで近衛が辞職するかたちで総辞職とし、松岡を外してほとんど前と同じ顔ぶれで新内閣を発足させた。軍部と近衛が松岡外しに合意した理由は、ソ連への攻撃を開始する時に（中立条約に調印した）松岡が内閣にいては政府の立場がない（松岡はソ連への攻撃を認可した御前会議には出席していた）との考えからというよりは、松岡がグルー大使や米国政府のその他の役人にひどく嫌われていたためだろう。仏印への侵入に続いて、日本は米国との関係が決裂に近づいていると認識し、ソ連への軍事行動が完結した後再び南へ向かい、仏印に続く作戦を再開するまで米国との決裂は避けたいと思っていた。従って、敵対的な外相を「穏健な」外相に代えることで米国に「融和的な」ゼスチャーを採ることが——米国人は例によって「穏健派」に弱かった——賢明なやり方と考えられた。財閥と繋がりの深い豊田貞次郎海軍大将が松岡の後継者に適切と考えられた。〔略〕

第九章「新秩序へ向かって」

一九四一年十月十五日の午後、私は日本政府が米国から日本人を引き揚げさせるために徴用した日本郵船の三隻の船の一つ「龍田丸」に乗るため横浜へ向かった。そのころ、近衛は首相辞職の決心を伝えるため首相官邸を出て皇居に向かっていた。われわれは数日の内に内閣が総辞職するだろうと分かっていたので、出発の朝、「ヘラルド・トリビューン」に最後の記事を電話で送った時、私はそのことをにおわそうとしたが、検閲が許可しなかった。米国との合意に達しなかったので近衛が辞任するのは明らかだったが、新しい内閣がどんな内閣でその政策がどうなるかはまだ分からなかった。東京ではあらゆる種類の噂が流れた。ある噂は、米国との一時的な合意をねらいつつ米国の経済封鎖の緩和を確実にするため、さらに米国に対して譲歩できる海軍による組閣がなされるだろうというものだった。別の噂も意味は同じだったが、同様の目的のために陸軍が組閣するだろうというものだった。日本が米国にさらに譲歩して「面目」がつぶれるわけだから、過激主義者や国粋主義者を抑えられるのは陸軍だけだと考えられていたからだった。私は後者ではないかと推測し、ナチスがソ連で酷い泥沼にはまりこんでいる時に軍部が南方の攻撃を開始することはないだろうと思った。しかし最後の二日間は龍田丸に乗船するための準備でどたばたしていたので、政府部内でなにが起こっているのか知っている日本人から聞き出す機会がなかった。それに私が警察からしつこく見張られていて、もっと気をつけたほうがいいと一度ならず友人から言われたので、こうした日本人との接触も前よりずっと慎重になり、回数も減っていた。〔略〕

私はホノルルで、近衛内閣の陸相だった東条英樹によってわれわれが海上にいる間に組閣された、新内閣についてのニュース記事を読んだ。新しい閣僚達が発表した声明には不穏な感じがしたが、米国との交渉は続行すると述べており新しい内閣が米国との短期間の和解を目指していくらか譲歩するかもしれないとの私の出発前の予測を変更しなければならぬほどの理由はまだなかった。日米衝突の危険は以前考えていたより近いかもしれないとの最初の兆しが、ニューヨークの「ヘラルド・トリビューン」の編集局長のジョージ・コーニッシュから電報の形でもたらされた。コーニッシュは、私に日本に戻るなと指示してきたのである。彼は私の記者仲間のひとり〔ヴケリッチのこと〕が逮捕され、警察が私の帰るのを待っていることを知らせる報告を受け取ったのだった。私が太平洋戦争勃発に続いて日本で投獄あるいは監禁を免れたのは、友人達のお蔭である。私がニューヨークから電報を受け取った時は、太洋丸が十一月の第一週にホノルルを出航することになっていたその予定日の二日前で、私は日本に戻る手続きをすべて終えていた。日本にいる記者仲間や日本の役人たちへのお土産に衣類や食料をすでに買い込んでいた。日本のホノルル総領事の喜多長雄は東京の外務省から私の再入国許可を受け取っていた。〔略〕

十二月五日午後十二時三十分、私と妻はラーライン号に乗ってホノルルからニューヨークへ向かった。豪華な客船はクリスマスの休暇を米国本土で過ごそうという行楽客やホノルルの住民でいっぱいだった。乗客はいつもの別れのテープとハワイアン音楽で送られた。われわれが港から出ると、爆撃機と護衛戦闘機が華麗なデモンストレーションを披露し、船めがけて飛んでくるとはっとするくらい直ぐ近くをすごいスピードですれすれに通り過ぎて行った。十二月七日日曜の午前十時、乗客係が船室のドアーをノックした。是非耳にいれたいことがあると係が言った。「日本が真珠湾を爆撃しました」。何百というアメリカ人が初めてこのニュースを聞いた時に恐らくそう思ったように、私は初め冗談だと思った。パーサーはこの話が本当だと言い、ニュースは海上で燃え盛る炎のように船中に広がった。

正午に船員が窓と舷窓を暗くした。夕方の五時、船長が乗客を一堂に集め何が起こったかを説明した。船が日本の潜水艦や軍艦に攻撃される危険があるので救命具をつけて寝るか手元に置いておくよう指示した。船長は無事サンフランシスコに着くことを願っていると、なんとも不穏な言葉で説明をしめくくった〔ニューヨークへの航行予定をサンフランシスコに緊急入港へと変更した〕。船長は誰よりもわれわれの危険の深刻さを知っていた。船は真っ白に塗装されていたので、夜間敵に簡単に見つかりそうだった。その上日本はわれわれがわずか一日半前にホノルルを出たことを知っていたので、船の位置をかなり正確に掴んでいた。日本がわれわれの船を拿捕したがっていたのはまず間違いなかった。ラーライン号は太平洋で最高の客船の一つで、素晴らしい獲物になったろう。

数日後ゴールデンゲートブリッジの明かりが見えてきた時には、乗客と乗組員から安堵の歓声が上がった。しかし明かりはそう長くはついていなかった。間もなくサンフランシスコの警報が鳴りはじめ、米国は史上初の本格的灯火管制を経験した。われわれは戦争中の国に帰ってきたのであった。港には機雷が敷設されており、海軍の小さな船がわれわれを安全な水路を通って案内してくれた。船長が航海中どうしてあんなに怖がっていたのか、そのわけが後になって分かった。船長は真珠湾攻撃の直後に貨物船のシンシア・オールセン号から救援を求めるSOSを受信していたのだ。貨物船はわれわれの船から百カイリ離れたところで日本の潜水艦に魚雷で攻撃されたのだった。潜水艦はわれわれの船とサンフランシスコの間にいたというのだから、われわれが港に無事到着できたのは誠に幸運だった。

〔略〕

祖国の歴史上最大の戦争を戦う過程で、勝利するまで戦うことを要求されるアメリカ人は、恐らくその戦争を引き起こした勢力についてもっと知らなくてはと思うだろう。日本に関する限り、アメリカ人がこれほど交戦国についてほとんどなにも知らないで戦争をしようとしたことはこれまでなかったと断言できるだろう。多くのアメリカ人は明らかに未だに、日本が真珠湾を攻撃したから日本と戦争しているると思っている。もしアメリカ人が真珠湾を攻撃されたことだけに怒っているのであれば、日本が後日攻撃の準備がもっと整うまで米国政府が戦争を中止し、真珠湾の基地まで後退するとするなら、日本政府は大喜びで基地に与えた損傷を修復し、沈んだ軍艦をすべて取り替え、そこで失われた命に対する補償をするだろうとあえて推量しても、大きな危険はないだろう。

真珠湾の攻撃は戦争の始まりだったかもしれないが、それは日本の軍国主義者の世界制覇の始まりではなかった。真珠湾はそのほんの一部であり、一九四一年十二月七日に真珠湾が攻撃されたのは日本が次のように考えたからだった。米国は真珠湾におとなしく留まっていることを拒んだ。それどころか、中国のような他の国のひとびとも自由を獲得するために米国の支援を受ける権利があると米国は考えている。日本は世界を一つにする計画を進めていく上で、その障害となる米国を滅ぼそうと企てるだろう。その時に備えて、祖国を守るために建設した基地の安全と、そして祖国の安全のために、中国など他の国々が自由であることが間接的に役立つと米国は主張している。だからこそ真珠湾をたたく、というわけだった。

アメリカ人は戦争を戦いながら、もし太平洋に紛争をもたらした勢力を一掃する必要性を先祖よりもっとよく理解していなければ、戦いがふたたび無駄になるだけだということを悟るだろう。日本が現人神である天皇と軍国主義者という狂信的な集団、そして彼らが世界制覇という神聖な使命に従事するための武器を供給する用意のある同じように危険な多くの財閥、という「汚れた三位一体」によって統治されている限り、太平洋に平和のための本当の土台がいったいどうやってできるかを理解するのは難しい。日本人が軍事的独裁の餌食となった主な原因である、神話や亡霊、そして死んだ祖先の魂でいっぱいの封建的な精神の牢獄から先ず解放されなければ、大半のアメリカ人が住みたいと思っている自由な民主主義の体制を日本人がいったいどうやってもつことができ、あるいは心に描けるかは分からない。そして日本人はこの知的精神的牢獄のカギを握る天皇から先ず解放されなければ、この牢獄からは決して解放されないだろう。天皇そのものには悪いことはなにもないのかもしれないが、天皇自身が犠牲者でもあった将軍による支配のもとでの国民の熱烈な忠誠心を確保するため、三種の神器と共に見事に続いているがなんの力もない統治者への一方的・隷属的な服従の原則が、大きな間違いなのだ。

日本人は自分たちと同じ人間を神にまで押し上げ、その神聖を疑うことは犯罪であるとした神道の絆からひとたび解放されれば、自分たちを民主主義国との死の戦いに追いやった軍国主義の独裁政権下に自分たちが住んでいたことをはじめて悟るのかもしれない。日本人が軍国主義者の正体を知り、神や天皇に対する犯罪と非難されることなく彼らに対して反対の声を自由にあげることができるようになれば、日本人が現在そうであるように軍部に支配されるのではなく、軍部を支配できるようになるであろう。

自由にものを考える人間としての精神を取り戻し、神道の最高位の神官の保護者と心得る者に一撃を加えられることなく自由に考え、行動できるようになれば、日本人は自分たちが掌握できなかった、そして現人神と軍部の餌食となったと同様に犠牲を強いられた、一握りの財閥による経済的独裁からも、自らを解放できるであろう。

従って、アメリカ人は漫画家の多くが日本人が猿として描くことにひとりよがりの喜びを味わっているが、われわれはそうした奇妙で小さい生き物と戦っているのではない。とても勤勉で鋭い感受性をもった民族と戦っているのである。ただその両方の特質が汚れた三位一体を構成している統治者によってゆがめられ、世界征服の目的に向けられてきたのである。この三位一体が破壊されなければ、民主主義国が放棄を余儀なくされた平和な世界に無事に戻ることはできないだろう。そしてこの三位一体が破壊されるまで、日本の国民は封建的な世界の上に頭を持ち上げ、死ではなく生を目指して他の国々と共に歩むことはできないだろう。

付録2　関連年表

一九三二（昭和七）年
三月一日　「満州国」建国宣言
六月　グルー駐日米大使来日
一九三四（昭和九）年
一月二九日　官営八幡製鉄所が官民合同によって日本製鉄に。渋沢正雄、取締役に就任
一九三五（昭和一〇）年
一〇月三日　イタリア、エチオピアに侵攻
一九三六（昭和一一）年
二月二六日　二・二六事件。陸軍青年将校らの決起、クーデター未遂
一一月二五日　「日独防共協定」ベルリンで調印
一九三七（昭和一二）年
六月四日　第一次近衛内閣成立
七月七日　盧溝橋事件。北京郊外の盧溝橋で日中両軍が衝突
八月一三日　上海で日中両軍交戦、全面戦争へ
一九三九（昭和一四）年
五月一一日　ノモンハン事件。満蒙国境のノモンハンで日ソ両国軍が衝突（九月一五日停戦協定）
七月二六日　米国、日本に対し「日米通商航海条約」の廃棄を通告
八月二三日　「独ソ不可侵条約」をモスクワで調印
二八日　平沼騏一郎内閣総辞職。「欧州情勢複雑怪奇」と声明

九月一日　ヒトラー・ドイツ軍、ポーランドに侵攻。第二次世界大戦勃発

一九四〇（昭和一五）年

七月二二日　第二次近衛内閣成立（松岡洋右が外相に）

二六日　大東亜新秩序建設などの基本国策要綱を決定

米国、石油、屑鉄を輸出許可制に

二七日　大本営政府連絡会議、武力行使を含む「南進（北守）」政策を決定

二九日　スパイ容疑で逮捕されたコックス・英ロイター通信東京支局長が東京憲兵隊本部三階から飛び降り自殺

九月二三日　日本軍、北部仏印に進駐

九月二七日　「日独伊三国同盟」ベルリンで調印

一一月二七日　近衛首相、駐米大使に野村吉三郎・海軍大将を任命

一九四一（昭和一六）年

三月六日　岩畔陸軍大佐、ワシントンへ出発

七日　「国防保安法」公布

一二日　松岡外相、ソ連経由で独伊両国訪問へ出発

二七日　松岡外相、ヒトラー総統と会談

四月一二日　モスクワで独裁者スターリンと会談。「日ソ中立条約」に調印（一三日）

一六日　日米交渉開始

二二日　松岡外相帰国

五月三一日　ニューマン「ヒトラー、ソ連侵攻へ」のスクープ、「ニューヨーク・ヘラルド・トリビューン」紙に（米国時間）

六月二二日　ヒトラー・ドイツ、ソ連侵攻

七月一日　ニューマン「日本の御前会議、〝南進〟を決定」のスクープ（米国時間）
　一八日　第三次近衛内閣成立（外相、松岡→豊田貞次郎）
　二五日　米国、在米日本資産を凍結
　二八日　日本軍、南部仏印に進駐
八月　岩畔大佐帰国
九月六日　御前会議、対米英戦準備などの国策遂行要綱を決定
　七日　ニューマン「米国と和平交渉の一方で、日本は戦争準備を着々と」のスクープ（米国時間）
一〇月一五日　ニューマン、横浜港出航、ハワイへ。ゾルゲ・グループ、尾崎秀実逮捕。ニューマンにも逮捕状
　一六日　近衛内閣総辞職
　一八日　東条英機内閣成立。ゾルゲ、ヴケリッチら逮捕
一一月二六日　米ハル国務長官が日米交渉の決裂を決定的にする「ハル・ノート」を提議
一二月八日　日本軍、ハワイ真珠湾を攻撃（米国時間七日）

【ニューマン・コネクション（人脈チャート）】

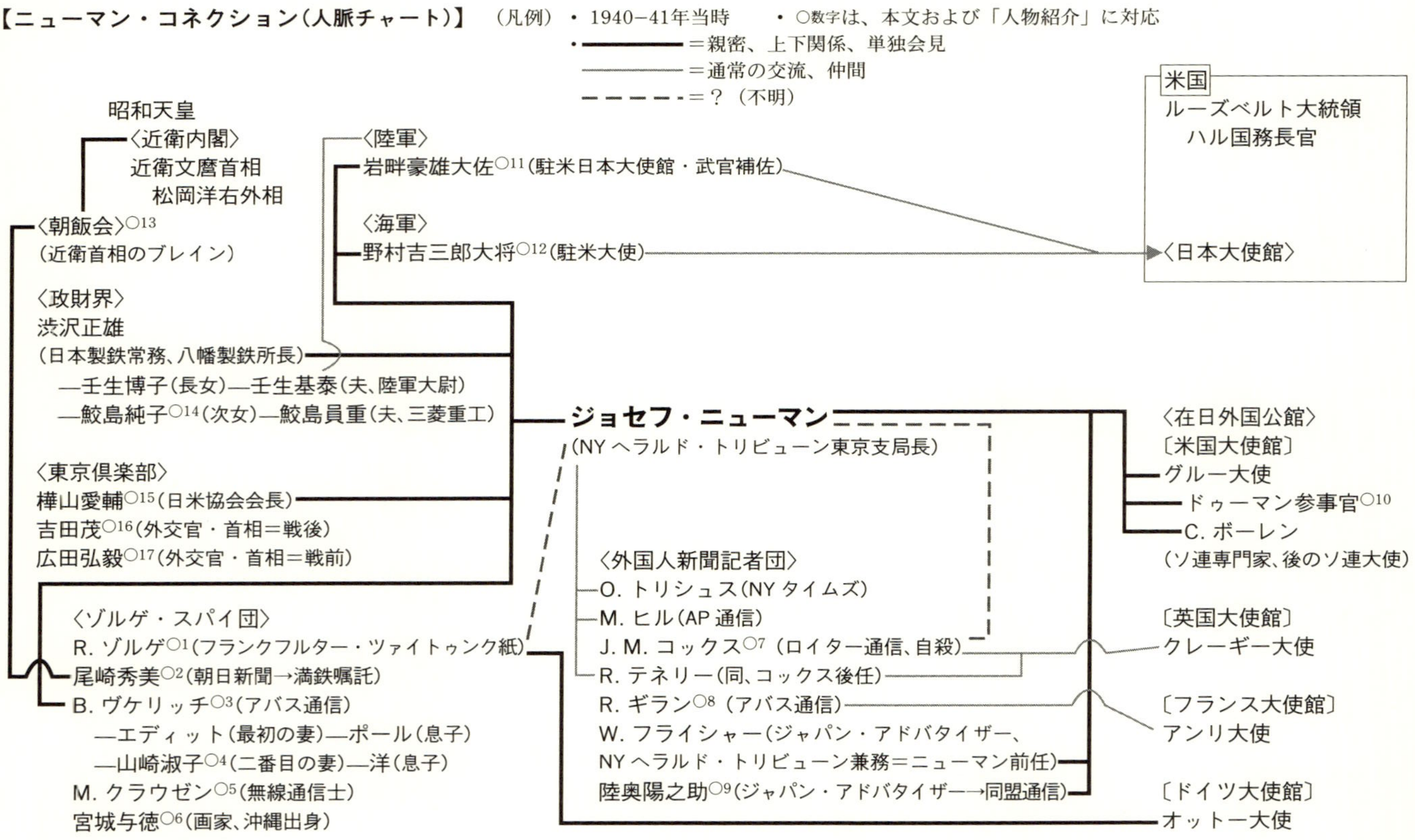
（凡例）・1940−41年当時　・○数字は、本文および「人物紹介」に対応
＝親密、上下関係、単独会見
＝通常の交流、仲間
＝？（不明）
昭和天皇
〈近衛内閣〉
近衛文麿首相
松岡洋右外相
〈朝飯会〉○13
（近衛首相のブレイン）
〈政財界〉
渋沢正雄
（日本製鉄常務、八幡製鉄所長）
—壬生博子（長女）—壬生基泰（夫、陸軍大尉）
—鮫島純子○14（次女）—鮫島員重（夫、三菱重工）
〈東京倶楽部〉
樺山愛輔○15（日米協会会長）
吉田茂○16（外交官・首相＝戦後）
広田弘毅○17（外交官・首相＝戦前）
〈ゾルゲ・スパイ団〉
R. ゾルゲ○1（フランクフルター・ツァイトゥンク紙）
尾崎秀美○2（朝日新聞→満鉄嘱託）
B. ヴケリッチ○3（アバス通信）
—エディット（最初の妻）—ポール（息子）
—山崎淑子○4（二番目の妻）—洋（息子）
M. クラウゼン○5（無線通信士）
宮城与徳○6（画家、沖縄出身）
〈陸軍〉
岩畔豪雄大佐○11（駐米日本大使館・武官補佐）
〈海軍〉
野村吉三郎大将○12（駐米大使）
米国
ルーズベルト大統領
ハル国務長官
〈日本大使館〉
ジョセフ・ニューマン
（NY ヘラルド・トリビューン東京支局長）
〈外国人新聞記者団〉
O. トリシュス（NY タイムズ）
M. ヒル（AP 通信）
J. M. コックス○7（ロイター通信、自殺）
R. テネリー（同、コックス後任）
R. ギラン○8（アバス通信）
W. フライシャー（ジャパン・アドバタイザー、
NY ヘラルド・トリビューン兼務＝ニューマン前任）
陸奥陽之助○9（ジャパン・アドバタイザー→同盟通信）
〈在日外国公館〉
〔米国大使館〕
グルー大使
ドゥーマン参事官○10
C. ボーレン
（ソ連専門家、後のソ連大使）
〔英国大使館〕
クレーギー大使
〔フランス大使館〕
アンリ大使
〔ドイツ大使館〕
オットー大使

付録3　人物紹介

○1　ゾルゲ諜報団：リヒャルト・ゾルゲ（一八九五―一九四四）をリーダーとし、東京を舞台に活動したソ連の諜報団。ソ連軍事諜報員ゾルゲは、帝政ロシア末期に油田で名高いバクー市（現アゼルバイジャン共和国）で働いていたドイツ人石油掘削技士と現地ロシア人女性との間に生まれた。ドイツの有力紙「フランクフルター・ツァイトゥンク」記者として来日、ドイツ大使館に絶大な信用を得て、出入り自由の身分を確保する一方、同紙に日本の政治社会分析の優れた解説記事を送り続けた。しかし、記者活動の一方で、日本の最高機密である御前会議の内容やナチス・ドイツのトップ・シークレットを密かに暗号無線でモスクワに送り続けた。そのメンバーは数十名に達し、二〇世紀で最も成果を上げた諜報団といわれた。ゾルゲは一九三三年に来日、四一年一〇月一八日に逮捕され、四四年一一月七日に絞首刑に処された。

○2　尾崎秀実（おざきほつみ）：一九〇一―一九四四。ゾルゲ・グループでゾルゲに継ぐ実質ナンバー2の地位にあった。「朝日新聞」の上海特派員として取材・執筆する中で中国社会と共産党への造詣を深める一方、そこでゾルゲと会ったことが彼の運命を変えた。帰国後、朝日から南満州鉄道（満鉄）調査部嘱託に転身し、中国専門家として論壇で活躍。近衛文麿首相のブレイン組織とされた「朝飯会」の有力メンバーの立場で、政府の最高機密を継続的に入手し、ゾルゲに知らせた。

○3　ブランコ・ド・ヴケリッチ：一九〇四―一九四五。クロアチア（旧ユーゴスラビア）生まれ。フランスの通信社アバス（AFPの前身）の記者として活動する一方で、ゾルゲ・グループの有力メンバーだった。ニューマンと親しく、「ヒトラー、ソ連侵攻へ」の最高機密を提供したが、その当時ニューマンは記者仲間の情報交換の一環と受け止めていた、という。一九四一年一〇月一八日逮捕され、四五年網走刑務所で獄死。

○4　山崎淑子（やまさきよしこ）：一九一五―二〇〇六。ヴケリッチの日本人妻。ヴケリッチがスパイ容疑で逮捕され（一九四一年一〇月）網走刑務所で獄死（一九四五年一月）するまで淑子宛の手紙が一五九通。淑子は自著『ブランコ・ブケリッチ　獄中からの手紙』でヴケリッチの想い出と淑子への愛情の深さを綴った。子息は洋氏。

山崎洋（やまさきひろし）：一九四一―。ヴケリッチを父、山崎淑子を母として東京に生まれる。一九六三年、慶応義塾大学経済学部卒業後ベオグラード（旧ユーゴスラビア）大学法学部大学院経済学科で修士課程修了。『山の花環』（ニェゴシュ）など翻訳書多数。父ヴケリッチが日本から送った原稿をまとめた『ブランコ・ブケリッチ日本からの手紙』を母の『獄中からの手紙』の姉妹編として二〇〇七年に刊行。

○5　マックス・クラウゼン：一八九九—一九七九。ゾルゲ・グループの無線通信士でドイツ共産党員。無期懲役の判決を受け、秋田刑務所で敗戦を迎えた後、ドイツ（旧東独）に帰国。

○6　宮城与徳（みやぎよとく）：一九〇三—一九四三。沖縄生まれ。画家。一九三二年に米カリフォルニア州の美術学校卒業の後、米国の対外情報部特殊任務局（OGPU）の徴募に応じて、三三年に来日。ゾルゲ・グループに参加。一九四一年に逮捕され四三年に巣鴨拘置所で獄死した。

○7　ジェームズ・M・コックス：一八八四—一九四〇。英国生まれ。英ロイター通信のボンベイ（現インド・ムンバイ）、セイロン（同スリランカ）、上海、香港各支局長の後、一九三三年から東京支局長。一九四〇年、憲兵隊の外国人一斉検挙時にスパイ容疑で逮捕され、東京憲兵隊本部で取り調べ中、謎の飛び降り自殺を遂げた。駐日英国大使クレーギーは厳重抗議したが、憲兵隊の返答は「自殺」の一辺倒でそっけなく扱われた。

○8　ロベール・ギラン：一九〇八—一九九八。元仏アバス通信（現AFP）東京支局長。ギランが戦後約三〇年を経て書いたのが「私が知っていたゾルゲの秘密」（「週刊朝日」一九七四年一〇月二五日号）。ギランは当時も仏「ルモンド」紙東京特派員として顕在で、翻訳は飼牛康彦・元「朝日新聞」パリ支局長による。

○9　陸奥陽之助（むつようのすけ）：一九〇七—二〇〇二。洋名イアン・ムツ。明治時代の伊藤博文内閣の外相、陸奥宗光伯爵の孫でイギリス人を母に持つ。東京に来たニューマンがまず英字紙「ジャパン・アドバタイザー」で陸奥と同僚として働き、後に陸奥が同盟通信、ニューマンが米紙の東京支局長となって以降、生涯を通じての親友だった。

○10　ユージン・H・ドゥーマン：開戦前の一九四一年当時、在日米大使館のグルー大使の下で参事官をつとめた。また、戦争中はグルー国務次官の特別顧問をつとめて「日本通」として知られた。対日講和条約起草の当時はダレス国務長官の非公式のアドバイザーとしていろいろ助言、戦後の日本の針路にも影響を与えた人物。日本に知人が多く、昭和二七年九月に再来日し野村元駐米大使らと再会した。

○11　岩畔豪雄（いわくろひでお）：一八九七―一九七〇。陸軍大佐。日米交渉における岩畔の肩書きは一応「駐米日本大使館付武官補佐官」と名付けられたが、その任務の実態からは「野村大使補佐官」というものだったようだ。グルー駐日米大使は公電の中で野村大使の「Special Adviser」、直訳すれば「特別顧問」としたが、野村大使との関係から見て「補佐官」が実態に即したものではなかったか。いずれにしても岩畔に与えられたのが陸軍からの短期間の特命だったためか、在米中の肩書きの記述が極めて少ないのもその立場の特殊性を表している。

○12　野村吉三郎（のむらきちさぶろう）：一八七七―一九六四。海軍大将。一九四〇年一一月、第二次近衛内閣で対米協調の切り札として駐米大使に任命された。これより前にドイツ、イタリアとの三国同盟に力を注いだ松岡外相から同大使就任を打診された野村は「三国同盟を強化する一方に日米関係を調整というのは到底問題にならない」と断ったが、近衛首相のたっての要請に押し切られた。

○13　風見章（かざみあきら）：一八八六―一九六一。第一次近衛内閣の書記官長、衆議院議員。

西園寺公一（さいおんじきんかず）：一九〇六―一九九三。明治の元老、西園寺公望首相の孫、近衛内閣の嘱託、近衛首相のブレーンの会「朝飯会」メンバー、戦後に参議院議員。

犬養健（いぬかいたける）：一八九六―一九六〇。五・一五事件で暗殺された犬飼毅首相の三男、衆議院議員、支那（中国）問題専門家として尾崎の親友に。

後藤隆之助（ごとうりゅうのすけ）：一八八八―一九八四。近衛首相と一高・京大の同窓で、近衛に影響を与えた「昭和研究会」の創設者の一人。

○14　鮫島純子（さめじますみこ）：一九二二―。渋沢正雄の次女。エッセイスト。四二年鮫島員重と結婚。男児三人をもうける。夫の退職後、夫婦で水墨画の目黒巣雨氏に師事。二〇〇〇年、昭和初期から平成までの暮らし、町の風景などのイラストを盛り込んだエッセイ集『あの頃、今、これから』（小学館）を出版。日本資本主義の父といわれる渋沢栄一の孫。

○15　樺山愛輔（かばやまあいすけ）：一八六五―一九五三。海軍大将・樺山資紀の長男。次女は白洲正子（白洲次郎夫人）。一八八〇年、一五歳で渡米、マサチューセッツ州ウィルブラハム中学、同アマースト大学、ドイツに渡ってボン大学卒後、一八九一年帰国。北海道炭鉱汽船、日本製鋼所などの経営に携わった後、一九一四年国際通信社創立、社長に。二五～四六年貴族院議員。三〇年ロンドン海軍軍縮会議に随員として参加。財団法人「日米協会」会長（一九四〇～四七年）、同「グルー（元駐日米大使）基金」「国際文化会館」などを創立、理事長を引き受けるなど、国際交流の発展に生涯を捧げた。

○16　吉田茂（よしだしげる）：一八七八―一九六七。外交官としてイタリア、英国両国大使などを歴任。太平洋戦争直後から復興期にかけて五次にわたって累計七年間余首相を努めた。「マッカーサー占領下」の戦後日本を「軽武装・経済中心」の復興路線への軌道に導いた「名宰相」とされ、「和製チャーチル」とも呼ばれた。一九六三～六七年東京倶楽部理事長。

○17　広田弘毅（ひろたこうき）：一八七八―一九四八。吉田茂と同期の外交官でオランダ公使、ソ連大使などを歴任の後、一九三三年斎藤内閣の外相。二・二六事件直後の一九三六年三月に首相に就任するが、翌年一月には総辞職。太平洋戦争の後「極東軍事裁判」でA級戦犯の判決を受け、一九四八年、文官としてはただ一人死刑となった。城山三郎著『落日燃ゆ』（新潮文庫、一九八六年）のモデルとしても知られる。

○18　徳川昭武（とくがわあきたけ）：一八五三―一九一〇。第一五代将軍徳川慶喜の異母弟にあたる。民部大輔（公子）の職に就き、一八六七年将軍慶喜の名代としてパリ万国博覧会へ。欧州各国歴訪中に明治維新を迎え、翌六八（明治元）年新政府からの命令で帰国した。後に水戸藩最後の藩主（第一一代）に。

○19　東条英機（とうじょうひでき）：一八八四―一九四八。陸軍大将。第三次近衛内閣から受け継いだ東条内閣が「太平洋戦争」を開戦。敗戦後、戦犯に指名され、ピストル自殺を企てたが未遂に終わり、極東軍事裁判で絞首刑を宣告され、処刑された。

○20　末次信正（すえつぐのぶまさ）：一八八〇―一九四〇。海軍大将。第一次近衛内閣で内務大臣。軍備拡張、強硬論者として右翼団体や国粋主義者に人気が高く、「大政翼賛運動」の旗振り役も演じた。

○21　南雲忠一（なぐもちゅういち）一八八七―一九四四／草鹿龍之介（くさかりゅうのすけ）一八九二―一九七一／大西瀧治郎（おおにしたきじろう）一八九一―一九四五：いずれも海軍中将

○22　山本五十六（やまもといそろく）：一八八四―一九四三。海軍大将、連合艦隊指令長官、真珠湾攻撃を立案、指揮して後戦死。

○23　松本重治（まつもとしげはる）：一八九九―一九八九。一九二三年東大法学部卒後、米国に留学。新聞聯合社（後の同盟通信社）上海支局長、同盟通信社編集局長、常務理事を歴任の後、アメリカ学会会長。一九六五年に国際文化会館理事長。母方の祖父が〝松方コレクション〟で知られる松方正義首相。

○24　田中慎次郎（たなかしんじろう）：一九〇〇－一九九三。尾崎秀実と朝日新聞社同期入社の友人だった。日米開戦直前は朝日新聞の政経部長の立場で尾崎との情報交換が頻繁に行われたことから逮捕、起訴されたが後に釈放。この事件で退社処分となったが、戦後に復帰して原子力研究等で名声を得るなど活躍した。

○25　エール・ニューマン：一九二四－一九九二。ジョセフ・ニューマンの弟。ラジオ、テレビ関係のジャーナリストで数々の賞を得た後、米国務省の外郭団体で海外サービスの一環としてワシントンに来る外国人ジャーナリストの取材を手助けしていた。『Goodbye JAPAN』の復刻交渉のため著者がジョセフ・ニューマンとの二度目の会見を設営した直後の一九九二年に死去。

○26　石堂清倫（いしどうきよとも）：一九〇四－二〇〇一。イタリア共産党創始者で先進資本主義国の革命路線にも影響を与えたグラムシ思想の翻訳・研究で知られた社会思想研究家。晩年ゾルゲ事件の研究にも力を注いだ。

○27　伊藤隆（いとうたかし）：一九三二－。東京大学名誉教授。日本近現代史研究の重鎮で、『木戸孝一日記』『伊藤博文関係文書』など執筆・編纂活動に務め、一次史料の発掘・記録に大きな業績を残す。『近代日本の人物と史料』（青史出版、二〇〇〇年）など著書多数。

○28　渡部富哉（わたべとみや）：一九三〇－。四六年郵政省東京貯金局に就職、五〇年日本共産党に入党、レッドパージで職を追われ、翌年には党の非公然活動へ。六〇年安保闘争、ベトナム反戦運動などの闘争を重ねる。現在は「社会運動資料センター」代表を務める傍らゾルゲ事件研究を進める。著書に『偽りの烙印――伊藤律・スパイ説の崩壊』（五月書房、一九九三年）。

○29　深津真澄（ふかつますみ）：一九三八－。元「朝日新聞」政治部記者、論説委員、近著『近代日本の分岐点――日露戦争から満州事変前夜まで』（ロゴス、二〇〇八年）が第三〇回「石橋湛山賞」を受賞。

○30　孫崎亨（まごさきうける）：一九四三－。旧満州国に生まれる。六六年東大法学部中退、外務省入省。英国、ソ連（現ロシア）、米国などに留学して情報・諜報を研究。ウズベキスタン大使、国際情報局長、イラン大使などを歴任後、二〇〇二年防衛大学校教授に転出し、二〇〇九年退官。著書に『日米同盟の正体――迷走する安全保障』（講談社現代新書、二〇〇九年）など。

付録4　参考文献リスト

NEWMAN, Joseph, *Goodbye JAPAN*, L.B. Fischer, New York, 1942.

NEWMAN, Joseph, "A Spy: for the Herald Tribune," *How I Got That Story*, Dutton, New York, 1967.

伊藤三郎「開戦前夜の『グッバイ・ジャパン』」（1）―（7）、『朝日総研リポート　AIR21』二〇〇八年一―七月号、朝日新聞社

伊藤隆／塩崎弘明編『井川忠雄日米交渉史料』（近代日本史料選書5）、山川出版社、一九八二年

ヴーケリッチ、ブランコ「ブランコ・ド・ヴーケリッチの手記」、小尾俊人編『現代史資料3　ゾルゲ事件3』、みすず書房、一九六二年（オンデマンド版二〇〇四年）

大谷敬二郎『昭和憲兵史』、みすず書房、一九六六年

大谷敬二郎『憲兵秘録』、原書房、一九六八年

荻野富士夫「解説」、内務省警保局編『外事月報』復刻版、第一巻（昭和十三年八月―十二月）、不二出版、一九九四年（『特高警察関係資料解説』、不二出版、一九九五年にも収録）

小田実『私の文学――「文《ロゴス》」の対話』、新潮社、二〇〇〇年

小尾俊人編『現代史資料1　ゾルゲ事件1』みすず書房、一九六二年

霞会館華族家系大成編輯委員会編『平成新修旧華族家系大成』（上・下）、霞会館、一九九六年

ギラン、ロベール「私が知っていたゾルゲの秘密」、『週刊朝日』一九七四年一〇月二五日号、朝日新聞社

グルー、ジョセフ『滞日十年』、毎日新聞社、一九四八年

グルー基金／バロクロフト奨学基金／国際文化会館編『樺山愛輔翁』、国際文化会館、一九五五年（非売品）

鮫島純子『父　渋沢正雄のこと』、私家版、二〇〇六年

渋沢秀雄「追悼文」、『竜門雑誌』六四九号（一九四二年一〇月）、竜門社

渋沢秀雄『渋沢栄一』、渋沢青淵記念財団竜門社、一九五六年

渋沢正雄「欧米を歴訪して」（上・下）、『竜門雑誌』第五七九号（一九三六年一二月）、第五八〇号（一九三七年一月）

渋沢正雄「父（渋沢栄一）の追憶」、『竜門雑誌』第六〇〇号記念特集（一九三八年九月）、竜門社
児島襄『開戦前夜』、集英社、一九七三年
スティーヴンスン、ウィリアム『暗号名イントレピッド』、寺村誠一／赤羽龍夫訳、早川書房、一九八五年
須藤眞志『日米開戦外交の研究――日米交渉の発端からハル・ノートまで』（上・下）、慶應通信、一九八六年
ゾルゲ、リヒアルト『二つの危機と政治――一九三〇年代の日本と二〇年代のドイツ』、勝部元／北村喜義／石堂清倫訳、御茶の水書房、一九九四年
チャーチル、ウィンストン『第二次大戦回顧録（抄）』、毎日新聞社編訳、中央公論新社、二〇〇一年
鶴見俊輔／加藤典洋／黒川創『日米交換船』、新潮社、二〇〇六年
ディーキン、F・W／ストーリー、G・R『ゾルゲ追跡』（上・下）、河合秀和訳、岩波書店、二〇〇三年（原本は『ゾルゲ追跡――リヒアルト・ゾルゲの時代と生涯』、筑摩書房、一九六七年）
東京倶楽部編『東京倶楽部物語――ジェントルマンの一二〇年』、東京倶楽部、二〇〇四年
東京慈恵会医科大学編『樋口一成伝』、慈恵大学、一九七六年
内務省警保局編『外事警察概況』復刻版、第七巻（昭和一六年）、竜渓書舎、一九八〇年
日露歴史研究センター編『ゾルゲ事件関係外国語文献翻訳集』七号、日露歴史研究センター事務局、二〇〇五年
ニューマン、ジョセフ『グッバイ・ジャパン――五〇年目の真実』、篠原成子訳、伊藤三郎解説、朝日新聞社、一九九三年
波多野澄雄『幕僚たちの真珠湾』、朝日新聞社刊、一九九一年
ピゴット、フランシス『絶たれたきずな――日英外交六〇年』、長谷川才次訳、時事通信社、一九五九年
プランゲ、ゴードン・W『ゾルゲ　東京を狙え』（上・下）、千早正隆訳、原書房、一九八五年
森嶋通夫『血にコクリコの花咲けば――ある人生の記録』、朝日新聞社、一九九七年
山崎淑子編著『ブランコ・ヴケリッチ　獄中からの手紙』、未知谷、二〇〇五年
山崎洋編訳『ブランコ・ヴケリッチ　日本からの手紙』未知谷、二〇〇七年
連合国軍総司令部（GHQ）「ゾルゲ諜報団の活動の全容」（Ⅰ・Ⅱ）、日露歴史研究センター『ゾルゲ事件関係外国語文献翻訳集』七、八号、日露歴史研究センター事務局、二〇〇五年

the clearances, and advised the American Embassy to make official lists of those desiring to depart. Nevertheless, it is understood that few Caucasians will be able to make the Tatuta Maru, which is scheduled to sail on Wednesday, but may be delayed until Thursday or Friday. Sufficient time is available, it is thought, for Americans to make the other two ships, the Taiyo Maru, which is sailing for Honolulu on Oct. 22, and the Hikawa Maru, which is replacing the Nitta Maru and is departing next Monday for Vancouver and Seattle.

＊7（本書223ページ）

NEW YORK HERALD TRIBUNE, OCTOBER 15, 1941. に掲載されたニューマンの送稿記事

Press Suggests Tokio May Have To Bow to U.S.

Urges Konoye to Act One Way or Another; Official Conferences Continuing

By Joseph Newman

By Telephone to the Herald Tribune

Copyright, 1941, New York Tribune Inc.

---TOKIO, October 15 (Wednesday)--- The Japanese press, apparently losing hope for a successful outcome of the Japanese-American talks, indicated today that the Tokio government must revise its position so that an understanding can be reached, even though the change may be difficult for this country, or abandon the talks and take responsibility for the action.

The press agreed that if the talks should break down it would be Washington's fault, but it argued that Premier Prince Fumimaro Konoye must do something in view of the adverse international position facing Japan, and Koh Ishii, government spokesman, admitted yesterday that the situation is not so sweet.

This situation is understood to be the reason for the increasing activity in high official circles. Premier Konoye reported Monday to Emperor Hirohito for about two hours, after which he conferred with Marquess Koichi Kido, Lord Keeper of the Privy Seal, who always is consulted when important developments are about to take place.

Konoye continued his important conferences with high government officials yesterday, when he held separate half-hour talks with Lieutenant General Teiichi Suzuki, president of the Cabinet Planning Board, Kenji Tomita, Chief secretary of the Cabinet, and Nobufumi Ito, chief of the Cabinet Information Board.

Nothing was disclosed regarding the conferences, except that they had an important bearing on the domestic and foreign situation. The three officials were said to have reported to the Premier the surrounding circumstances in which the Cabinet and the government finds itself.

Importance was attached also to the fact that the War Minister reported to the Emperor yesterday, and an increasing number of visitors at the palace in the near future is not unlikely.

Dissatisfaction with the present structure of the Cabinet is being expressed openly in the Japanese press. Miyako said the people are vitally interested in the aims of the government and suggested: instead of keeping the people groping in the dark, why not let them know a thing or two and rouse a spirit of self-sacrifice for whatever might be held in store for them?

＊18（本書164ページ）

国務省内務文書（1941年9月2日付）

Division of FAR EASTERN AFFAIRS Department of State

September 2, 1941

There are certain points that we should keep vividly in mind, among them these:

Japan is in a weakened and a perilous position;

Japanese leaders are contending among themselves and are uncertain and fearful;

Japan is in no position to attack, with expectation of success, either the Russians, the British and Dutch or the United States;

It is the Japanese who are eager for and who are asking for this conference;

This approach, by one element in Japan's leadership, is a confession of internal weakness and external weakness;

The real "crisis" is in Japan.

Political confusion within Japan has its potential advantages as well as its potential dangers.

Although we should take no unfair advantage, we have everything to gain and little or nothing to lose by standing firm on our principles and our policies.

「謎・その5」　＊6（本書220ページ）

NEW YORK HERALD TRIBUNE, OCTOBER 14, 1941. に掲載されたニューマンの送稿記事

Americans Jam Tokio Office to Get Ship Home

Embassy also Crowded in Rush for Passage Under National-Exchange Plan

By Joseph Newman

By Wireless to the Herald Tribune

Copyright, 1941, New York Tribune Inc.

---TOKIO, October 13--- Many Americans both Japanese and Caucasian crowded the American Embassy and the N. Y. K. shipping office today seeking passage to the United States on the three Japanese ships which will go there to pick up Japanese nationals as a result of negotiations between Tokio and Washington.

Official quarters disclosed that the primary purpose of the sailings is to provide opportunity for Japanese nationals in America to return to Japan, but they indicated a willingness to remove American-born Japanese from here first, and then Caucasian Americans, if space is available. Tokio specified a preference for American-born Japanese in view of their allegedly receiving secondary attention from the American Embassy in removal arrangements.

Of 360 Caucasian Americans in Japan, seventy have indicated a desire to depart on the three ships, while only 200 of about 2,000 Japanese-Americans have registered with the American Embassy for departure. Many more are expected to register this week.

<Red Tape Is Big Problem>

Although the Washington arrangements is believed to have stipulated that the Japanese ships carry Americans who are here and want to return home, it is understood that the State Department failed to consider the technicalities involved before the Americans would be permitted to depart and thereby made their departure extremely difficult.

Embassy officials, as a result, passed a hectic day yesterday attempting to obtain clearance for Americans in time to make the sailings. It was pointed out to the Foreign Office that the Tatuta Maru's departure only four days after the announcements of her scheduled sailing makes it virtually impossible for Americans to obtain the proper clearance, in view of the almost insurmountable red tape existing as a result of the freezing regulations and police restrictions. Normally clearance takes from two to four weeks.

The Foreign Office, it was learned, decided to take extraordinary measures to expedite

SUBJECT: TRANSMITTING COPY OF INTERVIEW BETWEEN THE TOKYO CORRESPONDENT OF THE NEW YORK HERALD TRIBUNE AND COLONEL HIDEO IWAGURO OF THE JAPANESE ARMY GENERAL STAFF.

The Honorable
The Secretary of State,
Washington.

Sir：

With reference to Embassy's 330, February 27, 10 p.m., reporting a conversation with Colonel Hideo Iwakuro (Iwaguro) of the Japanese Army General Staff, I have the honor to enclose a copy of a despatch telephoned to the New York Herald Tribune by its Tokyo correspondent on February 25, 1941, and which, it is understood, was not published by the Herald Tribune. The despatch summarizes an exclusive interview given to the correspondent by Colonel Iwaguro prior to his departure for the United States to assume duties in the Japanese Embassy at Washington as a "Special Adviser" to Ambassador Nomura.

Colonel Iwaguro stated that a war between Japan and the United States would be "one of the most stupid events that ever occurred." He insisted that he was in a position to say that Japan would not resort to force in carrying out her program of southward expansion and denied that Japanese forces were preparing to take military, air and naval bases in Indochina and Thailand. Attributing rumors of a Far Eastern crisis to a third Power, the Colonel stated that establishment of military or naval bases in Thailand or the Netherlands East Indies by the United States would be construed as a "kind of military encirclement of Japan by America" and the consequences could not be predicted in such an eventuality. He expressed the opinion that war between Japan and the United States would not occur unless America resorted to military operations or declared war against Germany. Regarding China, he said that a merger of the Governments of Chiang Kai-shek and Wang Ching-wei was necessary.

Respectfully yours,
(signature)
Joseph C. Grew

＊16（本書160ページ）

グルー大使公電（1941年5月17日付）

Secretary of State,
Washington.
701, May 17, 7 p.m.

Newman, correspondent of the NEW YORK HERALD TRIBUNE, told me this afternoon that he had been informed by "a high and reliable" Japanese contact that in my conversation with the Minister for Foreign Affairs on May14 I had broached on my own initiative the question of Japan's attitude in case we should convoy our ships in the Atlantic Ocean and also the question of American mediation in the Sino-Japanese conflict. I emphatically and categorically denied the truth of both of these stories and stated that I had broached no (repeat no) subject in our conversation except routine business. I strongly urged Newman not to indulge in futile speculation with regard to my conversation with the Minister and said that he would be guilty of spreading false news if he should imply in his despatch that I had taken any initiative in whatever topics were discussed.

Grew.

＊14（本書104ページ）

NEW YORK HERALD TRIBUNE, JULY 1, 1941. に掲載されたニューマンの送稿記事

Japan Believed Still Aiming at South Sea Area

Officials in Secret Accord, Reported Ignoring Bail of Move Toward Vladivostok

---TOKIO, July 1, (Tuesday)--- Despite the temporary shift in interest to Vladivostok as a result of the Soviet-Germans war, Japan's chief attention is concentrated on the South Sea area, according to well informed quarters, and fresh efforts are planned to realize the so-called Greater East Asia co-prosperity program sphere, which would include French Indo-China, Thailand, the Philippines and the Netherlands East Indies.

＊23（本書116ページ）

*NEW YORK HERALD TRIBUNE, JULY 6, 1941.*に掲載されたニューマンの送稿記事

Russia at War, Japan Press Urges Action

Tokio advised to Shun Siberia, Seize Chance to Expand Southward

Four Opportunities Seen Lost in Year

Success of Nazi Boldness Compared With Results of British "Wait" Policy

---TOKIO, July 5--- One of the most important events in Japan in the last few months took place Wednesday, when a decision of national and international importance was made at a conference of high government, army and naval officials, who met in the presence of Emperor Hirohito at the palace. The nature of the decision has been kept secret, and curiosity and tension are running high in the capital. Informed sources believe action making clear the new policy will be forthcoming soon.

＊24（本書118ページ）

*NEW YORK HERALD TRIBUNE, JULY 7, 1941.*に掲載されたニューマンの送稿記事

Japan Glum After 4 years of War With China

On Anniversary, They See Need for New Action and Turn Against America

---TOKIO, July 7 (Monday)--- Japan observed today the fourth anniversary of the Sino-Japanese conflict. The Japanese are not cheerful nowadays and they see little hope for an early termination of the war, feeling as they do their isolation from surrounding powers, the economic blockade by the democracies and the necessity for looking elsewhere than to China for a solution. They realize also that they may have to modify their program in the Far East or else challenge the Anglo-American bloc.

＊28（本書122ページ）

*NEW YORK HERALD TRIBUNE, March 7, 1941.*に掲載されたニューマンの送稿記事

Hitler Seeks Japan's Stand On a U.S. War

---TOKIO, March 7 (Friday)--- Fuehrer Adolf Hitler has summoned the German Ambassador at Tokio, Gen. Eugen Ott and Japanese officials, including Foreign Minister Yosuke Matsuoka, to an important conference to discuss Japan' s attitude in the event Germany is involved in a war against the United States and to learn how far Japan is prepared to go in the Pacific according to well informed circles.

「謎・その3」　＊8（本書143ページ）

グルー大使公電（1941年3月13日付）

AMERICAN EMBASSY

Tokyo, March 13, 1941.

No. 5443

付録5　主要引用記事などの英語原文

「プロローグ」　＊10（本書31ページ）

ジョセフ・ニューマンより著者・伊藤三郎への謝辞

for Saburo Ito---
The creator of this edition of "Goodbye Japan"---
Without whom this record of the past would forever have been lost---
And to whom I shall always be grateful for his courage and the friendship
he has shown in going forward with this highly critical treatment of the past.
Joseph Newman

「謎・その1」　＊1（本書39ページ）

THE JAPAN ADVERTIZER ANNUAL REVIEW, 1938-1939. に掲載された渋沢正雄の紹介記事

As managing-director of the Japan Iron and Steel Manufacturing Company, Mr. Masao Shibusawa occupies a prominent position in Japan's rapidly expanding steel industry. He left banking and turned to steel after realizing its national importance during a trip to the United States with his father, the late Viscount Eiichi Shibusawa.

「謎・その2」　＊1（本書72ページ）

*NEW YORK HERALD TRIBUNE, MAY 31, 1941.*に掲載されたニューマンの送稿記事

Tokio Expects Hitler to Move Against Russia
Reports Germany Believes Soviet Union Could Be Defeated in Two Months
---TOKIO, May 31 (Saturday)--- Reports received by reliable quarters at Tokio assert that the tension between Russia and Germany understood here to have been near the breaking point during the last few weeks, continues unabated, with Fuehrer Adolf Hitler hesitating to move against the Soviet Union.

＊12（本書102ページ）

『Goodbye JAPAN』原書の裏表紙宣伝文

Newman knew and told !
ANYONE writing for a newspaper can make wild guesses about what Japan, or Russia, or Germany is going to do. But it takes a real reporter to call the turn on history months in advance--- and to do it accurately, not once, but time and time again. Joseph Newman's record in this respect is remarkable. Here are three stories which he cabled from Tokio to New York Herald Tribune.

▼May 31, 1941
TOKIO EXPECTS HITLER TO MOVE AGAINST RUSSIA
If the attack does not occur by the latter part of June it will be postponed this year.
But he attacked on schedule, June 22nd !
▼July 1, 1941
JAPAN BELIEVED STILL AIMING AT SOUTH SEA AREA
It happened December 7th !
▼September 7, 1941
TOKIO PREPARES FOR WAR WHILE WOOING U.S.
We had three months warning !

【著者紹介】

伊藤 三郎（いとう・さぶろう）

ジャーナリスト。1940年、兵庫県生まれ。63年、慶応義塾大経済学部卒、朝日新聞社入社。経済部記者を経て78－80年、ロンドン特派員。雑誌「AERA」副編集長、編集委員、フォーラム事務局長、朝日カルチャーセンター・札幌社長、福山大学客員教授などを歴任。94－96年、「政府税制調査会」特別委員。現在、日本記者クラブ会員。著書に『軍拡症を診断する』（朝日新聞社、1986年）、『日本共産党』（共著、朝日新聞社、1973年）など。

開戦前夜の「グッバイ・ジャパン」

——あなたはスパイだったのですか？

発　行　2010年6月11日初版第1刷1500部

定　価　2200円＋税

著　者　伊藤三郎

装　丁　本永惠子

発行者　北川フラム

発行所　現代企画室

東京都渋谷区桜丘町15-8-204

Tel. 03-3461-5082 Fax. 03-3461-5083

e-mail: gendai@jca.apc.org

http://www.jca.apc.org/gendai/

印刷所　中央精版印刷株式会社

ISBN978-4-7738-1008-0 C0036 Y2200E